内江师范学院学术专著出版基金资助

学校心理辅导理论与实践

吴忠才　著

西南交通大学出版社

·成 都·

图书在版编目（CIP）数据

学校心理辅导理论与实践 / 吴忠才著. —成都: 西南交通大学出版社，2009.9

ISBN 978-7-5643-0423-2

Ⅰ. 学… Ⅱ. 吴… Ⅲ. 学校教育－教育心理学－教育辅导 Ⅳ. G448

中国版本图书馆 CIP 数据核字（2009）第 156859 号

学校心理辅导理论与实践

吴忠才　著

责任编辑	祁素玲
特邀编辑	陈慧清
封面设计	本格设计
出版发行	西南交通大学出版社 (成都二环路北一段 111 号)
发行部电话	028-87600564　87600533
邮编	610031
网址	http: //press.swjtu.edu.cn
印刷	成都蜀通印务有限责任公司
成品尺寸	148 mm×210 mm
印张	10.6875
字数	318 千字
版次	2009 年 9 月第 1 版
印次	2009 年 9 月第 1 次
书号	ISBN 978-7-5643-0423-2
定价	28.00 元

序

世界卫生组织官员断言:“从现在起到21世纪中叶，没有任何一种灾难能像心理冲突那样带给人们持久而深刻的痛苦。”生存与发展是人生的两大课题，早在20世纪初，一些儿童教育心理学家、心理治疗家以及行为科学家，就开始重视对学校中的“问题儿童”进行心理辅导，并着手进行专门的研究，逐步积累了大量关于临床诊断、衡鉴测定、咨询辅导和治疗这些儿童心理疾患和行为障碍的方法和技术，并在此基础上产生了有关健康教育与心理卫生、心理疾病以及行为干预等专业学科。

当前，我国已进入全面建设小康社会的时期，越来越多的人更加关注自己的精神生活，关注自身潜能的充分发挥，关注实现成功的人生。在我国的心理辅导领域，其工作中心也有新的变化，即从重障碍、重治疗的矫治模式转向重发展、重预防的辅导模式；由服务于少数人转向服务于多数人;由少数专业人员从事的工作发展为经过培训后，众多教育、心理、医务、社会工作者都可以参与的活动；由障碍性内容为主转向发展性内容为主；由消除心理障碍为目的转向以促进人的发展为目的，从而形成了一个崭新的领域——学校心理辅导的理论与实践。

然而考察我国学校心理健康教育的研究现状，还存在一些亟待解决的问题:

① 目前我国已有不少学校开展了形式多样的心理辅导，取得了不少经验,但基本上还处于分散、各自为政的状态,缺少应有的整合。

② 对工作在第一线的心理健康教育工作者而言,学校心理辅导仅仅是一个理念。如何协助个体达到最大的发展、如何处理学校心理辅导与学校教育德育的关系等问题，常使学校教育工作者感到困惑。因此，根据不同地区、不同学校层次、不同学生类别，分别摸

索出几种不同任务但各有一定普遍性价值的操作模式，以规范和引导我国基层学校的工作方向，是当前我国心理健康教育研究工作中面临的重要问题。

近几年，我国学校心理辅导工作发展很快，可以说是突飞猛进，特别是在一些大城市如上海、武汉、北京、南京等，已从个别学校试点推广为普遍的行动。当前，开展多种形式的心理辅导已成为各地推行心理卫生活动的一个重要形式。

心理辅导之所以要在学校大力普及，其主要原因有四个：① 学生在适应和发展上出现了越来越突出的困难，而传统的学校教育又没有提供帮助学生克服这些困难的有效途径，这就使学校教育产生了对心理辅导的实际需要。显然，这一点是心理辅导存在的前提和基础。也就是说，学生不存在心理健康问题，也就不存在心理辅导的需要。② 中央和教育行政部门明确了学生心理素质和健全人格的培养是学校教育的目标之一。③ 近几年，由于广大心理卫生工作者和学校辅导教师作为心理辅导事业的基本力量，对学校心理辅导工作做出了坚持不懈的努力。④ 随着日益增多的学术和工作经验交流，我国台港地区和国外在学校心理辅导方面的成功经验对我们的心理辅导工作有积极的影响。

众所周知，目前从事学校心理健康教育的教师主要是班主任、辅导员，以及政治、生物或其他学科的教师。这些教师中相当一部分人尚未把现代教育理念内化为自己的思想，对心理健康教育的本质、作用、特点、原则等方面的认识，依然模糊不清，对心理学的基础理论和专业理论知之甚少甚至从未涉及，即使有些教师对心理健康教育有比较全面的认识也有一定的理论储备，但他们中的多数人尚未掌握专门的心理辅导技术。因此，大多数教师仅凭班主任工作的经验或德育工作的经验或学科教学的经验来进行心理辅导。近年来虽然各地也开展了不少培训工作，但由于大都采取大规模“短、平、快”的讲座、报告等方式，培训内容的连续性和可操作性较差，因而收效甚微，难以从根本上提高心理辅导教师的专业素养，故在心理辅导中出现各种各样的问题也就不足为怪了。同时由于许多地方心理辅导教师的编制和职称评聘没有落实，致使一些有条件从兼职转为专职的教师有后顾之忧，不愿“完全专职”，而“继续兼职”的教师因为此项工作并非他们的“主业”，自然也就不可能全身心地投入。由此可见，虽然心理辅导对师资的“专业化”要求并不算太高，但从目前中小学心理辅导的实际运作状况来看，高素质的专业教师队伍的缺乏仍然是制约中小学心理辅导取得良好成效的“瓶颈”。

总之，学校教育中学校心理辅导专业人员的匮乏，大多数教育工作者对心理健康教育的认识的偏差、误解是学校心理辅导难以迅速发展的根本原因，儿童青少年教育实践的需要无疑是推动学校心理辅导研究的强大动力。基于此，吴忠才同志在长期实践研究中，不断总结吸收国内外有关学校心理辅导理论和实践的最新研究成果，从学校心理辅导的基础知识、理论指导以及实践研究三方面进行论述，形成了一套关于学校心理辅导的基本体系，在具体写作过程中，充分反映国内外学校心理辅导的最新成果与水平，体现现代教育思想与理念，具有时代性、先进性、科学性和教育教学的适时性。特别是作为一种毕生的发展性辅导，学校辅导不是专门关注“健康”与“不健康”的辅导，而主要是关注人的成长的辅导，是以促进人的正常发展为根本宗旨的辅导。本书辅导的对象主要集中于成人之前，包括婴幼儿期、童年期和青少年期，其目标任务各不相同，本书中所探讨的三阶段中的“规则意识”、习惯养成和人格培养很有见解，也有特点，值得推广。

我国学校心理辅导的研究领域中还有许多尚待开垦的处女地，任务十分繁重，吴忠才同志的这些探索性的工作，已有了一个良好的开端，希望他能在该领域继续努力探索下去，并预祝取得更大的成就。

是为序。

李小融

2009年6月于成都

目 录

基础知识篇

基本理论篇

实 践 篇

基础知识篇

21世纪人们期望建设一个文明、自由、爱与健康的“地球村”社会，共同探索人类的心灵成长与潜能发展。迄今为止，环保意识正被越来越多的人关注和接受，而“自我发展”、“心理健康”、“心灵成长”等新的理念却不为人所熟知。而自我的成长是个人“全人发展”的心理基础，也是营造健康的人际、家庭、团队关系的必要前提。所以，心灵也需要“环保”。

第一节 现代社会与人的心理

一、心理辅导与社会变迁

在时间的长河里，过去、现在、未来是连续的，也是变化的，只是连续性愈来愈弱，变化性愈来愈强，现代人的心理适应问题也愈来愈多，愈来愈严重。如何在快速变迁的社会中找到努力的方向并为自己定位，是现代人所面临的重大课题。心理辅导工作不能以不变应万变，必须在不变的基本原理上，掌握时代的脉动，以变制变，解决难题，开创新局。吴武典等台湾心理辅导专家提出了现代社会的八大特征，即：变迁迅速、知识爆发、多样变化、机会均等、讲求互惠、人情淡薄、家庭失重、精神退化。在此基础上现代人存在着有我无他、有他无我、无他无我的三种偏差，而现代人还有着非常重要的两大课题，即自我发展的问题和环境调适的问题。

1．自我发展的问题

从自我发展的观点来看，为什么会有拒绝自我的问题呢?

(1) 不了解自己。我们常常问别人“你是谁？从哪里来？到哪里去？”却很少有人会用同样的问题问自己。我们习惯于追问别人，却很少探索自我，以致缺乏清楚的自我影像。

(2) 自卑或自傲。以为自己什么都不如别人，这是自卑；以为自己什么都比别人行，这是自傲。事实上，没有一个人是什么都行或什么都不行，若以为自己什么都行或什么都不行，那就是缺乏自知，这是一种认知的偏差。认知的偏差会导致态度和行为的偏差，构成自我发展上的障碍。

（3）怯于表达。有些人虽能自知，却不敢表达自己的想法、意见及情感，以致别人不了解他，就产生了人际沟通的障碍。自己愈不敢倾吐心声，别人自然也愈会保存心中的想法，人与人之间的关系就此疏远了，甚至于产生怀疑及冲突。现代人必须学习适度的自我推销，譬如找工作，在填写履历表时必须把自己的优点写出来。现代社会，大家都很忙，等着别人来发掘你，是很难的。此外，适度的赞美、坦承错误、婉拒要求等，都是很重要的。

（4）自我中心。自我中心是心目中只有自我，没有其他。对利己的事，抢着去做；对自己没有好处的事，就吝于付出。这种自我中心的观念，有时会伤害别人。例如：为了使自己出头，就希望别人跌倒，把别人的痛苦当作自己的快乐，将自己的成功建立在别人的失败上面，甚至故意陷害他人，以至于人与人之间勾心斗角、互相猜忌。自我为中心也可能演变成冷漠，甚至敌意。这种心理上的障碍，会使人无法敞开心胸与别人交往，也无法努力学习来发展自我，到头来对自己也是一种伤害。

（5）自我防卫。有的人一心求好，希望别人能看重他、欣赏他，于是在遭遇到挫折时便因不能面对现实而采取了一些自我防卫措施，戴着些无形的面具来伪装自己、筑起心理的围墙来保护自己。例如因为不敢承担自己应负的责任，所以推诿卸责；再如明明对某人不满，却不敢表达出来，反而千方百计地去接近他，尽说些甜言蜜语，这在心理学上叫做“反向作用”。像这类的心理防卫用得愈多，建设性的力量就愈少；筑起防御工事，固然阻挡了别人，却也限制了自己。因此，防卫性愈强的人，自我发展就愈受到限制，而这种人的心理往往是有困扰的。

2．环境调适的问题

在环境调适上，从个人与环境的关系来看，有下列四种问题：

（1）工作的疏离。环境调适良好是使自己和环境保持适当、良好的接触；相对的，调适不好就是疏离。对学生而言，这是“课业的疏离”—— 不想读书。例如学生在上课时虽然身在教室，却心在他乡，而这种情形大都发生在不用功的学生身上。有些功课很好的学生也有这种情形，虽然考试成绩不错，但读得很痛苦，因为他是为别人而读书；因此，缺乏读书的热忱，感受不到学习的乐趣。这样的学生不会以书为友，一有机会就要离开书本。对成人而言，这是指工作时心不在焉，或对目前所从事的工作满怀抱怨。在这种情况下，他工作得很痛苦，甚至会出现工作倦怠的现象。这些情形可统称为“工作的疏离”。

（2）角色的疏离。如果老师不想当老师，学生不想当学生，法官不想当法官，秘书不想当秘书，虽然他拥有某种身份，但却不能接受并适当地扮演这样的角色，即可称为“角色的疏离”。角色疏离意味着“挂羊头，卖狗肉”，名不符实；中辍生大多属于这种类型——他有学生的身份，却不想做学生，结果是“学生不像学生”。

（3）规范的疏离。如果学生目无校规，成人目无法纪，即个人不接受社会的规范，如法律、风俗、习惯、传统等，即可称为“规范的疏离”。换句话说，就是自以为是，任性而为，无视于外在的一些有形或无形的规范。这种规范的疏离，可以说是不想做社会的公民——行为“无序”或“脱序”。

（4）价值的疏离。这是到了“不想做人”的地步—— 觉得人生乏味，不晓得活在世上有什么意义，于是产生了拒绝自己也拒绝他人的心态，甚而对整个存在加以否定。如同前述“无他无我”的偏差状态，在这种情形下，可能产生两种极端的态度：一是“自我放逐”，什么都不做，像嬉皮一样；另外一种是“自我放纵”，轻贱自己的生命，也轻贱别人的生命，最后常走向同归于尽的绝路，一些亡命之徒所走的就是这一条路。这是最严重的一种疏离，也就是“价值的疏离”。

心理辅导强调个体的价值、尊严与存在意义，尊重个别差异，使个体达到最适性的充分发展，这是心理辅导专业的不变与坚持。

未来的社会价值体系将趋向多元而复杂,市场导向的社会性格抬头,传统权威动摇,人与人之间的心灵距离愈来愈疏远,有形与无形的隔阂与冲突亦时有所闻,温暖、关怀、尊重、接纳的人性化辅导日益迫切需要。然而,随着时代变迁,新的问题、新的挑战将纷至沓来,心理辅导应有所变,有所不变。强调个体的价值与尊严,使个体达到最充分的发展,这是心理辅导专业的不变与坚持。然而,面对纷至沓来的新问题、新挑战,心理辅导工作的内涵和方法也应有所调整或创新,包括多功能化和多层面化,并结合相关专业,建立整体性的支持网络。心理辅导工作不但要跟上时代的脚步,也要引领社会与文化的改革与进步。

二、现代化主要是人的心理行为的现代化

我们知道21世纪是一个信息的世纪,是一个由新技术革命引发的新经济革命的世纪,同时也是由新技术革命和新经济革命重塑全球经济的世纪。所以21世纪是一个发展非常迅速的,能够给人类带来希望、带来机遇的一个世纪。21世纪给我们国家带来许多发展的机遇,按我们国家制订的目标来说,在21世纪要达到中等发达国家的水平。现在各个国家的专家都在制订计划、研究策略,就是怎样抢占科技进步的制高点,迎接新的挑战,参与综合国力的竞争,在地球上为自己开发更多、更好的生存空间和发展空间。地球上的资源是有限的,谁能够占领这个制高点,谁就能够为自己赢得发展的空间和时间。

我们国家21世纪实现腾飞,要达到我们的理想目标,最重要的是什么呢?国际上很多社会学家的研究说明,在激烈的国际竞争当中,物质资源和信息资源固然很重要,但他们认为最重要的是人的资源。很多学者都提出了"现代化的社会最重要的是现代化的人"。美国著名的未来学家英格尔斯在一些发达国家中进行了大规模的比较性的社会调查。经过调查,他得出了一个重要结论:"哪个国家要进入现代化,最重要的是人,尤其是普通的人。"他说:"在国家现

代化的进程当中，人是最重要的因素。”所以说，国家的现代化首先是人的现代化。英格尔斯说：“如果一个国家的人民缺乏一种赋予这种制度以真实生命力的广泛现代心理基础，如果执行和运用这些现代化制度的人自己还没有从心理、思想、态度和行为方式上经历一个现代化的转变，失败和畸形发展的悲剧是不可避免的，再完美的现代制度和管理方法、再先进的科学技术也会在传统人的手里变成废纸一堆。”也就是说，一个国家要发展，你引进来再先进的社会制度、再先进的科学技术，这只是一些表面的东西，如果那些掌握社会制度、科学技术的人本身的心理、观念、行为没有发生一个现代化的转变，仍然停留在过去的层面上时，引进的制度、技术依旧是废纸一堆。20 世纪确实有一些国家在发展过程当中走过这样的弯路，他们没有注重人本身的现代化，只注重了制度和技术的引进，所以半途而废了。因此学者们提出：一个国家如果不能使人现代化，他就永远不会进入真正现代化国家的发展水平。一个国家可能引进全部的先进制度和技术，但是永远不可能全部引进国民。少数的人才能够引进来，但最重要的是国民的素质。所以，在以英格尔斯为代表的现代化研究者的倡导下，国内外的很多学者都把现代化定义为“现代化是一种与人密切相关的心理态度、价值观和生活方式的改变过程”。这个提法我们过去很少见。如果人的心理态度、价值观和生活方式不能转变到现代化的时候，那么这个国家的经济、政治管理体制要进入现代化水平是不可能的。所以现代化是以人为中心的一个根本转变。

同时，我们也看到了研究者们对现代化的发展模式做了一定的修正。过去是侧重于经济本身和科学技术的发展，认为现代化的发展首先是机构的现代化，然后是国家的现代化，最后达到人的现代化。现在把它的顺序变过来了。首先是人的现代化，然后是机构的现代化，最后是国家的现代化。学者们一致认为，人的现代化是整个国家现代化的核心和基础。这是关于现代化问题认识的一次飞越性的转变。由以上这些学者的研究可以看到，一个国家只有实现人的现代化、实现人的素质全面提高，使人们从心理和行为上都转变为现代化的人，这个国家才能真正实现现代化。这正如我们国家的一个学者所说，“只有坚硬的基石才能托起高耸的大厦，而人们却往往只向往大厦的雄姿，却忽略了埋在地下的基石”。他讲得非常形象。我们往往只看到高耸的大厦多么雄伟、多么壮丽，却常常忽视了托起这个大厦的基石。也就是说我们看到现代化的时候，只看到现代化的物质外壳，诸如城市的变化、生活的变化等，而忽视了现代化的人。这就提醒我们要重视人的素质的提高。在素质教育中，最为基础的是心理素质教育。未来社会需要现代化的人，我们每个人的观念都要转变，否则，不但自己无法适应现代社会的生存和发展，也无法担负起培养孩子的重任。

三、心理健康是现代社会适应与发展的需要

心理健康问题在现代社会中越来越重要了，不光是孩子们，我们同样也面临着社会主义市场经济下的许多适应性问题。现在人们的主体意识增强了。在过去的计划经济时期，分配给我们什么任务，我们就做什么，没有自己考虑的余地。而且，由于生产力的落后，大家都为生存而奋斗，没有人关注心理问题。有人提出，为什么生活水平上升了，人们的心理问题却增多了呢？马斯洛对人的心理需要进行了研究，他认为人的需要分为七个层次，第一个就是生存的需要；随着生存的需要的满足，安全的需要、归属的需要、交往的需要就会产生了，最高一个层次是自我实现的需要。也就是说人首先要满足自己物质生存的需要，物质生存的需要满足以后，人就要追求精神的需要。现代社会人的生存的基本需要满足以后，人们更多地关注自我发展的需要，也就是精神的需要增多了。精神需要增多以后，自己的许多需要不能得到满足的时候，就会产生心理困惑。所以越是文化层次比较高、个人追求比较多的人，产生的心理困惑就越多。看心理咨询门诊，常常是大学学历以上的人比较多。文化层次比较低的，还在为生存忙碌的，不十分关注心理的需要。一个人的自我意识觉醒了，就会关注自我的发展，这是好事。同样，我

着，是无从认识的东西，更不知道何为心理健康，实际上这是一种误解。我们研究心理，并非脱离现实生活，凭空猜测。我们都知道，人是具有高度主观性的动物，他的言语、行为、态度、情绪无不折射出他的心理活动。我们也正是从这些外部表现研究人的心理活动的规律以及它对人类健康的影响。我国中医学博大精深，泽被四方，就在于它以“形神合一”、“天人合一”为理论基础。“形神合一”即心理与生理，精神和肉体相互联系，不可分割。形为神之本，神为形之主，心神调节着人体五脏六腑的机能活动。心神不宁，五脏六腑功能失调，就形成各种疾病。“天人合一”中的“天”指人类居住的大社会、大宇宙，“人”即人体。中医认为人体是一个小宇宙，其运行规律与大宇宙相似，即能保持自身的和谐状态；如果人不能适应环境，就会产生紧张状态，从而导致内脏功能运行紊乱，出现疾病。可见，我们早就有了关于维护心理健康、促进人的健康水平的说法。

心理是人在生活活动中对客观事物的反映活动，是生物进化到高级阶段时人脑的特殊功能。心理是心理活动的简称，也叫心理现象。心理现象就是心理学的主要研究对象。

人是作为个体存在的。个人所具有的心理现象成为个体心理。个体心理异常复杂，概括起来，可以分为心理过程和个性心理两个方面。

心理过程是指人的心理活动过程，包括人的认识过程、情绪和情感过程、意志过程。认识过程是一个人在认识、反映客观事物时的心理活动过程，包括感觉、知觉、记忆、想象和思维过程。注意则是伴随心理过程的一种心理特征。情绪和情感过程是一个人在对客观事物的认识过程中表现出来的态度体验。例如，满意、愉快、气愤、悲伤等，它总是和一定的行为表现联系着。人在认识客观事物时，不仅仅是认识它、感受它，同时还要改造它，这是人与动物的本质区别。为了改造客观事物，一个人有意识地提出目标、制订计划、选择方式方法、克服困难，以达到预期目的的内在心理活动过程即为意志过程。人的认识过程、情绪和情感过程、意志过程统称为心理过程。它们是既有区别又有联系的心理活动过程的三个组成部分。人的认识过程和意志过程往往伴着一定的情绪、情感活动；意志过程又总是以一定的认识活动为前提；而人的情绪、情感和意志活动又促进了人的认识的发展。

心理过程是人们共同具有的心理活动。但是，由于每个人的先天素质和后天环境不同，心理过程在产生时又总是带有个人的特征，从而形成了不同的个性。个性心理结构主要包括个性倾向性和个性心理特征两个方面。个性倾向性是指一个人所具有的意识倾向，也就是人对客观事物的稳定的态度。它是人从事活动的基本动力，决定着人的行为方向。其中主要包括需要、动机、兴趣、理想、信念和世界观。世界观在个性倾向诸成分中居于最高层次，决定着人的总的意识倾向。个性心理特征是一个人身上经常表现出来的本质的、稳定的心理特点。例如，有的人有数学才能，有的人有写作才能，有的人有音乐才能，因此，在各科成绩上就有高低之分，这是能力方面的差异。在行为表现方面，有的人活泼好动，有的人沉默寡言，有的人热情友善，有的人冷漠无情，这些都是气质和性格方面的差异。能力、气质和性格统称为个性心理特征。

心理过程和个性心理的关系：人的心理过程和个性心理是密切联系的。一方面，个性是通过心理过程形成的，如果没有对客观事物的认识，没有对客观事物产生的情绪和情感，没有对客观事物的积极反应的意志过程，个性是无法形成的。另一方面，已经形成的个性又会制约心理过程的进行，并在心理活动过程中得到表现，从而对心理过程产生重要影响，使之带有个人的色彩。

二、心理健康及其标准

1. 心理健康

关于心理健康的含义，学术界可谓仁者见仁，智者见智。国内外许多学者都提出过各自不同的看法。1929 年，“第三次全美儿童健康及保护会议”在美国召开，与会学者认为“心理健康是指个人在其适应过程中，能发挥其最高的知能而获得满足、感觉愉快的心理状态，同时在其社会中，能谨慎其行为，并有敢于面对现实人生的能力。”1948 年，第三届国际心理卫生大会指出，心理健康是在身体、智能以及情感上与他人心理不相矛盾的范围内，将个人心境发展成最佳的状态。《简明大不列颠百科全书》指出，心理健康是指个体心理在本身及环境条件许可范围内所能达到的最佳功能状态，但不是指十全十美的绝对状态。日本学者松田岩男认为，所谓心理健康是指人对内部环境具有安定感，对外部环境能以社会认可的形式适应这样的一种心理状态。英格里士指出，心理健康是一种持续的心理状况，当事者在那种情况下能作良好适应，具有生命的活力，并能够充分发展其身心的潜能，这乃是一种积极的丰富的情况，不仅仅是免于心理疾病而已。精神病学家麦灵格认为，心理健康是指人们对于环境及相互间具有最高效率及快乐的适应情况。社会工作者波孟认为，“心理健康就是人合乎某一水准的社会行为，一方面能为社会所接受，另一方面能为本身带来快乐。”

综合这些论述，我们发现一个较好的心理健康定义都强调了个体内部的协调与外部的适应，都视心理健康为一种内外协调的良好状态。因此，我们认为心理健康是一种状态，是在日常生活中使自己内部环境保持稳定，并与外部环境协调一致的和谐状态。这种良好的心理状态具有三个标志：平衡、有序、和谐。平衡指一个人的心理状态经常能够自我维持在一种平衡的水平，客观地看待自己和他人，而不是妄自菲薄或不自量力、动不动就嫉妒别人等；有序就是一个人整个心理和行为的表现应该是有序的，而不是混乱的。如果一个人看上去颠三倒四，言行一团混乱，那么这个人的心理活动就是无序的；和谐指一个心理健康的人，他的一举一动、他的整个表现都让人觉得顺眼。这三个标志是对心理健康一种简单的理解，也是心理健康所必有的三个方面的表现。

2．心理素质及心理健康标准

心理素质是人的心理过程和个性心理所体现的心理品质的总

和，也是人的智力因素与非智力因素的总和。

心理素质的内容从心理现象的角度看，可分为心理过程、心理状态、个性心理三类。心理过程类的心理素质包括感觉、知觉、记忆、思维、想象、注意、情绪、情感、意志等，即人们常说的知、情、意；心理状态类的心理素质包括激情、心境、心情、心态等；个性心理类的心理素质则包括气质、性格、能力、需要、动机、兴趣、态度、理想、信仰、观念等。

我们也可以把心理素质的内容分为智力和非智力两大类。智力类的心理素质包括注意力、观察力、记忆力、思维能力、想象力等一般能力，也包括表现在方方面面的特殊能力，如表达能力、社交能力、组织能力等；非智力类的心理素质包括需要、动机、兴趣、情绪、情感、意志、态度、理想、信念等。

心理素质在人的整体素质中处于十分重要的地位，具有非常重要的作用，它是人的整体素质的基础和核心，是其他素质形成与发展的内因。因此当代大学生心理素质健康发展十分重要。那么，心理健康的标准是什么呢？

1982 年世界卫生组织提出了健康的新概念，认为健康包括人的生理健康、心理健康、社会适应良好以及道德健康。国外心理学家在研究和探讨中提出了一系列心理健康标准，这些标准主要有以下模式。

一是奥尔波特的“成熟者”模式。奥尔波特（G. W. Allport），美国哈佛大学心理学家。他认为健康个性不受无意识力量的控制，其功能发挥是在理性和意识水平上进行的。他提出了健康个性有七个特征：① 自我意识广延。即心理健康者会主动、直接地将自己推延到自身以外的兴趣和活动之中。② 自我同他人关系融洽。③ 有情绪安全感。④ 知觉客观。即能客观地知觉现实，并实在地接受现实。⑤ 有各种机能，并专注于工作。⑥ 有现实的自我形象。⑦ 有内在统一的人生观。

二是马斯洛的“自我实现者”模式。马斯洛（A. H. Maslow），美国人本主义心理学的创始人之一。他通过对心理健康水平出众的人进行跟踪、观察和综合研究，并根据自己的需要层次理论，提出了自己的心理健康模型。他认为心理健康的人应该是自我实现者，他们应具备以下特点：① 良好的现实知觉。② 接纳自然、他人和自己。③ 自发、坦率、真实。即心理健康者完全不存在装假的情况。他们有充分的自信和安全感，足以使他们自发、坦率、行为自然，并能真实表现自己。④ 有责任感和献身精神。⑤ 有独处和自立需要。⑥ 功能发挥自主。⑦ 愉快体验常新。⑧ 有神秘或顶峰体验。顶峰体验可使人们体会到强烈的醉心、狂喜和敬畏的情绪。处于这种情绪之中时，人们会体验到强烈的力量、自信和决断的意识。⑨ 有社会兴趣。⑩ 人际关系融洽……即心理健康者是自我定向，而不是他人定向。虽然他们并不有意识地轻视社会习俗和规范，但仍然能够走自己的道路，抗拒遵从他人观念、行为和价值观的压力。

三是罗杰斯的“功能充分发挥者”模式。罗杰斯（C. Rogers），美国人本主义心理学的创始人。他认为，一个自身功能充分发挥者有五个特点：① 他们能够接受一切经验。心理健康者能够体验一切情绪和态度。他们不去歪曲或掩饰这些经验，也不害怕这些经验。② 他们可时刻保持生活充实。心理健康者很少有防卫心理。他们能不断接受各种新经验的影响，他们的个性对于发生在他们生活中的每一件事都是开放的。③ 他们信任自己的机体。心理健康者较为依赖对情境的“感受”，而不怎么依赖理智或智力的因素。他们能够依照瞬时的和直觉的冲动来行动。这使得他们有很大的自发性和行为自由。④ 他们有自由感。他们相信，自己的命运掌握在自己的手中，感到对于自己所期望的一切东西，自己都有能力去做，也有能力达到目的。⑤ 他们具有高度的创造性。

四是弗洛姆的“创发者”模式。弗洛姆（E. Fromm），德国心理学家，新精神分析学派代表人物。他从人的接受爱的能力、思维能力、幸福与良心四个方面界定他称之为创发者的健康个性。① 创发性的爱情。心理健康者的爱情是一种自由、平等的关系。在这种关系中，相爱的双方都可以保持他们的个性。一个人的自我在另一个人的爱情之中不是被泯灭，而是得到进一步发展。② 创发性思维。创发者对思维对象的考察，是以客观、尊重和关心的方式进行的。③ 幸福。创发者都是幸福的，这种幸福不只是愉快的体验，它同时也是一种生机盎然、充满活力、身体健康和个人各种潜能得到实现的状况。④ 良心。支配心理健康者的良心是自我的心声，而非外在的力量。它的作用是引导人以一定的方式行动，这些方式能够带来外部赞许，实现个性的充分发展和表现，并使人获得幸福感。

国内专家学者也提出了一系列的心理健康标准。有专家认为心理健康有广义、狭义之分。广义的心理健康是指一种高效而满意的、持续的心理状态；狭义的心理健康则指人的基本的心理活动过程的内容完整、协调一致，即认识、情感、意志、行为、人格完整和协调。有学者认为，心理健康是有等级的，大致可分为严重病态、轻度失调、常态、很健康四个等级，其中常态到很健康是一种趋势，即从正常的心理健康水平向更高的心理健康水平发展。

综合国内外专家学者的观念，我们认为心理健康的一般标准是应具有良好的自我意识、良好的社会功能、良好的应付方式和良好的人生态度。

(1) 良好的自我意识。自我意识是指一个人对自己的意识，它是一种多维度多层次的心理系统。一个心理健康的人首先要有良好的自我意识。而良好的自我意识首先表现在“自知”。“人贵有自知之明”，可见自知并不容易。自知就是要能正确认识自己，既不要自以为老子天下第一，妄自尊大，也不要一味瞧不起自己，妄自菲薄。然后要能“自尊、自爱”。“世界上没有两片相同的树叶”，每个人都有自己独特的一面，要珍视自己。爱自己才能爱他人，自尊才能被别人尊重。再次是在“自知、自尊、自爱”的基础上能自我调控自己，并具有充分的、真实的自信心。自我调控指能自我监督，自我激励，自我动员，自我控制，并有建立在真实的自我认识基础上的自信，因为“自信是成功的第一秘诀”。总之，良好的自我意识要求能准确地了解你自己，欣然地接纳你自己，有效地调控你自己，始终地支持你自己，充分地展示你自己，并不断地完善你自己。

（2）良好的社会功能。社会功能是指一个人在社会上生存和发展的能力。首先，人际交往是最基本的社会功能。美国教育家卡耐基指出，现代社会人们事业取得成功，在依靠自身能力的同时，更重要的则是取决于人际关系。和谐融洽的人际关系是心理健康者最基本的要求之一。其次，社会适应能力是很重要的社会功能。与社会协调一致，善于适应环境是一种生存能力。心理健康的人应能用理智改变自己不适应现实的态度，调整自己的需要和期望值，适应发展着的社会环境。再次，一定的创造力是知识经济社会生存和发展不可缺少的一种社会功能。“知识经济社会只相信成功者，不相信眼泪”，“不创新，就灭亡”。心理健康的人应充满创造力，只有这样，才能在知识经济社会中生存和发展。

（3）良好的应付方式。人的一生始终处于不断地追求、不断地选择、不断地失意、不断地受挫之中，因而人们可能常常感到焦虑和痛苦，于是会自觉不自觉地采用各种方式方法来应付这些痛苦。人们常用的应付方式有：压抑或否认；宣泄；升华；合理化；物质滥用，如抽烟、喝酒等；自我惩罚；超脱或自慰；消遣娱乐等。一个心理健康的人应该有健康合理的并适合于自己的有效的应付方法，减轻、排解或解除痛苦，始终保持乐观向上的生活态度。

（4）良好的人生态度。一个人良好的人生态度首先来自于健康向上的人生观、价值观，这是人生的航标。只有树立了健康向上的人生观、价值观，才能明确人生的目的和方向，人生才有动力，人才能拥有良好的人生态度。其次要有完整统一的人格，要将自己的需要、愿望、理想、目标与自己的行为统一起来，人格才完整，若二者分离将导致人格分裂。再次应具有优良的意志品质、自主性和协作意识，这样才能克服人生困难，与人和谐相处，与社会协调发展，永葆乐观向上的人生态度。

3．正确认识心理健康的标准

要正确认识心理健康的标准，必须明确下列问题。

（1）心理健康是一个整体的概念。

心理素质包括智力因素和非智力因素（即人格因素）。智力因素指与学习直接相关的感知觉能力、记忆能力、思维能力，等等。其中，思维能力是智力的核心。良好的思维能力，不但包括概括能力、判断能力、推理能力和分析能力，还包括个体思维的敏捷性、灵活性、独创性等品质。非智力因素是指智力活动之外又对智力活动起着推动作用的一切心理要素，主要包括个体的动机、兴趣、情感、意志和性格。如此，心理各要素组成了一个人的心理活动，每个人的心理在各方面都呈现出不同的状态，某些方面好一些，另外一些方面则薄弱一些，很难将一个人的心理状态定位在一个点上。人的心理是一个结构复杂的系统，所以我们应当以整体的眼光来看待个体的心理健康状态。

（2）心理健康是一个动态的概念。

心理健康的本质是心理系统的自动调节的平衡化机制的正常运转，是一个不平衡—平衡—不平衡连续不断的动态的过程（见图1.1）。在长期的探索与实践中，人们逐渐认识到，真正的心理健康代表着一种心理发展的水平或层次，代表着一种高水平的、协调发展的心理动态过程。人的心理健康与不健康并无明显界限，健康并非非此即彼的特征，而是一个动态的、不断发展变化的过程。首先，心理健康的标准是随时代的变迁而变化的。其次，文化背景不同，判断心理健康与否的标准也不同。事实上，某些不健康的心理可能是人在发展中不可避免的发展性问题，将随着个体的心理成长而逐

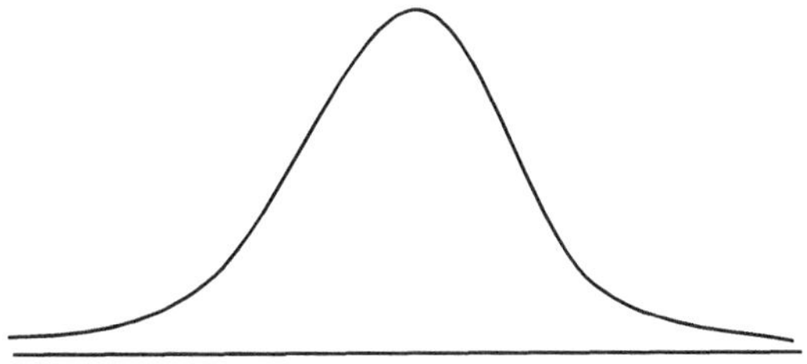

图 1.1　心理健康是一个动态的过程

渐调整并趋于健康。对大多数人而言，在人生的发展过程中面临心理问题乃至形成心理冲突是正常的，不必大惊小怪，应积极加以调适和矫正，许多问题是可以自行解决的。

与此同时，个体应积极提高自我保健意识，及时进行自我调整。要认识到人的健康状态的活动是一个发展的问题，当一个人产生了某种心理障碍并不意味着永远保持或行将加重。随着个体的成长，经验的积累，环境的改变，心理健康状况都会发生改变。所以个人在发展中偶尔出现一些不健康的心理和行为并不等于心理不健康或有心理疾病，不能仅凭一时或一事就简单地给自己或他人下心理不健康的结论。

（3）心理健康标准是相对的。

人的生理健康是有标准的，人的心理健康的标准远不及人的生理健康的标准具体与客观。由于受不同的社会文化背景、民族特点、经济水平、意识形态、学术思想导致的不同认知体系、价值观念的影响，迄今尚无被世界各国、各民族公认的科学的标准体系。综观当前心理健康标准的研究，有从个体经验出发即当事人按照自己的主观感受来判断自己的健康，研究者凭借自己的经验对当事人的心理健康进行判定；也有以社会适应为标准的，即以社会中大多数人的常态为参照标准，观察当事人是否适应常态而进行心理是否健康的判断，行为符合社会文化规范则心理状况正常或判定为心理健康；还有统计学标准，依据对大量正常心理特征的测量取得一个常模，把当事人的心理与常模进行比较，多数人的行为模式被认为是健康的或正常的；此外还有自身行为标准，每个人以往生活中形成的稳定的行为模式，即正常标准。事实上，这些标准都是相对的，而且都有其局限性。因为心理健康的标准还必须考虑年龄、性别、社会身份、情景等各种因素。在同一个人身上表现出来的既有健康的心理，也有不健康心理因素的出现。某些行为发生在孩子身上是正常的，发生在成人身上则是变态的；某些行为在特定的社会背景和条件下是正常的反应，而在另一些社会背景或一般情况下出现则是变态。可见，心理健康是一个相对的概念。否则，按有些精神病学家和心理学家的观点，在现实生活中可能没有多少人是心理健康的正常人。

正因为心理健康与个体发展阶段间有密切的联系，与社会文化背景密切相关，因研究者的科学取向和价值取向而有所不同，所以我们说，心理健康的界限和标准是相对的。

最后有必要指出的是，心理健康教育与心理辅导、心理咨询、心理治疗等其他几种助人活动之间，存在着既区别又联系甚至相互交叉的关系（见图 1.2）。我们可以把这几种助人活动看作是一个连续体中的不同阶段。从服务对象上看，教育、辅导以正常学生为主；咨询以有轻、中度个人问题的正常人为主；治疗则主要面对有心理疾患的人。从功能上讲，教育、辅导重在发展和预防；治疗则重在矫治与重建。从方式、方法上看，教育常采取团体形式，咨询与治疗一般是个别进行的，辅导则既可以是团体的也可以是个别的。另外，从时间上讲，教育是终身的，辅导伴随着教育过程，而咨询、治疗一般总有一定的时间界限。可见，心理健康是一个“大”的概念，它可以涵盖辅导、咨询等其他助人活动，但这又是相对的，因为辅导、咨询活动中也含有“教育”的因素，它们之间也存在一定的交叉或重叠关系。正确理解这几种助人活动之间的相互关系，对进一步明确学校心理健康教育的实质，无疑也是十分必要的。

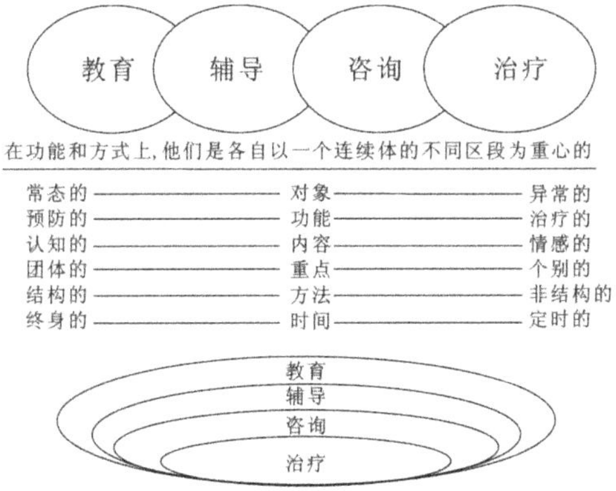

图 1.2　心理辅导与其他助人活动的关系

4. 学校心理辅导的作用与意义

学校心理辅导是在社会的进步、科学技术的飞速发展中社会对学校教育提出的新要求，也是学校教育的一种新的发展，它的内容已日益渗透到人们的生活态度、思想观念以及实际生活当中。因此，作为学校教育，关注学生的成长，就必须兼顾他们的身体、心理两方面的健康。《中共中央国务院关于深化教育改革全面推进素质教育的决定》明确指出：实施素质教育必须加强学生的心理健康教育，心理品质，促进学生整体素质提高，确保学生健康发展，推动心理健康教育。如果学生的心理素质提高了，那么他们的整体心理状态就会保持比较健康的水平。良好的心理素质是人的综合素质中的重要组成部分。心理辅导是提高中小学生心理素质的教育，是实施素质教育的重要内容。中小学生正处在身心发展的重要时期，随着生理、心理的发育和发展，社会阅历的扩展及思维方式的变化，特别是面对社会竞争的压力，他们在学习、生活、人际交往、升学就业和自我意识等方面，会遇到各种各样的心理困惑或问题。因此，在中小学开展心理辅导，是学生健康成长的需要，是推进素质教育的必然要求。

(1) 学校心理辅导可促进人才的培养。

一方面，文化知识的传授离不开心理素质的培养。要使知识素质化，就要使知识结构转化为学生的认知结构，在转化过程中，要注意学生的记忆力、观察力、思辨力、创造性思维能力、注意力的培养，以及积极主动探究的学习态度，才能使学生的智力得到充分的发展，更好地适应未来社会的发展。在现代中小学生的教育实践过程中，许多教师发现，情绪比较稳定、心情愉快和精力充沛的学生更能创造性提出新颖别致的见解、寻找到正确的答案以及做到一题多解，举一反三。处于过重压力之下，许多学生往往心神不宁和思维呆板，对问题情景缺乏准确的反应。现实教育中，学生认知过程由于缺乏心理方法指导，出现学习效率低下，以及紧张、焦虑、厌学、弃学、逃学等一系列现象，学习成绩不好的学生未必是智商低的学生，而是因为非智力因素等一系列心理因素差造成的。

另一方面，学习活动是一种全方位的心理活动过程，不仅是认知发展的过程，也是情感、意志发展的过程，同时还是能力、性格形成和发展的过程。教师把学习看做是知识、技能掌握过程的同时，还应把心理素质，尤其是情绪、情感的发展纳入教学目标之中，其结果能使一批学生避免厌学、避免片面发展等。

（2）学校心理辅导有助于健康人格的形成。

人格是个人相对稳定的比较重要的心理特征的总和。这些心理特征包括个人的能力、气质、兴趣、爱好、倾向性等，它们是在生理素质的基础上，通过社会实践逐渐形成和巩固的。通过学校心理辅导，能使中小学生在智力、情感、意志和个性等方面都得到正常的发展，从而提高心理健康水平，以形成健全的人格，做到能灵活运用自己的智慧去应付各种社会环境，使人的心理和行为与社会现实的要求相协调，使个体与环境保持动态的积极的平衡，从而愉快地生活。心理健康水平高又具有健全人格的人，其生活质量也会大大提高。增强调控自我、承受挫折、适应环境的能力，当生活中遇到了矛盾和困难时，以正确的态度和方法来对待；富有责任心、同情心、爱心以及正义感。

（3）学校心理辅导可促进德育的发展。

德育过程是一种对学生施行心理影响的过程， 学生的道德认知、道德情感和道德行为发生变化的过程在心理健康教育的积极影响下，一般会朝着教育者所期望的方向加速改变，这种变化必然也将反映于学生的心理发展过程中，借助于心理辅导的测评体系可以从一个侧面反映出德育目标达成的状况和效果。通过心理健康教育，使学生不仅对心理健康知识有着良好的认知，并且以对外界刺激形成的良好的反映方式等方面来培养健全的人格，从而帮助青少年学生顺利地实现社会化，以这种教育方式来促成教育目标的实现。概言之，德育是对个体施以一种社会规范化的教育和影响，它反映的是一种明确的价值取向和道德倾向， 而心理辅导着重帮助学生了解和探索自身心理现象发生、发展规律，从而达到内外部世界的和谐和统一，它对中小学各阶段的德育、智育、体育活动均有着深刻的、直接的影响（见图 1.3）。

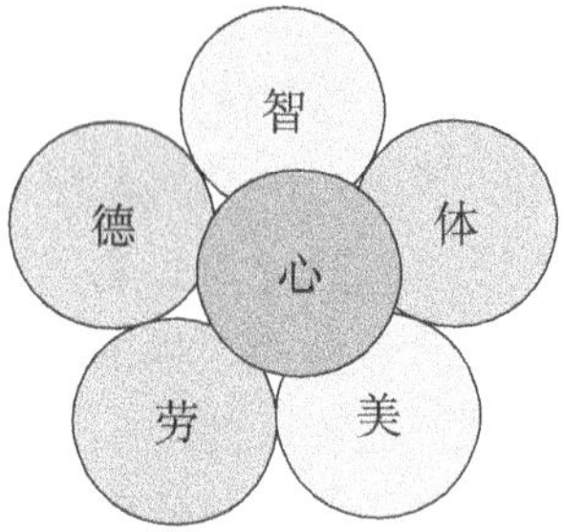

图 1.3　心理辅导在学校教育中的地位

（4）学校心理辅导有助于身心协调发展。

欧文曾说过:“人类的幸福只有在身体健康和精神安宁的基础上才能建立起来。”这就是说，健康的体魄来源于生活和心理的共同健全，双方相互促进，相互制约。心理影响生理，生理也影响心理。心理健康对身体健康的影响十分明显。古人认为，七情太过均可致病，现代医学也认为身心关系是相辅相成。据科学家近期研究表明如癌症等绝大多数躯体疾病都与心理异常存在相关，有时二者互为因果，造成恶性循环。心理辅导有助于减少心理疾病发生。人要活着必须以健康为前提，而拥有健康又是拥有一切（成功、事业、快乐……）的前提。有人把健康比作“1”，把事业、爱情、家庭……比作是“1”后面的若干个“0”。只有“1”的存在，“0”才能显示出价值；如果没有了“1”，再多的“0”还是零。所以说人最大的财富、资本是健康，人最终渴求的也是健康。

（5）学校心理辅导是推进素质教育的重要措施。

素质教育是以全面提高学生素质为主要目标的教育。按照目前对人才素质结构通常的划分方法，人才素质可分为生理素质、心理素质和社会文化素质。心理素质在人才素质整体结构中具有基础与核心的作用，具体表现在以下三个方面：

① 心理素质是社会文化素质赖以形成的基础与中介，离开心理素质的中介作用，社会文化只能停留在外在形态的层面上而不可

能转化为人的素质。

② 心理素质对其他素质的发展具有促进或制约的作用，因而对人才素质结构及其发展水平具有极大的影响，有时甚至起决定作用。

③ 心理素质是个性不断完善的能动性基础，从人才素质结构的角度看，在各种素质中，只有心理素质具有能动性的特征，心理素质的能动作用主要是通过自我意识的调控作用实现的。人的自我意识是对自身心理活动过程的反映，正是借助自我意识的作用，人们才能认识自我、调节自我、设计自我、完善自我，从而使自己不断向更高水平发展。

因此，开展学校心理辅导，提高学生的心理素质，会进一步提高学生的全面素质。

总之，学校心理辅导现已成为现代学校发展的内在必然要求。只有将学校心理辅导渗透于学校工作的各个环节中，使其成为每位教师必备的职业能力，并将其渗透在现代教育质量观和学生观中，这样，才能充分发挥全体教师的主导力量来促进学校心理辅导工作。因此，学校心理辅导并非只是心理专业人员的事情，每个教师都应是心理辅导员，他们都应拥有心理卫生保健知识，掌握一定的心理辅导技巧，熟悉青少年儿童学生常见心理问题及疏导策略，把握青少年儿童学生的心理发展轨迹，并以良好的心理特质去影响学生。只有这样，学校心理辅导工作才能得到真正的落实，并且取得实效。当然，由于我国中小学心理辅导起步晚，使全体教师都成为合格的心理辅导工作者需要一个发展的过程，因此学校行政部门应加强对全体教师的培训工作。

第三节　学校心理辅导概述

一、学校心理辅导的特质

心理辅导（guidance）一词，主要指学校中教育者对学生的一种协助。关于它的界定，有许多心理辅导理论家作过精辟的阐述。罗杰斯指出:“辅导是一个过程，其间辅导者与当事人的关系能给予后者一种安全感，使其可以从容地开放自己，甚至可以正视自己过去曾否定的经验，然后把那些经验融合于已经转变了的自己，作出统合。”台湾学者吴武典认为:“辅导乃是一种助人的历程或方法，由辅导人员根据某种信念，提供某些经验，以协助学生自我了解与充分发展。在教育体系中，它是一种思想(信念)，是一种情操(精神)，也是一种行动(服务)。”香港中文大学林孟平博士也曾作过如下界定:“辅导是一个过程，在这个过程当中，一位受过专业训练的辅导员，致力于当事人建立一种具有治疗功能的关系，来协助对方认识自己、接纳自己，进而欣赏自己，以致可以克服成长的障碍，充分发挥个人的潜能,使人生有统合并丰富的发展,迈向自我实现。”上述定义侧重点有所不同。综合起来，从狭义看，辅导是帮助一个人自助；从广义看，辅导是促进全人的发展，即当事人凭着在辅导中学会的面对难题和解决难题的原则,全面而均衡地发展他的人生。综合上述各学者的观点，结合我国教育实际，一般认为，学校心理辅导是辅导人员运用其专业知识技能，给学生以合乎其需要的协助与服务，帮助学生正确认识自己，悦纳自己，根据自己的条件，确立有益于个人和社会的生活目标，提高心理机能，消除成长中的烦恼与障碍，充分发挥个人的潜能，并较好地适应学习、工作及人际关系。由此可以看出，学校心理辅导旨在提高学生的心理品质，增进学生的心理健康,进而促进其整体素质的提高和人格的健全发展。它所包含的特质主要有以下几方面:

(1) 学校心理辅导是一种民主式的助人自助的过程。每个学生都具有成长与发展的潜能，但有时会遇到阻碍，辅导则是帮助学生学会克服这种阻碍，使其获得良好的成长与发展的方法。在这个过程中，辅导者只是协助学生解决问题，而不是替代学生解决问题或替其做出某种决定。

(2) 学校心理辅导是愉快的合作。它以互相信赖为前提，辅导者要与学生建立良好的互动关系，切忌以命令或教训的方式对待学生，而应以诚恳与信任的态度接纳学生，使学生获得受人尊重的体验，进而开放自我。

（3）学校心理辅导有自己独特的功能，即发展性功能、预防性功能和治疗性功能。发展性功能强调的是促进学生的心理健康发展，这就要依据学生现有可能性，从他们的心理需要出发，为其创造有利的环境和条件，以帮助学生学会解决成长过程中出现的问题，增强心理承受能力，获得全面发展。目前国内中小学开展的意志训练、人际关系训练、耐挫能力训练以及职业指导等均属于发展性的心理辅导。预防性功能的侧重点在于通过各种途径提高学生的自我意识水平。它包括自我观察、自我体验、自我概念、自我评价、自我调节等。自我意识的发展过程是个体不断社会化的过程，它在个性发展过程中起着不可忽视的作用，学生的感情、意志、行为特征无不受到自我意识的影响和制约。因此，帮助学生提高自我意识水平，使其懂得主动寻求心理支持，以避免由于盲动而造成的失误与焦虑。目前有的学校开展的青春期教育、考前心理辅导等均属于预防范畴。治疗性功能主要是针对学生学习、生活及求职中出现的具体问题，给予直接的心理辅导与咨询。它的服务对象仅限于少数有问题的学生，大多采取个别辅导和小组辅导等方式。对有严重心理障碍的学生，教师需将其转介到心理卫生部门就诊。

在目前的学校心理辅导实践中，有的中小学热衷于治疗性辅导，只盯着“差生”、“问题学生”，甚至有的学生心理本来很正常，只因一次考试怯场或与同学关系不和或生性活泼爱动，教师就凭主观臆断把其定性为有毛病，动辄“障碍”、“疾病”、“分裂”、“多动症”、“孤独症”等。出现这种情况的主要原因，就是教师不了解心理辅导的特点，忽视了学生的心理发展规律，把心理辅导简单地理解为心理治疗。因此，要提高广大教师对心理辅导的认识，懂得心理辅导的重点不在于解决个别问题，而在于使大多数学生的心理都获得良好发展。学校心理辅导应以发展性与预防性为主，以治疗性为辅。美国学生辅导主任协会在其制定的《小学辅导主任的工作》中指出，小学辅导主任必须能够最大限度地挖掘和发挥儿童的潜能，并使其得到充分的发展。对高中辅导主任也提出了明确的任务，指出，发展性的辅导是辅导工作的组成部分，它对学生的成长进行有计划的积极干预，从而提高学生自身的社会适应能力，使其在情感、生计、道德、认识、审美等方面都得到发展，并促进这些方面综合统一到个人的生活方式之中。

（4）学校心理辅导是一种服务。学校心理辅导是对学生的一种帮助，因此，辅导人员必须坚持为人服务的观念，用爱心与耐心协助当事人。在英文的辅导书刊中，常用的也是“辅导服务”（guidance services）一词。在学校教育中，辅导有其特定的服务内容。我国台湾学者赖保祯把它分为了八个方面：

鉴别——对学生个别差异的了解；资讯——向学生提供学习、职业与生活方面的资料；咨商——帮助学生自我了解和自我发展；咨询——向教师、家长、学生提供背景性资料；定向——帮助新生认识环境，以便能在环境的转换中安定下来，把握住努力的方向；安置——帮助学生选课、进行升学与就业辅导，目的是使学生在求学与谋职上，各适其性，各得其所；延续——继续与毕业的学生保持联系，提供必要的心理服务；研究——对于辅导的需求与辅导的实效进行研究与评价，以保持辅导工作的朝气与活力。

（5）学校心理辅导有其特殊的专业知识技能要求。学校心理辅导涉及教育学、医学、哲学、社会学等多种学科知识，辅导人员只有具备这些专业知识与技能，才能胜任工作，有时还需运用一些特殊的技术与方法来开展活动。

二、学校心理辅导的误区

在学校教育实践中，有许多方法与学校心理辅导相似，但它又不是学校心理辅导，如果不加区别地混同于学校心理辅导，就会削弱辅导工作的实效性。我们要避免学校心理辅导走入下列误区：第一，学校心理辅导仅仅是提供资料和信息。例如，有一位高三学生向教师求询有关自费上大学的问题，倘若教师只告诉他某大学的收费情况，而忽略了他忧伤于色的情绪，则整个过程也就并非辅导过程。第二，学校心理辅导是一种社交谈话。社交性的谈话往往是表面的、客气的，随意性很大，且内容空泛，而学校心理辅导却是一个深入的、人性化的过程，它包容着对当事人的启迪与热望。第三，学校心理辅导是教导或说教。教导或说教过多地含有居高临下的成分，而辅导则是一种自下而上的服务。虽然在学校心理辅导过程中往往会出现教导，但若只有教导或说教，却又不是学校心理辅导了。第四，学校心理辅导是忠告或建议。学校心理辅导重要的是协助学生认识自己，接纳自己，学会对自己的行为和人生负责，倘若教师随便给予忠告和建议，就是剥夺了他们学习的机会。第五，学校心理辅导是同情和安慰。在辅导过程中，许多教师习惯用同情和安慰来对待学生,而忽略了此时要设法以当事人的参照标准来看待问题。例如，一个落榜生，他内心很痛苦，在自卑与自尊的相互交错中，会变得过分敏感。他求助于心理辅导，是希望教师能协助他积极改变这一切。如果一味地同情和安慰，显然是不能达到目的的。辅导的基本条件是尊重、真诚和同感。尤其是同感，在学校心理辅导过程中起着关键作用，它强调当事人不仅要有一定认识，而且还能体会到他的感受，教师要放下自己评判事物的参照标准，设身处地的从当事人的参照标准角度来看事物。同感并不是认同当事人的观点，同感就是尝试感受当事人的喜怒哀乐,并能将这份感受传递给对方。同感包含着“换位”的意思，是辅导者用当事人的心情去感受，用当事人的眼睛看世界。

另外，恐吓、批评、指责、冷嘲热讽等更不是学校心理辅导，它需要教师在实际工作中认真辨别。

第四节　学校心理辅导的发展历史及未来

一、国外学校心理辅导的发展历史

目前，国外的心理辅导领域出现了空前的繁荣局面：纷呈的理论流派、层出不穷的改革创新和不断更新的辅导模式，这一切无不向人们昭示着一个时代发展的趋势。在这种时代背景影响下，国外学校的心理辅导也日益受到重视并迅速得以推广。眼下，美国、加拿大、法国、英国、荷兰、日本、南非等国家，都在努力地开展这项工作并获得了较大的成效。推广心理辅导已成了世界教育改革的新趋势。

（一）美国学校心理辅导的发展历史

现代意义上的学校心理辅导开始于20世纪初的美国。其学校心理辅导的发展历史经历了从起步到职业化再到多元化的过程。

1．1945年以前美国学校心理辅导的兴起

学校心理辅导发端于美国，其产生和发展源于当时的社会需要和学校的教育实践。19世纪末，为了解决时代更替和社会变更所带来的个人适应困难，一些心理学家开始把心理学的原则和方法运用到实际的服务中去，学校便是其应用领域之一。美国心理学家魏特默（L．Witmer）被认为是临床心理学的创始人。

其后，有“学校心理学家”第一人之称的格赛尔（A．Gesell）继续并推进了魏特默的实践活动。1915年，格赛尔在康涅狄格州巡回对儿童进行智力测验，并以此为依据对特殊儿童进行能力分班，让学校对其实施特殊教育，由此，学校心理学产生并开始发展起来。

20世纪，学校心理辅导由产生至成熟，经历了一个迅速发展的过程。以美国为例，从1915年第一个学校心理工作者开始从事学校心理教育工作发展至今，美国学校心理教育工作者与学生的比例已发展到1∶1 500。如果探究学校心理辅导在20世纪的发展历程，可以发现社会的需要总在极大程度上推进学校心理辅导的发展。

像许多学科一样，心理辅导最初以课程形式出现于学校。在19世纪末20世纪初美国社会改革运动的影响下，最早的学校心理辅导教师开始致力于对学生道德发展的积极辅导，这样第一个心理辅导计划产生了。1907年，作为密歇根一所中学校长的戴维斯（Jesse

B．Davis)，在学校开展了每周一次的心理辅导课，在每周英语作文课上，他留出一点时间进行职业和道德辅导。最早的心理辅导课程的目标，是帮助学生更好地了解自己的性格，评估自己的道德规范，培养有责任感的社会工作者。除了戴维斯外，其他早期心理辅导先驱也积极地响应着当时社会需要，进行心理辅导活动。像大卫（David S．Hill）等，以不同方式提供心理辅导服务，例如帮助学生寻找职业，了解自己最适合的职业，依据个体差异进行职业选择等。

除了教育的作用之外，早期的学校心理辅导实践已经具备了一定的特征，这些特征在职业辅导运动、心理测量运动、精神卫生运动这三大运动的过程中，得以进一步完善。这三大运动的每一次运动都极大影响了学校心理学的发展。

第一大运动是20世纪早期的职业辅导运动。当时工业革命在全球获得了深入的发展，社会对劳动力提出了较高的要求，因而选择职业受到了社会的关注。早期职业辅导运动的代表人物是帕森斯（Frank Parsons)，1908年帕森斯在波士顿成立了波士顿职业指导局，帕森斯相信从学校毕业的学生应具备独立的、关于职业的和关于自己的信息，并依据这些信息进行合理的职业选择。因此，职业辅导专家应尽可能为学校毕业的学生提供这方面的信息指导，帮助学生理解和应用，帕森斯创立的职业辅导中心被作为心理辅导诞生的标志。1909年，帕森斯出版了《选择职业》一书，阐述了心理辅导史上的第一个科学的职业选择理论——职业选择的三因素理论：对工作性质和环境的了解，对自我爱好和能力的认识，以及两者之间的协调与匹配。这一理论对今天的职业咨询有现实的指导意义，帕森斯的工作和他所创立的“波士顿模型”在当时的美国影响很大，因此被称为“心理辅导之父”。

与此同时，经过分类汇总的早期职业辅导计划成为一种具有代表性的职业辅导模式进入了美国大城市的一些学区。一些大学也提供了职业辅导的课程，政府通过立法支助职业教育及其师资培训。职业辅导运动的发展，使学校心理辅导运动得以发展。

第二大运动是心理测量运动。心理测量运动也曾给予学校心理辅导深远的影响。20世纪初，人们已认识到智力落后儿童的特殊教育不仅必要，而且可能，教育行政部门试图通过对智力落后儿童进行科学而宏观的评估，鉴别智力落后学生，并在特殊班级里对其进行特殊教育。因此，法国心理学家比奈（Alfred Binet）和西蒙（T. Simon）编制了最早的智力测验量表对儿童进行智力鉴别。自此以后，心理测量运动开始在学校范围内得以广泛开展，心理评估和心理诊断技术的发展,使学校心理教育沿着更科学化的方向发展。

在20世纪的头25年里,测量作为一门技术开始得以广泛实践，信度、效度、常模等测量的基本原理也得以公认，心理测量沿着科学化的道路前进。1917年，美国政府为了选拔优秀的年轻人进入军队参加第一次世界大战，召集不少著名的心理学家参与编制了一系列心理测验工具，其中包括著名的军队A型和军队B型智力测验。这些测验的成功使用影响到教育领域，使团体测验的方式在教育领域同样得以推广运用。在职业心理辅导过程中，心理测量用科学的方法来揭示一个人的兴趣、特长和局限性受到辅导人员和青年的青睐。心理测量对学校心理辅导的影响不仅在于它为辅导人员提供了测评的工具，更在于它为心理辅导提供了更为可靠的依据，即以测量结果为依据进行辅导。

第三大运动是精神卫生运动。精神卫生运动的创始人比尔斯（C. W. Beers），曾是耶鲁大学的一名学生，在他的一生中，多次因心理疾病入院治疗，在目睹精神病院恶劣环境和病人受到种种非人的待遇后，1908年，他出版了专著《一颗找回自我的心》(A Mind That Found Itself)，在美国引起了很大的轰动。书中他呼吁改善精神病院的医疗条件，改善对心理疾病患者的治疗方法和手段，最终引发了一场全社会的心理卫生运动，要求全社会重视心理健康。这与欧洲弗洛伊德精神分析理论相呼应，使精神病学家和心理学家在观念上发生了深刻变化。《一颗找回自我的心》迄今已经再版50余次，被称为全世界心理卫生运动的开山之作，是一部具有世界影响力的著作。

心理卫生运动使早期人格形成和发展受到了关注，并强调健康的自我调节，这些观念影响了早期的学校心理辅导工作者，使心理咨询活动在学校得以萌生，以预防和对付可能发生的心理问题，最终心理咨询成为学校心理辅导的重要内容。

在这三大运动的影响下，学校心理辅导迅速地兴起和发展，至20世纪20年代末，学校心理辅导专家的数量迅速增加，使得学校心理辅导在社会上的影响日益扩大。但这一阶段，还没有形成较为规范的职业标准，没有相对成熟的职业培训计划。心理辅导的理论研究、推广等则是在20世纪以后的岁月里得到了更加深入和迅速的发展。

2. 1945—1955年美国学校心理辅导逐步过渡到职业化发展阶段

第二次世界大战后，心理辅导逐渐成为一门学术性的学科，走上了职业化发展的道路。这时学校的心理辅导内容不仅限于职业或适应问题，而对个人的全面发展问题给予更多的关注。辅导模式开始注重情感、个性和人的整体发展。其中，最为重要的人物是人本主义心理学家卡尔·罗杰斯（Carl Rogers）。在1942年，他出版了《辅导与心理治疗》一书，创立了“以人为本”的心理咨询与辅导模式，提出了“非指导性咨询”的概念，强调心理辅导应由来访者决定辅导的方向和进展。这种理论受到人们的认可和赞同。20世纪40～50年代，关于心理辅导理论与实践的刊物、著作和研究成果大量涌现，使得心理辅导的经验、技术得到进一步的推广和提高。在理论和实践研究的基础上制定了一系列相关条例与标准化量表。美国学校心理辅导走上规范化与职业化发展道路。

3. 1955—1970年美国学校心理辅导得到迅速发展，辅导范围迅速扩大

自20世纪50年代开始，埃里克森（E.E.Rickson）提出的毕生发展观，丁克米耶和卡德威尔（Dinkmeyer&Caldwell）等人提了“发展性辅导”的概念，认为应当将心理辅导的重点放到促进辅导对象的成长与发展上。“发展性辅导”的产生是心理辅导的一个重大转折，它使心理辅导从原来的重视诊断与治疗，转到重视教育与预防

的发展轨道上来。由此，心理辅导的范围也由传统的职业指导、障碍辅导扩大到少数民族、特殊群体、校园暴力、同性恋和双性恋等更多领域。

4．1970—1982 年美国学校心理辅导的范围更加广泛

由于预算的缩减，其发展受到资金的限制。这使得美国学校心理辅导开始注重辅导效果的评估，注重对辅导效能责任的要求，凡使用了国家经费的辅导项目，都要用一定的标准去评估，以测量出该项目完成的效果。

5．1982 年至今，随着病理学的发展和学校暴力事件的增加，学校心理辅导急需在更广的范围内建立心理疾病的预防和干预服务体系

自 20 世纪 80 年代以后美国面临着新的社会变迁，尤其是“9·11 事件”以后，美国校园出现了“9·11 事件”恐惧症、影响健康的世界范围的传染病（SARS）等新的心理问题诱因。

这些因素主要包括：① 空前的社会变迁与革命。② 技术革命。20 世纪 80 年代以来，美国科技呈现快速发展局面，计算机、手机、互联网等对教育方式产生了巨大的影响。③ 经济的全球化与经济发展的不稳定。经济的全球化导致本土的就业机会减少或转移，使更多的大学生找不到工作，处于焦虑状态。④ 校园暴力加剧。⑤ 对传染病的担心。⑥ 主流主义（ISMS）：种族歧视、性别歧视、性别错位等的影响。⑦“9·11”以后的恐惧感和焦虑症。

“9·11 事件”对美国社会产生了重大的影响。“9·11 事件”后，纽约市教育局派出资深学校心理学家，逐校与学生、家长进行心理辅导，排解人们心中的恐惧和不安。2002 年哥伦比亚大学一个特别调查小组，就“9·11 事件”的心理打击和影响对纽约市中小学生进行了一项调查，发现纽约市 4 到 12 年级的学生中每 4 个人至少就有 1 个患有恐怖袭击综合征。这些症状包括过于紧张、广场恐怖、情绪低落、害怕分离、焦虑以及因为过度害怕而袭击他人等。

（二）日本等亚洲国家学校心理辅导的发展历史

现代学校心理辅导在美国兴起和发展、广泛地影响了世界各国。近半个世纪以来亚洲许多国家和地区的学校心理辅导也得到了很快的发展。在印度，临床心理学、社会心理学、心理测量的研究较为深入，因而这些方面的研究成果被用到学校心理辅导领域，广泛采用心理测验方法进行心理咨询，对吸毒、犯罪、酗酒、青少年违法等方面开展了诊断咨询和心理咨询与治疗。学校心理学家除了本职工作外，还担负着行政管理和教研任务。在马来西亚，随着现代教育体制的建立，政府逐渐重视学校心理辅导，在 1960 年，就出版了由教育部编著的《学校辅导服务》，以政府的力量推进心理辅导发展。越来越多的发展中国家开始日益重视学校心理辅导在现代学校教育中的重要地位。从亚洲的发展情况来看，日本的学校心理辅导较为成熟，并具有代表性。

一般认为，日本的学校心理辅导的诞生，是从 1946 年日本教育改革时期开始的。二战结束后，美国的学校心理咨询迅速传入日本，被日本教育部门采纳，并开始使用“学生辅导”一词。其最终目的是使学生适应社会生活，有较好的品行并被社会所接纳。正如日本著名教育家福田庆辅所说的，学生指导不是以改变个人的个性或环境为目的，而是帮助学生建立个人与环境相互作用的体制。

日本学校心理辅导主要处理两类问题：第一类是偏重于认知的问题，例如升学、就业、学习方法等方面的问题，心理辅导教师主要给予知识性的辅导；第二类是偏重于情绪的问题，例如学生在情绪、态度、行为方面的问题，如自杀。学校恐怖症、厌学症、学习障碍、不良行为、性格偏差、校内暴力等问题，这类问题往往需要高层次专业化的心理学干预。近 20 多年来，随着工业化程度的提高，日本社会出现了较多的心理问题，并扩散到学校，影响了教学质量和学生心理素质，因此，加强心理辅导成了社会的需要。

日本学校心理辅导在管理、方法和专业人员方面都具有不同于美国的特色。在管理上，体制较美国更加严密，日本学校教育法规定，心理辅导由地方教育部门进行管理和监督，初级中学应设立学生辅导主任，掌管学生辅导；设立前途辅导主任，掌管学生选择职业和其他前途辅导事项。学校均制订周全的辅导计划，包括学生、学业的辅导重点，各部门辅导活动的计划等，并建立严密的组织网络和专门的学生辅导部。

在人员配备方面，以中小学教师的兼职辅导和地方心理学专家的专职咨询相结合，调动一切力量，重视班主任的作用，甚至运用生活委员等学生干部。在辅导方法和技术方面，日本保持和发扬了本民族的优良传统，如采用以日记、作文和信件为线索进行指导的生活作文教育，班主任和学生恳谈法等。同时，也批判性地借鉴了国外的方法和技术，除采用罗杰斯的以当事人为中心的心理咨询技术外，还采用了行为疗法和精神分析、认知疗法等。总的来说，日本学校心理辅导的发展既吸收了西方心理学的精华，又保持了本民族的传统，在发展过程中避免了全盘西化的倾向，更具有本土性和适应性，为亚洲其他国家的学校心理辅导发展提供了一些可借鉴的经验。日本东京吉森女子大学的富库哈瑞教授指出，在心理咨询与辅导研究中，通过交往途径探索日本民族特点的问题应该受到重视，这一课题有待今后的进一步研究。可以预期，日本未来的心理辅导发展将仍会保持浓厚的本土化色彩。

二、国内学校心理辅导发展历史

（一）台湾学校心理辅导的发展历史

1．台湾学校心理辅导的缘起

台湾当局自 1950 年起陆续颁行各种教育改革办法，在教育方面做多次的革新，并在教育政策、教育实验（从此时的生活中心教育实验中可窥见生活辅导的萌芽）等方面取得了相当的绩效，这为台湾学校辅导工作的兴起奠定了教育基础。

20 世纪五六十年代台湾飞速发展的经济吸引了越来越多的侨胞返台生活与工作。在这种情势下，50 年代的侨生教育就成为台湾学校辅导运动的直接动因，并成为台湾辅导工作的新的起跑点。

1954 年间，返台就学的侨生人数骤增。那些青少年学生因侨居地环境不同、教育水准不一，因而返台后发生严重的生活适应与学习方法上的困难。在此背景下，为加强侨民教育，推行华侨教育政策，台湾当局教育主管部门乃试行辅导工作，一批旅美专家仿效美国心理辅导的方式、方法，对台湾青少年学生在学业补救、品德行为与生活适应各方面予以辅导，由于成效显著，引起各方面的重视。于是，台湾当局教育主管部门于 1956 年在各大专院校设置侨生辅导委员会。该委员会除了办理海外各地侨生回台升学事宜外，还定期举办辅导工作研习会，并在学生辅导方面做了大量的工作，为台湾学校辅导工作的发展奠定了基础。1958 年宗亮东等人编著的《国民学校指导活动的理论与实际》一书的出版，带动了新的教育辅导的气息。

此后，60 年代初期东门小学等一些学校开展的小学心理卫生实验及华侨中学、台北第二女子中学（今中山女高）等所开展的辅导实验研究，为台湾扩大辅导运动起到了重要的促进作用。

2. 台湾学校心理辅导的发展阶段

50 多年来，台湾学校心理辅导的发展历程概括起来大致经历了以下四个阶段：

（1）发展时期。

50 年代，从海外返台的华侨子女在台就学人数骤增。那些 12 岁以下的青少年人地生疏，语言隔阂，从而发生严重的生活适应与学习困难。为了加强侨民教育，于 1956 年在各大专院校设置侨生辅导委员会。这一时期，一方面定期举办辅导工作研习会，培养辅导人员，从 1957 年起先后举办了 6 期学生辅导研习会，有近 300 名大中学教职员参加。另一方面，选送教育行政人员以及大中学教师赴美进修辅导理论与实际操作，从 1951 年到 1962 年，有 10 多位赴美进修者回台协助推动各级学校辅导工作。再者，发行《辅导研究月刊》，编辑辅导图书，广泛介绍了美国辅导理论与实施的方法，使教育工作者对辅导的态度发生了质的改变。1958 年，由蒋建白先生领导成立了“中国辅导学会”，该学会的成立，标志着台湾的心理辅导进入了创始阶段。蒋建白先生也因此被尊为“中国辅导之父”。

（2）实验时期。

1960年3月，华侨中学与台北第二女子中学，分别就辅导制度与实施方法开展实验研究，为期两年，成效显著。1962年起，台湾当局教育主管部门与辅导学会合作，由辅导学会提供专家人力，进行“中等学校辅导工作实验计划”，第一年有桃园高中等7所学校参加，到1965 学年度第二学期止，参加实验的学校共有31所，其中大学1所，专科2所，中学21所，职校3所，小学4所。实验期内，辅导学会派人员指导并在每年暑假都应台湾当局教育主管部门邀请举办一次工作实验研讨会，寒假期间又举办巡回研讨会讲授辅导理论与技术，延续介绍其所开发的成果。在此期间，辅导学会的许多理事在实验方案计划、辅导业务指导、为各校办理心理测验等事项上，贡献甚多。教育行政的支持也起了很重要的作用。这一阶段的实验工作为心理辅导的推广奠定了良好的基础。

（3）推广时期。

在经过相当时间的实验并取得良好成效后，台湾有关当局认为推广辅导工作时机成熟，即展开推广工作。1965年，台湾当局教育主管部门聘请专家协助设计职业辅导计划，并编印心理卫生与职业辅导丛书。就业辅导中学还举办就业指导，印行各种职业资料。同年，台湾大学、台湾师范大学先后实施辅导与测验计划，逐渐在高等教育机构推广测验与辅导的设施。1966年台湾当局行政主管部门设立了专门机构，策划和推广青年辅导工作，同年7月，决定实行辅导制度。同年颁订中等学校加强辅导工作的文件，希望中等学校普遍推行辅导工作。1967年台湾当局，在中学课程标准中设置“指导活动”一科，1968年颁布“《中学指导活动暂行课程标准》”，这实际上是有计划地推动团体辅导。至此，台湾的辅导运动由教育学术团体的提倡，步入行政部门的领导实施阶段。

（4）全面发展时期。

从20世纪90年代开始，台湾的学校心理辅导进入了全面的发展时期。这主要体现在以下几个方面：① 1991 年台湾当局教育主管部门颁布的“《辅导工作六年计划》”和 1997 年核定执行的“《青少年辅导计划》”（第二期辅导计划），将学校辅导工作推至最高点（这两个计划将在后续文章中介绍——笔者注）。② 台湾当局教育主管部门以建立“学生辅导新体制”的宗旨，于 1998 年度正式推出“教学、训导、辅导三合一整合实验方案”，并作为当前 12 项教改行动方案之一。这一“学生辅导新体制”对近年台湾学校心理辅导的走向乃至教育层面都产生了不同程度的影响。③ 学校心理辅导的有关规定进一步健全。1990 年以来，台湾当局及教育行政机关先后颁布或修订颁布了一系列与学校心理辅导相关的规定，其中涉及身心障碍学生辅导的就有 7 种之多。此外，出版物的出版空前繁荣，不仅数量众多，而且门类齐全；台湾辅导学会及专家与大陆相关学术团体及专家的双向学术交流与学术活动趋向频繁等。这些都彰显了 90 年代以来台湾学校心理辅导工作的发展与深化。

可以看出，50 多年来的台湾学校心理辅导事业，经历了从无到有、从实务走向实务与理论相结合、从行动走向行动与制度相融合的发展历程。如今，学校辅导已成为台湾地区的一种教育制度。

（二）香港学校心理辅导的发展历史

香港特别行政区的学校心理辅导始于 20 世纪 70 年代初期，至今已有 30 多年的发展历史。香港高校最早开展学生心理辅导的学校是香港大学。1964 年，院方成立了相关研究小组，针对学生中存在的思想、学业、就业等问题开展调查研究。1966 年，研究小组提交的调研报告建议成立学生辅导处，以协助学生完成学业，为社会培育人才。1966—1967 年，香港社会出现动荡，不少学生也参与其中，为了疏导学生情绪，适应学生需要，建立必要的学生辅导机构也成为政府对学校的要求，心理辅导的概念第一次出现。1970 年，香港大学学生辅导处正式成立，并首次聘用了临床心理学家担任第一位心理辅导人员。1971 年，香港浸会大学（当时为香港浸会学院）创立了辅导中心，由三位兼职辅导员提供辅导服务。从 70 年代首家辅

式方法顺应潮流，各校根据现有条件，发挥优势，开展了许多有创建性、有特色的活动。

（三）我国内地学校心理辅导的发展历史

相比较而言，我国内地学校的心理辅导仅处于萌芽状态。我国现代意义上的学校心理辅导于20世纪80年代才逐渐被认识和重视。虽然我国学校心理辅导起步较晚，但发展很快，特别是90年代，学校心理辅导受到了全社会的关注。我国学校心理辅导发展大致可以分为停滞、起步与发展三个时期：

1．停滞时期

我国学校心理辅导的兴起受益于心理卫生运动和职业辅导的发展，但是抗日战争爆发后，我国的学校心理辅导被迫处于停滞状态，“文化大革命”时期，学校心理辅导被全盘否定，并被称为伪科学。在20世纪80年代之前，我国学校心理辅导可以说是停滞阶段。

1930年5月5日，第一届国际心理卫生大会在华盛顿召开，选举产生了国际心理卫生委员会。第一届国际心理卫生大会的召开，标志着心理卫生运动已成为一种世界性的潮流。受此潮流的影响，我国揭开了现代心理卫生运动的序幕。著名教育家吴南轩先生率先在南京中央大学心理系开设心理卫生选修课，开国内高校之先河。此外，他还在中央大学《旁观》杂志上开辟《心理卫生》专栏，这些可谓是心理卫生运动的萌芽。1936年4月19日，中国心理卫生协会在南京成立，协会的宗旨是保护与促进国民的精神健康及防止国民的心理失常与疾病，研究心理卫生学术以及推进心理卫生事业的发展。一些学者还撰写出版了有关心理健康方面的文章和著作。20世纪三四十年代，国内一些著名大学开设了心理卫生课。抗日战争爆发后，心理卫生运动被迫中止；新中国成立后，心理卫生工作长期处于中断和停顿状态。到70年代末80年代初，随着改革开放政策的贯彻，我国的心理卫生协会在北京召开了首届青少年心理卫生学术交流会，以此为标志，心理卫生运动开始了向教育界的发展，从而对学校心理辅导产生了重要的影响。职业辅导与学校心理辅导紧密联系在一起，也是我国学校心理辅导的重要源头。1916年，北京清华大学校长周诒春首倡职业辅导工作。1917年，中华职业教育社成立。抗日战争爆发后，职业辅导工作停止。至20世纪80年代，几近空白，但对学校心理辅导的兴起仍然有促进作用。

2. 起步时期

20世纪80年代，随着改革开放的不断深入及素质教育的全面推进，教育理论工作者、实践工作者及社会大众开始对学校心理辅导予以关注。80年代初中期，我国一些学者和研究机构开始进行学校心理健康状况调查，发表了一系列有关报告，对象涉及城乡不同类型的大中小学生，在教育界产生了广泛的影响。80年代中后期，少数中小学校开始进行学校心理辅导的尝试。一些热心此项工作的教师，通过讲座、个别辅导等方式，直接处理部分学生中存在的学习方法、考试、挫折、人际交往、青春期心理适应、生活消费等方面的困扰。几年间，在北京、上海、天津、广州、湖南、江苏等地，开始出现了一些初露学校心理辅导雏形的学校，并在当地产生了影响。此外，在我国广州、上海、北京等大城市中还出现了心理门诊，此后又在这些城市中出现了中学生热线电话辅导。

我国在心理辅导方面首先重视和发展的是高等学校。1982年，北京师范大学率先成立心理测量与咨询服务中心，开展心理健康教育；1984年北京大学建立了心理健康咨询室；1986年华东师范大学成立了学生问题咨询所等。随后不久，中小学心理辅导也迅速发展起来。1986年上海市教科院普教所就开展了“初中毕业生升学与择业指导的研究”的课题，通过边实验、边研究、边推广的发展模式，使中小学心理辅导得到了很快的发展。1989年，上海市成立了中小学心理辅导协会，该协会成了全国最早以推广、研究、普及、提高中小学、幼儿园心理辅导工作为宗旨的专业性团体，该协会积极培训上海市的心理辅导人员，率先在全市建立了一批心理辅导实验学校，并积极尝试心理辅导研究，取得了较好的辅导效果。1987年广州市开通了“广州市中小学心声热线电话”，是国内第一家以电话咨询为手段的中学生心理辅导机构，由一些具有青少年教育工作经验的人和专家、社会知名学者对学生提出的问题进行解答和指导，热线电话的内容包括校园生活、学习方法、青春期卫生、心理卫生、交友艺术、毕业就业、家庭伦理、权益义务八个方面。

3．发展时期

随着国家的大力倡导和一些地区的前期实践，到20世纪90年代，心理辅导在我国进一步深入发展。学校心理辅导由大城市向中小城市发展，热线电话、心理咨询室、心理老师在许多城市的学校里已不再是陌生的名词，开展心理辅导的实验不断增多，心理辅导的课程化尝试开始出现，心理辅导人员培训班层出不穷，心理辅导研究成了学校开展教育科学研究的重要课题。从1994—1996年，全国学校心理辅导与教育研究会连续召开了三次学术研讨会，对学校心理辅导进行了总结和研究，就今后的心理辅导工作努力方向达成共识。

20世纪90年代，学校心理辅导的发展呈现出以下特点：

（1）党和政府对学校心理辅导的高度重视。

党和政府的高度重视集中体现在中共中央和国务院颁发的学校心理辅导（文件上统称学校心理健康教育）相关条例的制定和颁布上。

1994年，中共中央和国务院颁发的《中共中央关于进一步加强和改进学校德育工作的若干意见》，明确指出："通过多种方式对不同年龄层次的学生进行心理健康教育和指导"。

1999年《中共中央国务院关于深化教育改革全面推进素质教育的决定》再一次指出："针对新形势下青少年成长的特点，加强学生的心理健康教育。"

1999年8月，教育部第一次就学校心理健康教育问题专门颁发了《关于加强中小学心理健康教育的若干意见》，对中小学心理健康教育作了非常具体的要求和规定。

2001年初，中共中央国务院再次颁发了《关于适应新形势进一步加强和改进中小学德育工作的意见》，又一次指出："中小学都要加强心理健康教育"。

2001年3月15日，九届人大四次会议通过的《中华人民共和国国民经济和社会发展第十个五年计划纲要》中也明确要求："特别是加强青少年的思想政治、道德品质、心理健康和法制教育。"这是我国第一次把青少年的心理健康教育列入国民经济和社会发展的五年规划。

2001 年 4 月，教育部又颁发了《关于加强普通高等学校大学生心理健康教育工作的意见》，这是继 1999 年 8 月教育部就中小学生心理健康教育问题专门颁发文件后,又针对大学生再一次颁发文件。这两个文件对全国大、中、小学开展心理健康教育起到了十分重要的指导作用。

2001 年 6 月 14 日颁发的《国务院关于基础教育改革和发展的决定》中又十分明确地指出："加强中小学生的心理健康教育。"

由于党和政府高度重视，教育部成立了中小学心理健康教育咨询委员会，加大对全国学校心理健康教育工作的宏观指导。与此相应，大部分省、市、地区都成立了由领导、专家和富有实践经验的一线教师组成的学校心理健康教育研究与指导委员会，开展组织协调、政策制定、科研、培训、评估检查等工作，推进心理健康教育广泛深入开展。例如，北京市由市教委德育处牵头，成立了由市教科院基础教育研究所、中科院心理所、北京师大、清华大学等有关科研人员参加，实验区和实验校组成的三结合队伍，并要求有条件区县都要成立心理健康教育研究中心，充分发挥心理健康教育机构在学校心理辅导工作中的作用。除此之外，上海、天津、成都、石家庄、辽宁、浙江、江苏等省市也成立了中小学心理健康教育领导或指导小组，并制定和颁布了相应的规划和指导纲要，负责本地区学校心理健康教育工作的规划、指导、协调和研究等工作。

（2）学校心理辅导的理论和实验研究得以广泛开展。

20 世纪 90 年代以来，我国有一批学者、专家和广大教师认真开展学校心理辅导的理论研究和实证研究。仅"九五"期间，向全国教育科学规划领导小组申报的心理健康教育、学校心理辅导等方面的课题就达 70 多项,每个省市各级各类教育科研立项的相关课题更是不计其数。此间学生心理辅导的实验研究，成为教育科学、心理科学最为热门的一个领域，而且成效显著。仅“九五”期间全国教育科学规划重点课题中影响大、成果显著的就有：北京师大郑日昌教授主持的“学生心理健康教育研究问题”，上海市教科院吴增强研究员主持的“中小学心理健康运行系统的研究”，北京师大沃建中博士主持的“中小学心理素质建构与培养研究”，湖北省武汉市教科所研究员徐学俊主持的“中小学心理健康教育与心理辅导体系研究”，湖南师大郑和钧教授主持的“中小学生协同教学与心理发展研究”，安徽师大张履祥教授主持的“优化学生心理素质结构，全面提高基础教育质量”等，这些研究课题内容涉及面广，参与研究人员多，持续时间长，整体效率高，为推进学校心理辅导工作发挥了很大的作用。

（3）加强了学校心理辅导师资队伍的建设。

近年来，全国各省市都开始认真抓好学校心理辅导的师资培训工作，举办各级各类心理健康教育的长、短期培训班，有关高校还积极配合地方教育发展需要，调整专业或课程，培养专业的心理健康教育专业人才，这些措施对建立一支学校心理辅导的基本队伍起到了积极的作用。例如，北京市2000年就对1 500名专兼职教师进行了培训；上海市从1999年起，开始了学校心理辅导教师的上岗培训工作，并核发“资格证书”，此外，还组织了学校心理健康教育讲师团；天津市规定每校必须有1～3名心理辅导教师持证上岗，目前已培训12 000名教师。其他如吉林、辽宁、四川、河北、江苏、湖北等省也都采用不同方式培训了一批专兼职教师。除了教育行政部门、高等院校、科研机构组织的各种教师培训外，中国心理学会、中国心理卫生协会、中国社会心理学会、中国教育学会等一些国家级群众学术团体以及各省市相关群众学术团体也开展了大量的培训工作，为学校心理辅导的师资队伍建设做出了较大的贡献。

（4）出版了一批学校心理辅导专著和教材。

目前有关大中小学心理健康教育的出版物，如专著、教材（包括教师用书、学生用书、家长用书）和科普读物层出不穷，其中质量较高，影响较大的当属一些重大研究课题组编写的理论专著、教材及参考书。例如，从立新主编《小学心理健康教育》和《中学心理健康教育》(人民教育出版社)，吴增强主编《现代学校心理辅导》(上海科学技术文献出版社)、《现代学校心理辅导丛书》(4册，上海教育出版社)、《学校心理辅导活动指南》(高、初小学生和教师用书共6册，上海科技教育出版社)，江海燕主编《中小学心理健康教育丛书》(4册，暨南大学出版社)，张履祥主编《学生心理素质结构优化指导丛书》(2辑约20本，安徽大学出版社)，沃建中主编《中小学生心理导向丛书》(约50册，每年级2册，每本有教师用书，科学出版社)。另外，还有林崇德、郑日昌、刘华山、陈家麟等人撰写的学术专著等。这些专著和教材，发行量大，影响范围广，对学校心理健康教育的普及起到了积极的作用。

但还必须看到，我国学校心理辅导仍然存在着许多问题，和发达国家相比，正规化、科学化程度较低，仍需作很大的努力。

三、我国内地学校心理辅导的发展趋势

1. 普及化

随着我国教育改革的不断深入和素质教育的全面推进，特别是教育观念的更新和对学校心理辅导重视程度的提高，学校心理辅导必将由现在的少数实验学校逐步扩展到一般学校，由重点学校逐步扩展到普通学校，由大中城市、沿海经济发达地区逐步扩展到中小城市和内地经济欠发达地区，直至建立相应制度，步入正规化、制度化，从而得以全面实施，获得普遍发展。普及化的发展方向还包括心理健康教育将从学校逐步推广到社会，例如设立面向社会的心理咨询与辅导中心、心理咨询热线电话等，心理健康教育的对象不限于学校学生，还包括其他青少年、学生家长及社会大众。

2. 专业化

学校心理辅导是一项专业性很强的工作，要推进这项工作向科学化和规范化发展，必须建立一支训练有素、掌握相关专业知识和

技能的师资队伍。但是当前我国学校心理辅导工作者多由非专业人员兼任，知识、经验的不足和角色的混乱，使得心理健康教育质量与效果无法提高，有个别教师甚至误导了这项工作的发展方向。在未来的工作中，教育者的专业化程度将有所提高；有更多的省市地区将制定执教（从业）人员的专业标准，通过考核等方式颁发资格证书，以保证执教人员的专业水平。除了通过继续教育来提高在职教师心理辅导专业水平外，一个重要的途径就是有更多的高等学校大力发展相关专业，为普通学校培养合格的专业人才。高等学校、科研机构、医疗部门和相关单位的有关心理辅导专业人员的积极介入，将对此项工作专业化发展有积极的意义。

3．现代化

信息技术的高速发展，为未来学校心理辅导工作各方面的现代化提供了保障。特别是计算机将在学校心理辅导中获得广泛应用，由此可能出现的趋势有：学生各种心理档案资料的储存、管理、运用将不再是人工处理；计算机将提供更多的信息给学生，以增强心理辅导的层面；通过计算机对教师进行大规模专业训练；建立全国性学校心理辅导网络系统，成员间可以互通信息、相互合作，实现资源共享等。另外，会出现学校心理咨询与治疗的专家系统，学生可根据自己的问题与需要直接在网页（站）上寻求指导，或与某些专家直接对话或利用电子邮件通信，等等。总之，方便、快捷、丰富的现代化技术手段，将使学校心理辅导更加普及，更具成效和影响力。

4．本位化

学校心理健康辅导的本位化，就是强调教师全员参与学校心理辅导工作，即全校教师在校长的带领下，针对全体学生当前存在的问题，制订一个共同的目标及工作重点，通过全校性的教育活动改善学生整体行为。这种全校教师参与全体学生心理健康教育的方式，可最大限度集中教育的人力资源，给学生施以更全面的影响。此外，它还有利于提高每个教师的责任感和自觉意识，易于形成最大教育合力。当前，我国学校心理辅导专业人员较少，教育力量薄弱，本位化发展方向是改变这一状况的极有效的策略。随着素质教育的全面推进和心理健康教育观念的深入人心，本位化将成为我国学校心理辅导的重要发展方向。

5．本土化

学校心理辅导的本土化，就是学校心理辅导的理论与技术要更适合本国、本民族、本地区的具体情况，更能反映与适合自己国家、民族及民众的心理特征，形成自己的风格和特色。具体到我国来说，就是中国化的问题。目前，学校心理辅导所运用的理论、方法、技术、手段多数移植甚至完全照搬欧美国家。以测验为例，引进的国外量表远远超过我们自编的，有些量表引进后甚至未经修订就开始应用，可信度很低，不适合我国国情，不适合我国学生的心理发展和特点。学校心理辅导今后的发展趋势是，更适合我国国情，更注重实际教育效果，更注重将国外先进的理论与我国的国情和学生心理发展特点相结合，并努力建立具有中国特色的学校心理辅导的体系和方法，这既是方向，也是一项艰苦而且必须为之奋斗的目标。

四、国外学校心理辅导发展对我国学校心理辅导发展的启示

我国学校心理辅导虽然发展迅速，形势喜人，但因起步晚，理论研究和实践探索仍处于初级阶段，科学化、专业化水平不高，并且各自为政，缺乏统一规范。国外学校心理辅导，尤其是作为学校心理辅导的起源国家和世界上学校心理辅导发展最为完善的国家——美国，其发展历史长久，理论、手段、方法、经验、资料以及师资队伍、组织机构等都比较完备，比较成型。这对我国的心理辅导的发展与成熟具有重要的启示意义。

1．抓住机遇，大力开展学校心理辅导

我国内地心理辅导起步虽然较晚，只有短短十几年的历史，但当前开展学校心理辅导这项工作有三个有利的条件：其一，社会各界普遍关注中小学生的心理健康问题，全社会开展中小学生心理辅

导的呼声很高。中国心理卫生协会青少年心理卫生专业委员会1995年10月发出呼吁:“全社会都来关心青少年的心理健康”, 1994年至1996年,我国已召开了三届“全国中小学生心理辅导与教育学术研讨会”。其二,政府重视。《中国教育改革和发展纲要》中明确提出:“中小学要由‘应试教育’转向全面提高国民素质的轨道,面向全体学生,全面提高学生的思想道德、文化科学、劳动技能和身体、心理素质。”《中共中央关于进一步加强和改进学校德育工作的若干意见》中指出:“通过各种方式对不同年龄层次的学生进行心理辅导和指导,帮助学生提高心理素质。”其三,部分学校已开始了心理辅导的探索并取得了一定的经验和成果。这三个有利条件为广泛推行学校心理辅导创造了大好机遇,我们一定不能错失良机,使本来就落后的心理辅导工作再被抛在世界发展的后面了。

2. 以实验学校为龙头,带动其他学校普及心理辅导

我国内地部分中小学已经开始了心理辅导工作的尝试,一些学校通过开设心理卫生课程、个别辅导和咨询、开设讲座、设立“心理咨询信箱”,在日常教学和团队活动中渗透心理辅导内容等途径开展这项工作;编写了一系列的心理辅导教材;向教师及学生普及心理健康知识;培训心理辅导人员,如辽宁教育研究院“中小学生心理健康实验”课题组多次对150名心理咨询教师进行培训,使他们掌握智力测量、个性测量、心理健康状况测量的技术,熟悉心理咨询的方法与技巧,建立了国内第一支以中小学教师为主体的心理咨询队伍。另外,各实验学校对心理辅导的目标体系、内容、方法等也做了很多可贵的探索。他们的探索为我国学校心理辅导积累了宝贵的经验,以这些实验学校为示范榜样,吸取它们的经验教训,在全国更广的范围内推广、普及心理辅导。

3. 通过各种渠道培养高素质学校心理辅导专业人员

目前,我国学校心理辅导面临的一个关键问题是专业人员缺乏。在美国,依据全国学校心理学者协会的一项估计,各州从事学校心理服务的人数已达到23 000以上,使得学校心理教育的社会影响日

益增大。而我国大陆中小学心理辅导的师资数量少，接受过专业训练的人不多，我国学校心理辅导专业工作者的匮乏，表现在“质”和“量”两个方面：从量上来看，以全国2亿中学生来计算，以每5 000 名学生配备一名专职学校心理辅导工作者来推算，全国共需要40 000名学校心理辅导专业人才，而当前我国的院校毕业生和专业工作者相加难以达到这个数目；从质的角度来看，我国从事学校心理辅导工作者许多是其他学科的任课教师，其中政治任课教师从事心理辅导的比较普遍，这些教师并未接受专门的训练，这直接影响了心理辅导的实施。师资培训可以从两个方面来进行：一是从中小学教育工作者中选派人员脱产进修或参加短期培训班的学习，让他们系统研修有关课程；二是在高等师范院校设置相应专业，培养这方面的专门人才。后者应该成为我国高师心理学专业改革的一个思路。目前，清华大学人文社会科学院教育与管理专业、北京大学心理系应用心理学专业、北京医科大学医学心理学专业、北京师范大学教育心理学专业都在进行这种尝试和改革。无论哪种形式，都要求从业人员经过严格、系统的专业训练，具有较高的思想修养、专业理论素养及实际操作能力，并取得资格认证。

4. 健全体系，明确职能，规范心理辅导工作

学校心理辅导是一个系统工程，必须有一定的组织保证和物质保证，要有科学理论基础、明确的目标原则、健全的体系、明确的职能和适当的内容方法，整个社会通力合作才能取得成功。在美国，一般每个学校都设有心理咨询中心或学生心理辅导室，即使是条件较差的农村学校在所属的学区内也有这样的机构为学生服务。新生入学时需要进行心理测查，建立规范的心理档案。此外，其学校心理辅导职能明确，主要包括鉴别评估（即对学生的心理与行为问题进行诊断，以便有效地干预和施治）、心理干预与治疗、心理教育规划、随访病例等。台湾中学设立工作推广委员会，委员会下设两个组织，即学生辅导中心和心理卫生中心，两个中心之下又分别设生活辅导、教育辅导、职业辅导、心理咨询、心理治疗等五个组具体

负责学生的心理辅导工作。学校心理辅导的主要职责是收集并了解学生情况，建立学生的心理档案，定期举行各种心理测验，举行咨询与个案会议；进行参观访问与调查工作，与家庭密切联系，进行家访与恳谈会等，设计各级辅导方案，供有关教师参考实施。而在我国，这是比较欠缺的。目前，虽然国家教委一再强调要重视心理辅导，但部分地方和中小学的领导仍对此缺乏足够认识，未能将此项工作纳入正常轨道，分工不明确，机构不定位，编制不落实，制度不健全，管理体制混乱。就北京市小学为例，83.2%的学校没有心理辅导的专用场地，只有31.4%的学校有工作职责和规章制度，有92.3%的学校没有兼职人员资格审定制度。因此，国家教育委员会要负责统筹规划全国中小学校的心理辅导工作，各省、市的教委要有人专门负责这项工作。确保每所中小学都设有心理辅导指导中心，设有专人负责管理全校的心理辅导工作，使心理辅导工作更加规范有序，确保其顺利开展。国家教育行政部门应建立中小学心理辅导工作的评估体系，定期对各省、市、自治区中小学生心理辅导工作进行评估，以确保中小学心理辅导工作的科学性、有效性和系统性。

5．大胆探索，开展学校心理辅导的理论与实践研究，促进专业化发展

仅有普及化而无专业化是目前学校心理辅导深化与发展的阻碍。学校心理辅导工作的科学化、规范化离不开科学研究。美国心理辅导的每一次进步，都伴随着心理科学和辅导理论的突破。我国目前的科研工作中除了对学生心理健康现状的调查研究以外，还应该重视学校心理辅导的基本理论、基本内容、基本规律、基本技术等的研究，要规范心理辅导培训机构，学习日本、中国港台地区的经验，由政府成立培训专家审定教育课程，制订规范的培训计划和教育计划，精心设计心理辅导课程，组织专家审定培训班的质量，使心理辅导工作者的培训有规模、有档次、高质量、专业化。要吸取国外与港台的先进经验，鼓励第一线的工作者总结经验，参与研究。应广泛开展学校心理辅导的研讨活动、论文评选活动，并加强

与外省市的学术交流,呼吁实行心理辅导工作者专业资格认定工作,使心理辅导工作的水平和层次进一步提高，为培养 21 世纪的优秀人才服务。

6．尊重文化差异，促进本土化发展

我国学校心理辅导要尊重我国与国外及港台地区的文化差异，应根据实际情况，进行本土化研究，创出一条适合我国国情的学校心理辅导工作新路来。学校心理辅导工作在美国等西方国家发展很快，研究深入，成效影响大，因此对我国学校心理辅导的发展有很大借鉴意义。我们要虚心学习他们的成功做法。但不能照搬硬套，不能一味地引进，要有一定的取舍，要懂得“同化”、“顺应”，“同化”、“顺应”的前提是有自己的知识结构与理论框架，所采用的技术适合于国人的心理特点。为此，我们应做到以下三方面的内容:第一,呼吁中国内地的心理辅导工作者,立足我国中小学实际需要,做好客体规划，对中小学生心理世界进行详尽的微观实证研究，建立中国的学校心理辅导思想理论体系；第二，组织各地人才有计划地整理现有的心理测验与评鉴工具,尤其是常用的重要的测验工具,务必要建立中国人的常模，并严格禁止测评工具随意售卖与滥用；第三，定期或不定期组织全国性或地区性学校心理辅导活动，实质性地商讨解决学校心理辅导中的热点、难点问题，协作解决心理辅导工作中的“瓶颈”问题，将心理辅导工作引向深入；第四，积极调动中小学的各方面积极因素，结合我国学生实际，激发心理辅导工作者的工作热情，开展“校本”甚至是“班本”的深度探讨，总结出具有中国特色的心理辅导实践模式体系，进而实现原创性心理辅导理念的目的。

7．多方协作，齐抓共管

各国（或地区）的经验告诉我们，学校心理辅导工作是极其重要的，是一个系统工程，并非学校单方面的事，它需要家庭、社会一起行动起来，通力合作。学生每天有 2/3 以上的时间是在学校以外度过的，很多的心理障碍源自家庭和社会因素影响，单靠学校的力量开展心理辅导是不够的，应该与家庭、社会联手，取得他们的支持、帮助，营造一个以学校为中心，家庭、社会共同参与的大系统、大范围开展心理辅导。社会的各种传媒要大力向中小学生宣传心理卫生知识，一些有害学生身心健康的娱乐场所应停止向学生开放，杜绝各种黄色录像、书籍。每个社区设学生心理健康关心委员会，举办短期培训班，向家长普及心理学、教育学知识，从而在根本上保障学生心理健康发展的社会环境和家庭环境。只有这样，我们才会看到我国学校心理辅导希望的曙光！在日本，学校心理辅导有教育咨询所、儿童咨询所、精神卫生中心、医院等专业机构的帮助，同时，又有家庭、社区和行政部门的通力协作。这样的结果，使学校心理辅导的发展功能、治疗功能、预防功能都得到强化，学校心理辅导活动开展得更好。

综上所述，国外、我国港台地区在学校心理辅导方面的成功经验，值得我国内地学校心理辅导的借鉴。我国内地的学校心理辅导起步晚，但是发展迅速，并取得了可人的成绩，但依旧存在不足。因此，我国 21 世纪的学校心理辅导在借鉴国外成功经验的同时，要结合政府、学校、家庭以及全社会的力量，努力使学校心理辅导规范化、普及化、专业化、现代化与本土化。

小常识

健康状况的“五快”和“三良”

“五快”主要反映生理状况，其主要内容为：

吃得快——它反映食欲好，因为许多疾病先驱症状就是胃口不好，特别是老人和小孩尤为明显。

便得快——它反映胃肠消化功能好，既能吸收营养，又能及时排出废物，在体内不滞留毒素。

睡得快——它反映神经中枢的兴奋与抑制功能协调，内脏没有任何病理信息传人干扰神经中枢。

说得快——它反映人的对答反应好，头脑清醒，思维敏捷。

走得快——人体的衰老往往先由下肢开始，当心脏衰弱动脉硬化中枢神经出毛病时常有步履维艰且不稳的现象。走得快，反映人的心脏、动脉、中枢神经正常。

“三良”主要反映人的心理健康状态，其主要内容为：

良好的个性：性格温和，意志坚定，感情丰富，具有坦荡的胸怀与豁达的心境。

良好的处世能力：具有应变能力，以适应复杂的社会环境，常有心中满足感。

良好的人际关系：待人接物，温文尔雅，随遇而安，处之泰然。

第二章　学校心理辅导的内容、目标与原则

“内容是肉，目标是魂，原则是经脉。”

——作者

【导读】

学校心理辅导的功能有哪些？

它是通过什么来体现其功能的？

学校心理辅导要达到的未来状态是什么？

学校心理辅导在实施过程中要遵循的基本要求、我们要清楚的重要理念。

第一节　学校心理辅导功能与内容的界定

学校心理辅导的功能在于通过学生的引导、指导、协助和服务，促进学生的成长和发展。从本质上看，学校心理辅导是日常教育教学活动的有力的配合与合理的补充，因此应面向包括正常学生在内的全体学生。它既不像“应试教育”观念指导下的教学那样，以少数所谓“尖子”学生为工作对象；也不像单纯的心理治疗那样，以存在个人无法处理的心理障碍的极少数学生的为服务对象。心理辅导要面向全体学生还因为当我们对全体学生的辅导工作做得有成效时，个别学生的问题便较少发生，或更易于解决。面向全体学生原则要求我们在制订心理辅导计划时要着眼于全体学生；确定心理辅导活动的内容时要考虑大多数学生的共同需要与普遍存在的问题；组织团体辅导活动时，要创造条件，让尽可能多的学生参与其中，

特别要给那些内向、沉静、腼腆、害羞、表达能力差，不大引人注目的学生提供参与和表现的机会。

学校心理辅导在现代素质教育中的地位和作用，决定了其有三方面功能（见表 2.1）：一是发展性功能。即通过对全体学生认知、情感、意志、行为的调整和培养，使学生认识自己的各方面潜在能量，不断进行自我调节，充分地发挥主体意识，发展个性才能，不断健全人格。二是预防性功能。即对处于不同年龄阶段学生易发的、带有普遍意义的心理问题，采取一定教育防御措施，实施超前干预，防患于未然。三是矫治性功能。即对学生各式各样的心理偏异现象进行针对性的辅导、矫正，帮助其恢复健康。

表 2.1　学校心理辅导的功能

层次	作用	主要内容	负责人
第一层次	发展性辅导	教育资源的开发；研究素质教育；如何在素质教育中进行心理保健；入学指导等	校长 全体教师
第二层次	预防性辅导	对学习、生活上可能有问题的学生进行心理适应性分析，进行学习能力基础训练、学习方法指导等	班主任 心理辅导老师
第三层次	治疗性辅导	对心理、学习等已经产生问题的学生进行心理测量，弄清问题产生的原因，并对其进行辅导和行为矫治等	心理辅导老师 特定专业人员

在这三方面功能的定位上，我们认为：学校心理辅导应该“发展与预防为主，矫治为辅”。这是因为，每一个处于成长发育时期的学生，由于勃勃向上的成长的需要，会自发地产生对外部世界的关注和探究倾向，会遵循“快乐原则”自发地从经验中学习，这是一种潜在的学习的内导机制。当这种自主倾向在合适的外部环境的影响下，满足了内在需要时，反过来会促进这种内导机制产生更大的驱动力，这样便形成了成长—学习—心理发展的循环。无疑地，这种循环因外部影响的性质而将产生或正或负的影响，从经验中学习到的东西也有好坏之分。伴随成长过程同步发展起来的心理品质，

将对人一生产生巨大的影响作用。不论是弗洛伊德的潜意识理论、艾里克森的人格发展八阶段理论、皮亚杰的智力发展四阶段理论、还是班杜拉的社会模仿学习理论，无一不论证了环境影响对潜在学习、对心理成长的重要性。学校心理辅导应该将“伴随学生成长促进其心理发展”这一命题作为构造心理辅导目标的内涵，从而使最积极的心理辅导影响贯穿学生成长与社会化全过程。从个体心理行为的形成来看，各种心理品质是逐渐的经过过滤沉淀、长期的条件反射作用的结果，有其形成和改变的周期性。心理品质一经形成会因动力定型而自动操作演绎，不论是好的还是坏的品质，概莫如此。同理推之，不良心理品质的改变便非一朝一夕之事。如果说对学生的各种心理问题辅以纠正，不失于“亡羊补牢”的话，那么积极发展、防患于未然则更主动有效。因此，要着力培养和发展学生优良的心理品质，减少不良心理品质的形成概率。使“发展和预防”成为学校心理辅导的本位目标，才能使心理辅导真正起到素质教育核心和基础的作用。把学校心理辅导狭窄地定位为心理咨询，是对学校心理辅导工作的误导；把医学心理咨询等同于学校心理辅导的做法，是对学校心理辅导基本知识的无知。

关于学校心理辅导的内容，是当前该项工作实施过程中最不统一的方面。从学校教育的目的性、计划性、系统性和心理辅导的发展性、预防性、矫治性以及学生素质发展的内源性、主体性、整体性、动态性、时代性、民族性等特点出发来综合考虑心理辅导的内容体系，应该包括学习辅导、情感教育、人际关系辅导、职业指导、青春期心理辅导、健全人格的培养、耐挫能力的培养等。与心理辅导工作范围相对应，上述具体内容又可分别归属于生活心理辅导、学习心理辅导和职业心理辅导三大类中，欧美一些国家和我国港台地区也均按三类划分，现概述如下：

1．生活心理辅导

它是对学生日常生活心理的辅导，也是对学生做人的辅导。其目的在于帮助学生不断适应生活环境，理解生活的意义，养成良好习惯，学会生存、学会关心、学会负责、学会交往，并树立正确的生活态度，提高适应能力，培养健全人格，维护心理健康，促进自我发展。在辅导过程中，教师应注意掌握下面几点。① 人格的整合性。态度、气质、性格、兴趣、性向等均是构成人格的因素，所以，任何心理问题的发生都不是由单一因素造成的，而是与各种因素息息相关的。② 寻找问题的症结。学生的心理问题，一般不是偶发的，它有一个发展过程，教师不能仅从问题的表面去推测，应借助心理测量工具来探究个体的“心理黑箱”。③ 问题的形成与自我观念有关。自我观念是一个人对自己的个性进行自我调节的心理系统。它包括认识成分，如对自己的心理特点、个性品质、能力及自身社会价值的自我了解与自我评价；情感成分，如自卑、自尊、自爱及自暴自弃等；意志成分，如自我检查、自我调节等。因此，自我观念是基于自我意识的知、情、意的统一，是个性心理素质的重要成分。学生的自我观念常受环境的影响而改变，在辅导中，教师应尊重学生的自我观念，协助学生客观地自我评价、自我调整，以纠正偏差，建立正确的自我观念。另外，每个学生的自我领悟能力不一，认知风格各异，应付策略不同，教师应分层对待，有的放矢。

生活心理辅导一般包括自我意识培养、青春期教育、人际交往能力培养、耐挫能力培养以及学生的性格、情绪等方面的辅导内容。生活心理辅导以团体辅导与个别辅导两者兼施为原则，比较常见的则有个别咨商、示范操作、小组活动和心理训练等形式。

2．学习心理辅导

它是指教师利用心理辅导的专业技能，协助学生认识学习的原理及方法，提高学习效果，发挥其潜能的过程。学习心理辅导的核心是提高学生的自学能力、判断能力和独立思考能力。其主要包括以下几点：① 协助学生了解学习的真正意义，帮助他们树立正确的学习观念。② 培养学生良好的学习态度与习惯。通过强化学习兴趣，增强自尊与自信等方法，促使学生形成认真、踏实、积极的学习态度，养成主动、勤奋、独立的学习习惯，进而学会学习。③ 不能简单从教学角度衡量学生学习的成败，要分清主次原因，找出因果关系，解决主要矛盾。

学习心理辅导主要包括学习动机、学习兴趣、学习能力、考试心理、学习适应性、学习困难学生的辅导、智力超常学生的辅导等内容。它一般遵循教育目的与学习目的的统一，个体差异与因材施教的统一，动机激发与兴趣培养的统一，促进成长与发展个性的统一等原则，学习心理辅导根据不同对象采用不同的形式，如个别辅导、小组辅导、家访、媒体辅导（如报刊、杂志、广播、电视、微机软件）等。

3．职业心理辅导

它为学生在职业定向、升学考试及职业分析、兴趣的了解与测试方面提供信息咨询服务。辅导员要注意以下几点：① 职业心理辅导是一个过程，渗透于整个中学教育中，而不仅仅是毕业时的安置工作。在美国职业心理辅导初创时期，职业心理辅导与安置就业基本上是同一内容。直到 50 年代，职业心理辅导才突破了安置就业的框架，成为中学教育的有机组成部分。在近二三十年里，不少国家已将职业心理辅导列为中学教育计划的组成部分，开展系统的工作。我国港台地区称其为“生涯辅导”，它更注重自我了解，以提高决策能力；更强调自我观念的发展，以求得最佳的人生定位；更重视个人价值观的建立，以构成良好的生活方式。另外，“生涯辅导”还较关注学生的个别差异、适应变迁的弹性、自由选择等。② 职业心理辅导重在促进学生的职业成熟。在现代社会，职业结构变化很快，因此职业心理辅导不再注重为学生选定一个什么样的工作，而较重视在他们选择升学和就业方向上提供良好的指导服务，以促进其建立健康的职业自我形象。③ 职业辅导以全体学生为对象，使学生逐步提高自己的职业认识、职业兴趣以及职业决策等方面的能力。

职业心理辅导通常包括择业与升学中的信息服务、报考咨询、能力测试、求职训练等。我国一些省市的初、高中开设了职业指导课，根据不同年级学生的特点与需要，开展不同的辅导活动，并成为素质教育的重要组成部分。

第二节　学校心理辅导目标的构成

由于学校心理辅导的目标可以从多角度、多层面进行考察，这里我们仅着重从教育效应的层面和心理素质结构的层面来讨论学校心理辅导的目标。

一、从教育效应的层面来考虑学校心理辅导的目标

1．基础目标

心理辅导的基础目标是防治心理疾病，增进心理健康。

心理疾病有狭义与广义之分。狭义的心理疾病指的是像精神分裂症那样的重度心理障碍；广义的心理疾病把凡是由心理因素引起的疾病都包含在里面，也就是不管这种疾病是轻度的还是重度的，都属于心理疾病。心理疾病的产生总是有一个从量变到质变的过程。从横向看，学生当中有的可能患了严重的心理疾病，有的可能只是极其微弱的心理疾病，还有的是成长过程中必然出现的一般心理问题。从纵向看，今天一个学生患的可能只是轻度的心理疾病，不久可能将会衍变为严重的心理障碍。所以，学校心理辅导工作者的职责之一，就是要贯彻预防为主的方针，以敏锐的眼光观察每一位学生，发现他们身上可能产生的问题，并采取适当的措施以消除各种导致心理疾病的因素，特别对于有轻度心理疾病的学生应及时地采取措施，使其在量变的时候就得以消除。对于已经患有较为严重心理疾病的学生，则应给予积极治疗，或与专门的心理治疗机构合作，使之早日康复。这里特别要强调的一点是预防。许多教育者可能会花费大量的精力去发现患有心理疾病的学生并给予积极治疗，而未曾顾及其他大部分的学生。这样即使治好了一批，新的一批又可能产生了。所以应把精力放在心理辅导上，给学生以心理健康辅导，使学生掌握有关防治与消除心理健康问题的方法，学会认识自己，

悦纳自己，调控自己，化解负向或冲突的思想与情感，去除不健康的心理症状，改善行为。

2．基本目标

学校心理辅导的基本目标是优化心理素质，促进全面发展。

学校心理辅导是学校素质教育的一个重要组成部分，这一点已成共识。“素质”这一概念对于不同学科有着不同的解释。一般认为“素质” 既包括先天遗传特征又包括后天习得的素养， 并且“素质”是一个发展性概念，即我们要用发展的眼光去看待它。所以“素质”一般定义为：有机体在先天生理基础上，通过环境和教育的作用逐渐发育和成熟，并通过认识活动和实践活动而形成或内化为个体相对稳定的、基本的、衍生的，并具有潜在发展性的品质。素质教育的根本目标是培养学生的良好素质。学生的素质包括生理素质、科学文化素质、思想道德素质和心理素质。生理素质主要靠先天遗传和后天生长发育而获得；科学文化素质牵涉到学生智育的培养；而思想道德素质的培养依靠的是学校德育工作。心理素质靠什么途径来提高呢？这一点在长期的传统教育中受到忽视。随着素质教育研究的深入，人们意识到心理素质主要通过学校心理健康教育的开展而获得。由此可见，学校素质教育包括了促进学生的全面发展（德、智、体）和心理素质的培养。学校心理辅导的基本目标就是为了促进学生的全面发展，优化学生的素质。

3．终极目标

学校心理辅导的终极目标或者说是最高目标就是开发学生的潜能，促进学生的自我发展。在这方面，心理辅导的终极目标与学校教育的目标是一致的。换言之，实施心理辅导就是要促进学校目标的实现。

开发学生的潜能，这一点在以往也是被忽视的。家长、老师总是认为学生只要能遵守纪律就好了，或者是孩子哪里出了问题就“补”哪里，而很少去发现、开发学生存在的潜能。 事实上，教育者应该把重点放在如何发现学生闪光点，如何让学生学会自我发展。比如一个有经验的语文老师，在上作文课时发现有一位学生在兴致勃勃地玩一只硬壳虫。这位老师不但没有责骂学生，而是温和地问学生:“你是从哪里弄来这玩意儿？它有什么用途？”学生告诉老师：这种虫很少见，是在植物园的树丛中找到的，他正在观察它的生活习性。老师因势利导，要求他写一篇有关怎样捕捉、怎样饲养硬壳虫的记叙文。结果，他写得很生动。在教育中我们往往要求学生跟着我们的指示去做，而很少去发现学生潜在的特长，去鼓励他们把这些特长尽可能地发挥出来。开发学生的心理潜能，学校可以从已有的成功教育经验那里，吸收和借鉴一些开发心理潜能的方法，如进行思维训练、创造性培养等，以提高学生心理素质，发挥出他们最大的心理潜能。同时我们应帮助学生了解自己，认清并发展自己的潜力与特长，确立有价值的生活目标，发挥主动性、创造性，使学生学会自己发展自己。

二、从心理素质结构的层面来考虑学校心理辅导的目标

这里讲的心理素质主要指认知、情感、意志、个性等四个方面。而从心理素质结构层面来考虑，主要是指学校心理辅导期望学生在这四个方面应达到怎样的目标。

1. 学校心理辅导的认知目标

认知包括各种认识形式，如感知、记忆、想象等。研究认知就是为了更好地了解人类如何接受信息，如何整理信息，又是如何记忆和提取信息的。认知是人的心理过程的一方面，即“知”与“情”“意”相提并论。由于中小学生主要以学习活动为主导活动，因此学校心理辅导中认知目标的提出就是为了促进学生更好地进行学习，以及提高学生的学习品质。学校心理健康教育的认知目标，主要包括开发学生的智能、掌握学习策略、改善学习品质三个方面。

智能是人类认识和改造世界的才智和本领。智能由“智”和“能”两部分组成。“智”主要指人对事物的认识能力；“能”则指人的行动能力，改造世界的本领。相应的，在学校心理辅导工作中，要开发学生的智能必须使学生的“智”和“能”两方面都有所发展。在

“智”方面主要是培养学生的观察力、记忆力、想象力、思维能力、注意力等各方面的品质；在“能”方面主要是使他们形成言语-数学能力、空间-操作能力以及社会-交往能力。

让学生掌握学习策略的目的是使学生在学习过程中掌握用以提高自己学习效率的规则和方法。学习策略包括外显的学习策略和内隐的学习策略。有的学习方法可以直观看得到，如怎样听课、怎样记笔记、怎样复习等，这些称为外显的学习策略；有的学习方法是不能直接观察到的，如怎样在头脑中组织学过的材料，怎样记忆这些学习材料，怎样调节自我等。

学生在学习过程中不但是接受信息的客体，更重要的是学生自己也是学习的主体，任何教育影响都必须通过学生的消化、理解、组织才能真正成为自己的东西。所以学校心理辅导的认知目标的要点之一就是要提高学生在学习过程中的心理素质，从而让学生更好地学习。为此必须帮助学生做到：明确学习目标，培养学习乐趣，端正学习态度，养成好的学习习惯，树立学习信心。

2．学校心理辅导的情感目标

情感是人对客观现实态度的体验。情感教育的主要目的是培养学生积极、成熟的情绪与情感。情感的培养有不可忽视的重要性：一方面它与知、意等其他心理结构成分互相影响；另一方面它能促进学生心理健康，使学生的潜能得以发挥。情感教育的目标主要包括培养学生的社会性情感品质、 增强学生的自控能力等。 实现情感目标要做到：

① 帮助学生认识情绪、情感。学生应该明白情绪、情感的内涵和功能，了解情绪、情感对学习、工作、心理健康的重要意义，从而更好地观察自我情绪和情感。这是培养良好情感的第一步。

② 帮助学生表达、理解情绪。情绪表达可以帮助教育者更精确地了解学生的心理，采取适当的对策；情绪理解则有助于学生站到别人的立场去思考，促进学生间良好人际交往。

③ 帮助学生学会情绪控制和情绪宣泄。情绪控制和情绪宣泄

两者都应同时成为学生的心理技能。一味地控制、抑制情绪其结果会使学生变得内向和压抑，造成自身内部的痛苦；相反如果一味地释放，可能会造成对他人对社会的危害。所以对学生进行情感教育时，一方面要使学会制约情绪，另一方面要使之学会疏导情绪，这样既无害于个体身心健康，又不会对社会造成危害。

3．学校心理辅导的意志目标

意志是自觉地确定目的，根据目的支配、调节行为，从而实现预定目的的心理过程。学校心理辅导的意志目标是为了提高学生承受挫折的能力，培养良好的意志品质。学校心理辅导的意志目标是对学生进行意志品质的训练，使学生的耐挫折能力加强，同时引导学生消除自身意志品质消极的一面。实施这一目标后，学生应具备以下特点：善于按自己的特点提出行动计划，有步骤地采取有效的行动方法，并对行动的结果负责，其表现为意志的独立性；善于在复杂的情况下保持清醒的头脑，采取正确的措施，其表现为意志的果断性；坚信自己的决定，不畏艰辛地克服各种困难，长时间不屈不挠地向既定目标挺进，其表现为意志的坚毅性；能够控制自己的情绪，迫使自己坚决执行经过深思熟虑的决定，不因其他干扰而表现出情绪不稳定或行为的冲动，其表现为意志的自制性。上述的特点就是我们期望培养出的学生在意志方面的良好品质。

4．学校心理健康教育的个性目标

个性是一个人的整个心理面貌，是具有一定倾向的各种心理特征的总和。个性具有多种心理成分，其结构是多层次、多侧面的整体。个性主要包括三个层次：个性动力结构（包括需要、动机、兴趣、爱好、理想、信念、价值观、世界观等）；个性的自我调节结构（自我评价、自我控制、自尊心、责任感等）；个性的特征结构（能力特征和性格特性）。学校心理辅导的个性目标主要是通过培养学生完善的个性品质来实现的。学生的个性品质最能体现他们的个性。个性品质包括了许多方面的个性特点，是个人间相互区别的心理本质特征。一个人的个性品质是个性心理的综合表现，它体现了一个人的性格特征、成熟程度及个人修养，等等。是否具有完善的个性品质是心理健康的重要条件之一。学校心理辅导要矫正个体不良的个性品质，培养良好的个性品质，从而使之达到完善个性品质的目标。培养学生良好的个性品质主要是培养他们的自主、勤劳、负责、坚强、利他与创新。

自主包括学生的自理、自立、自信及自我教育与自我控制；勤劳主要指学生能吃苦耐劳、艰苦朴素，有较强的生活自理能力；负责主要指责任感，即对学习、对生活中应承担的义务有强烈的责任心，做事负责到底，不推诿，不逃避；坚强指在向目标前进时，能不折不扣，知难而进，不为困难所吓倒，有较强的忍受挫折能力；利他是集体主义精神的表现，乐于助人，为集体的荣誉而不惜付出个人的代价；创新是个性品质中最为可贵的一点，创新能促使学生敢于突破陈规的禁锢，提出自己的新主张，对学习、对生活、对工作都有强烈的求知欲，这必然引导他们过上积极而有效率的生活。这几种品质都应该从小抓起，使这些品质组合成一个完整的个性，使学生在拥有良好个性的条件下健康成长。

第三节　学校心理辅导的原则

学校心理辅导的原则，就是指学校在实施心理辅导的过程中必须遵循的一些基本准则。我们反对把国外学校心理辅导模式不加辨别地硬搬过来,鼓励各类学校创造适合于自己学校的心理辅导模式。但作为一个特定事物，总有其固有特点所决定的某些准则，如果脱离这些准则，那么也就不成其为这一事物。我们概括学校的心理辅导必须遵循的五大原则是:

一、辅导对象：全体和个别相结合的原则

学校心理辅导不同于心理咨询和心理治疗，它主要不是治病，

而是一种“服务”、一种“教育”，以协助所有学生健康地成长与发展，因此它是面向全体学生的。每一个学生在成长过程中，都有一个如何认识自己、认识环境、调整自己、适应环境的问题。因此每一个学生在校期间都必须接受辅导，就像必须接受教育一样。而且应该愈早愈好，以便使自己更好地成长。当代社会不仅要求人人有受教育的权利，而且要求人人教育机会均等。这意味着差等生由于表现差，或许没有能像一般学生那样享受到教育的权利，因此应该重点给予辅导；优等生或许比其他学生有更大的潜力，至少目前已表现出更大的潜力，因此也应给予特殊关怀，使其有更好的发展；一般学生由于人数最多，是心理辅导关注的重心。其中有的有某些心理障碍，有的虽无心理障碍，但没有发挥其固有的潜能，一般经过心理辅导都能有所改进。学校心理辅导就应该无偏颇、无成见、无条件地面向全体学生，以全体学生为服务对象。一切辅导的设施、组织、计划都要顾及全体学生，同时也使全体学生了解心理辅导工作。但心理辅导最终是要落实到每个具体学生身上的。辅导关注的焦点是个别学生，我国习惯的说法叫学生的“具体问题要具体解决”，西方的说法叫“个别化对待”。在传统教育看来，面向全体学生最简便的做法就是“上课”，即“课程化”虽面向了全体，但难以顾及个别。在心理咨询看来，解决学生心理问题最好的办法是“咨询化”。但“咨询化”解决了个别化问题，却难以顾及全体。心理辅导要求全体与个别相结合，就是要在面向全体学生的基础上，注意每个学生的个别和特殊发展。既不能使个别差异消失在全体之中，也不能只注意个别而放弃全体。因此学校和班级既要有面向全体学生的辅导计划，又要使每个学生有自己的行动计划。在收集学生资料时，既要有统一的学生心理档案，又要根据每个学生不同情况作出轶事记录。开展全班辅导活动既要吸引全班学生参加，又要分别对每个学生提出不同要求。尽力做到“课程化”和“咨询化”相结合、班级辅导活动和个别辅导相结合、全体参与和个别化对待相结合。

二、辅导目标：防治和发展相结合的原则

心理辅导的目标，原有消极和积极或称狭义和广义两大类。前者是防治学生各种异常心理和行为的发生，后者是要协助学生在其自身和环境许可的范围内，达到心理功能的最佳状态，个性性格的完美发展，心理潜能的最大开发。为了叙述的方便我们称为两者的结合，其实“发展”的目标是可以包容防治的。“治”是指“治患于已然”。这在学生中自然是少数。至于治疗还需医学模式解决。不过也有人认为对儿童的心理治疗，医药还不如教育。意大利儿童教育家蒙特梭里原是学医的，她由实验研究得出上述结论，还创造了著名的“蒙特梭里方法”。“防”是指“防患于未然”。预防胜于治疗。培养学生健全的心理，帮助学生去掉自身发展中的不利因素，要比矫治学生心理问题来得重要。因此心理辅导要有预见性，要走在学生的前面，我们不能帮助学生应付每一个出乎意料的事，也无法为学生准备各种解决问题的指南，但我们有责任帮助学生建立各种心理准备，帮助学生具备解决生活中各种问题的能力。了解自己，如何建立健全的人际关系，如何顺利度过青春期等。发展性辅导就是协助学生发展出健全的态度和行为方式。天生万物，各有所长，各有所短，不必强求。人的价值在于回归自我，把自己的长处和优点充分发挥出来。这种优点也是“与众不同”之处。心理辅导就要引导学生认识自己。不夸大、不自卑，自信自重，乐观积极，寻求自我肯定，激励自我潜能，追寻自我超越。同时也要引导学生认识生活的意义，确立良好的生活态度。从更高要求来看。发展性辅导当然应该包含学生潜能的开发。这不是指一般兴趣特长的发现或创造技法、思维技巧的训练，而是指尚未开发的那部分脑能量的运用。大脑被称为“人类机体的宇宙”，所包含的思维能量可与原子核包含的物理能相当。它是每个人真正的生命中心，是真正为每个人自己所拥有的无价之宝。从理论上说，人的潜能是取之不尽、用之不竭的，谁也不知道自己潜能的界限。通常我们的大脑只以其微不足道的一

部分能力在工作，所以被称为“沉睡在心灵中的智力巨人”“有待开发的金矿脉”。世界上不存在没有潜能的人，只有没把潜能发挥出来的人。人的潜能是世界上最有价值的资源，教育的目的就是要开发这种资源。为了开发大脑的潜能，很多国家都举行过大规模的实验。苏联在20世纪70年代就有“智力加速器计划”，委内瑞拉政府还成立了一个与教育部并列的智力开发部，进行了一系列从婴儿到成人加速智力发展的教学试验。但按美国心理学家推孟几十年跟踪调查高智商学生得出的结论，高智商必须和完美的人格相结合，才能开发更巨大的心理能量。潜能开发的基础和前提，首先是一个心理健康的人，一个完美个性的人。或者说潜能开发和个性完美是相互促成或促进的，只有个性完美才能开启自身潜能的大门，或者说完美自己个性的过程就是开发自己潜能的过程。

三、辅导功能：帮助与自助相结合的原则

学校心理辅导类似医生、护士、图书管理员等，是一种助人的、服务的专业。学生有时会主动来求助，有时则需老师去发现、了解，并加以帮助。一般来说，学生都希望得到老师的指点和帮助。但并不喜欢别人越俎代庖，替他做。心理辅导和前述助人专业不同之处，就是心理辅导助人的结果，不是使学生更依赖辅导，而是使学生学会自己调节。辅导是使学生变得更加自立的工具，这也是“教是为了不教”的道理。因此要评估一次心理辅导，它对学生最好的帮助不是给学生多少具体帮助，而是使学生自主自立，自己学会处理问题。譬如一个小学生不会系鞋带，如果认为帮助就是替他系，那就比较简单，只是每一次你都需要帮他系。心理辅导的帮助不是“替他系”，而是教会他“怎样系”，还要使他懂得“为什么要系”，最后还要他自己“学会系”。教师和家长，包括学校心理辅导不能扶着学生走一辈子，每个人都应该独立行走，并有独立自主的人格。辅导是在尊重学生独立人格基础上的一种帮助，因此不只是就事论事解决具体问题，而是要通过解决这些具体问题，使学生逐步获得应付

将来问题的能力，包括获得信息的能力、参与的能力、判断的能力、沟通的能力、合作的能力、做决定的能力、维护自身权益的能力等。辅导必须尊重学生的自主自立能力和学生自己选择的权利，教师只是用一种“旁观者清”的方法，帮助学生更清楚地看清一切，从而引导学生勇敢地负起自身的责任,但选择的自由仍由学生自己来做，履行的责任仍由学生自己去执行，教师不应包办代替，更不应充当无所不晓的救世主。学校心理辅导要成为一个助人又自助的过程，关键还在于学生的主动参与。学生主动参与到辅导活动中来，辅导过程就能成为一个自我教育过程。按苏霍姆林斯基的说法，没有自我教育，就没有真正的教育。只有能激发学生去进行自我教育的教育，才是真正的教育。苏霍姆林斯基认为，自我教育的核心是自我要求和自我强制。辅导过程也要不断发展学生的自我效能。学生找到了自己的问题，但是感到无法解决，往往是一种习得的无助感。是长时期来体验着的一种无能为力的感觉，他们内心的自我交谈也常是消极的，如“我不能”、“我做不好”、“那有困难了”。于是就被问题所淹没，陷入沮丧而无法自拔的状态之中。因此心理辅导在帮助时，要注意使学生看到自己行为的实际效果，通常在一些小事情的努力上获得成功，也会鼓励他们尝试更困难的事，也可使学生看到别人能做好他们想做的事，从中受到启发和鼓舞，而想亲自尝试。也可直接进行鼓励，或向他们作友好的挑战，并支持他们去努力。此外，减少学生的害怕与焦虑，也会有助于提高自我效能感。总之，成功、榜样、鼓励和减少焦虑，都是促进其自助的做法。

四、辅导关系：尊重与理解相结合的原则

辅导关系是辅导的决定因素和核心。或者辅导就是一种关系，是师生双方相互参与的关系。尊重是理解学生的前提和辅导学生的基础，也是师生情感交流的最佳渠道。尊重首先是人的一种价值观，确信人是有价值的。因为对方是一个人而欣赏他、重视他，尊重是每个人最深层的内心需求。人未必都是英雄明星，但每个人都有权

做一个真正的人。每个人都有做人的资格和权利，要求他人、社会能满足自己一定的需要，承认自己的爱好、兴趣、特长和才能，把自己当作人来看待，这就是人的尊严和自尊。尊重学生不是赞同学生的一切想法和做法，但教师应该认识到，这个学生虽然有不同于一般人的想法和做法，他仍然是一个值得尊重的人。教师也不可能喜欢学生的一切，但教师应该认识到，无论哪一个学生都是一个有价值的人。尊重是一种内在特质、内隐行为。在辅导过程中，教师必须把这种内在特质表现为外显行为。在此过程中教师应向学生表示一种尊重的意向，包括重视学生的需求，并使学生重视自己的需求，愿和学生共同努力以使学生更好发展。只有从尊重出发，学生才能开放一切感觉，感觉彼此接近，教师才能引出合理的辅导措施，取得实际的辅导效果。了解和理解是教育的开端。了解是我们对事物的主观认识，用的是我们自己的参照标准；理解是我们放下个人参照标准，设身处地地用当事人的参照标准来看待事物。这意味着教师要能进入学生的世界，去感受学生的内在世界，并用学生的内在参照标准去知觉他所看到的外在世界。同时还要能传达出学生的感受、经验和行为等有关的一切了解和体会。就如梅洛夫所说："要达到真正关怀每一个人，就必须要能了解他和他的世界，就好像我是'他'一样。我必须以他的眼睛来看他的世界，以及他如何看待自己。而不只是冷漠地像看一个标本而已。我必须和他一起走入他的世界，以便从内在来了解生活对他的意义，以及他想成为什么，他想在哪些方面得到成长。"

五、辅导方法：疏导和聆听相结合的原则

疏导就是疏通和引导。疏通是对学生阻塞的心理状态进行疏理，使其自然通畅；引导是教师思想走在学生前面，去引发学生思考，或诱导和启发学生接纳教师的评价。不论是疏通和引导都是教师对学生在辅导过程中产生的良性影响。学生有困扰、有问题，往往不知如何表露，又无法自我洞察，这样只会徒增烦恼与焦虑。教师应

尽力设法取得各种资料，发掘其中原因，增进了解，协助学生自行解决问题。疏导不是充满爱心而浪费时间的聊天，也不是很开心却没收获的活动。教师一定要探得学生问题的线索，促使学生中肯地倾诉自己的困扰，并设法激发其表露真情的动机。有时学生的困扰是因为他对事情的看法缺乏弹性和建设性，甚至不合逻辑。这时教师可以协助学生从一个新的角度去探讨问题或了解事情的意义，也可以提供学生一个新的参考架构,甚至是多种可供选择的参考架构。这样,可使学生从多种角度看待自己的行为,从而发掘问题的症结,而不再局限于一种自暴自弃的观点。

疏导使用的基本工具是语言。语言是一种脱离了感性信号的抽象符号，是信号的信号——第二信号系统。人类的心理社会因素往往是通过第二信号系统即语言作用于人。皮肉之苦没有使人屈服，但诬蔑不实之词，却使人怨愤自绝。因为语言是“包罗万象”的刺激。每一句话、每一个词都代表了一定的外界事物和特点的事件。语言所给予人的刺激量是远远多于和大于第一信号系统即实物刺激。人类比动物易患心身疾病，主要也是因为人类使用语言。因此教师辅导的语言必须文明礼貌，谦恭诚实，而不是表面娓娓动听的辞藻和虚情假意的应酬。一般应达到：正确，即符合当时当地的语言规范；明确，即符合逻辑，使听者听得明白；准确，即看准、抓准、说准、力求入木三分。但是疏导不是单方输出，而是一种师生合作过程，在这个过程中教师的意见和评价，正是学生准备好要去思考、去叙述和去接纳的。因此疏导的前提是了解，疏导的基础是聆听。疏导应在谈话一段时间之后，在对学生的问题和看法有充分的了解之后。缺乏经验的教师在辅导时往往把大量时间花在疏导上，而不是用来聆听。其实在辅导过程中听比讲更重要。很多成功的辅导，主要诀窍就是“让对方开始讲”。学生陈述自己的问题，不但使教师了解学生，也使学生在陈述中加深了对自己的了解。学生思维有声化的过程，实际上就是学生对自己的问题的来龙去脉以及它和情绪、行为联系的一种系统回顾。其中很可能有相当大一部分在向教师诉述前从来没有觉察过、认识到或引起重视，因此诉述的过程，本身也是自我认识和自我总结的过程。学生在叙述问题的过程中，也会消除情绪上的症结。因此聆听早已超出了“了解”的范围，成了沟通、交流的工具，也是疏导与治疗的手段。会不会聆听是一个人会不会交往的重要标志。不善于听对方讲话的人，绝不会成为一个好的心理辅导老师。

贯彻这些原则的要求:

（1）学校心理辅导要早开展，趁儿童心理未定型，可塑性强，只要给予短期的关怀和辅导，便会有显著的改善。

（2）学校心理辅导应采取主动态势，注意防微杜渐。平时针对正常学生开展一些适合年龄特点的认知性的、情感性的、行为训练性的辅导活动，给学生一些有益经验，增强其应变能力。

（3）对于有些社会处境不利的学生，班级人际关系紧张、师生关系紧张的学生，应及早发现，重点实施早期干预。这要求辅导老师有极大的爱心、极大的耐心和觉察学生心理与行为变化的高度的敏感性。

（4）以平等的、民主的态度对待学生。在教育教学过程中，教师不能居高临下训斥学生，不能羞辱、挖苦、讽刺学生，不能用粗暴的强制性的手段解决学生身上的问题。不论学生在谈话中反映出怎样的消极、不正常、不好听的话，教师都要尊重他、接纳他，认真倾听他的诉说，设想他的内心感受，要“蹲下身”来看学生。

（5）尊重学生的选择。教师不能强迫学生选择什么，只是向学生提供资料和建议，提供认知前提，使学生对自己的选择承担责任。

（6）运用同感的态度和技术加深对受辅学生的理解。在辅导中教师要“透过受辅学生的眼睛看世界”，要把对学生的理解和感受反馈给学生，使学生感受到教师对他的尊重、理解和接纳，从而抛开心理上的防范，把自己内心世界的东西都说出来。

（7）心理辅导要以学生需要为出发点。

（8）尊重学生主体地位，鼓励学生“唱主角”。心理辅导是师生合作完成的活动，教师的作用是从旁协助，提供建议。在辅导过程中要鼓励学生发表看法、宣泄情感、探索解决问题的办法。教师应避免说“你听我说”、“我告诉你”之类的命令式的口吻，应用鼓励性、商量式的语气说话。如“我能体会”、“原来如此”、“请继续讲”、“你的意思是不是这样”、“请听听我的意见”、“我想做一点补充”、“我同情你的处境”等。

（9）开展活动是学校心理辅导的基本形式。因为活动可以吸引更多学生参加；可以满足学生自我表现的欲望；使学生进入特定情境，有更充分的情感投入。

（10）注意对学生个别差异的了解。教师不但要了解学生的共性，更要注重了解学生的个别性、差异性；通过一对一、面对面的接触来真正了解每一个学生，恰当处理学生的害羞、自卑、防卫心理带来的沟通障碍。

（11）对不同学生实行区别对待。心理辅导是一种颇具弹性的助人活动方式。我们要充分考虑学生的年龄特征、性别特征、个性特征，灵活应用心理辅导的通用原理，找出适合每个学生的处置方法，才能做到事半功倍。

（12）认真做好个案研究。个案研究是一种重视学生个别差异的辅导方法。对象是单个学生，通常是特殊学生。开展个案研究，积累个案资料，有利于深入探索个别化教育的经验，提高个别辅导的实效。

（13）制订个别化对待的特殊目标。

个别化对待的特殊目标是针对个别学生的特殊问题，根据心理辅导过程中特定的要求所确定的不同层次的具体目标。如林孟平教授针对一个“因迟交学费而令自己感到难堪与羞耻”的学生进行心理辅导的目标层次（见图 2.1）。

终极目标—	**自我实现**
中间目标—	**1.认识自己，接纳自己和欣赏自己，建立健康的自我形象** **2.建立正确的人生观和适当的生活方式**
直接目标—	**针对当事人的问题来进行自我探讨，在过程中，协助当事人达成自我了解和自觉：** 1. 每个月都要拖到月底才可以交学费，令自己感到羞耻； 2. 向母亲要学费时的冷言冷语，令自己难堪，想独立； 3. 母亲的重男轻女，自己无地位，感到很凄酸，不满和愤怒； 4. 母亲对哥弟的偏爱，觉得不公平，连带产生敌意； 5. 觉得是因为自己是女性而痛苦，同时也感到抗拒与自卑； 6. 想退学，又喜欢读书，在矛盾中挣扎； 7. 平静时，可以读书，浑浑然做人； 8. 极度痛苦与无奈中，很想一死了之； ⋮

图 2.1　心理辅导目标层次图

基本理论篇

第三章　学校心理辅导理论

你想了解吗?

弗洛伊德

华生

罗杰斯

艾利斯

当今世界存在的心理咨询、辅导和治疗的方法非常多，学校心理辅导也不例外。但是其理论模式却相对较为集中。从目前的理论研究与实际应用状况看，学校心理辅导的理论事实上也就是现有的心理辅导的理论。它包括：心理分析理论、阿德勒理论、行为理论、现实理论、认知行为理论、人本主义理论、格式塔理论、存在主义理论、理性— 情绪理论、相互作用分析理论、家庭理论、折中主义理论等。在上述 12 种理论导向中，还有一些有共同或相近之处，例如人本主义和存在主义理论、行为主义和认知行为理论等。所以，一般认为，最常用的具有代表性的理论主要有心理分析理论、行为理论、人本主义理论和认知行为理论等，以下我们分别介绍一下这几种理论。

第一节　心理分析理论（精神分析理论）

精神分析是现代心理咨询与治疗的奠基石，其对于心理学领域的影响是巨大的。精神分析理论特别是经典精神分析理论是用一种动力说的观点来看待人的本质，即认为在个体的人格内部存在着能量转换和交换。弗洛伊德（Freud）的经典精神分析理论以意识、前意识和无意识三个概念来解释人的本质，把性本能作为人的心理活动与发展的基本动力，用本我、自我、超我三种人格成分的失衡来解释心理疾病的发生机制。弗洛伊德认为："精神过程本身都是无意识的，有意识的精神活动不过是一些孤立的动作和整个精神生活的局部"，从而把无意识的作用提高到主宰人的心理活动的高度。从无意识概念出发，弗氏将心理疾病患者的症状看做是被压抑到无意识中的欲望寻求满足的曲折表现，看做是压抑与被压抑的两种力量相互斗争的结果。精神分析的工作就是把压抑在患者无意识中而患者本身并不能意识到的那些创伤和痛苦体验挖掘出来，使之上升到意识层面，重新加以认识，从而调整其人格结构，重组其内部动力。

为此，精神分析就得利用自由联想、释梦、解释等方法使病人意识到自己无意识中的症结，促使产生领悟，进而消除病人的心理症状。

一、弗洛伊德的心理学理论观点

1. 以无意识为核心的人格结构论

(1) 无意识、前意识、意识。

弗洛伊德认为意识是由不同意识水平的三个部分所组成，这就是无意识、前意识和意识。意识是人格的表层部分，它是由人能随意想到、清楚觉察到的主观经验所组成。它的特点是具有逻辑性、时空规定性和现实性。前意识位于意识和无意识之间，由那些虽不能立刻想起来，但经过努力就可以进入意识领域的主观经验所组成。在弗洛伊德看来意识和前意识二者虽有区别，但没有不可逾越的鸿沟，前意识的东西可以通过回忆进入意识中来，而意识中的东西当没有被注意时，也可以转入前意识中。因此，他把它们看成同一个系统，与无意识系统相对应。

前意识的主要作用就是检查作用，也就是不许那些使人产生焦虑的创作性经验、不良情绪以及为社会道德所不容的原始欲望和本能冲动进入意识领域，而是把它们压抑在无意识之中，使意识和无意识完全隔离。

人格结构的深层部分是无意识，弗洛伊德把它定义为不曾在意识中出现的心理活动和曾是意识的但已受压抑的心理活动，这个部分主要成分是原始的冲动和各种本能、通过种族遗传得到的人类早期经验以及个人遗忘了的童年时期经验和创伤性经验、不合伦理的种种欲望和感情。无意识与前意识、意识有很大的差别。它具有无矛盾性、无时间性、非现实性、不存在任何否定和怀疑或不相信的成分、易于变形和替换等特点。

无意识是人格结构中最大，最有力的部分。虽然，在通常情况下，我们并不意识到它的存在，但它对于我们的一切行为都产生影响。它影响我们的思维、感知和行为方式，影响我们的职业、婚姻对象的选择，影响我们的健康状况、爱好、兴趣和习惯，等等。

（2）本我、自我、超我。

弗洛伊德后期的理论作了较大的修改。提出了本我、自我和超我的三部分人格结构（见图 3.1）。个体行为是三种成分相互制约、相互作用的结果。

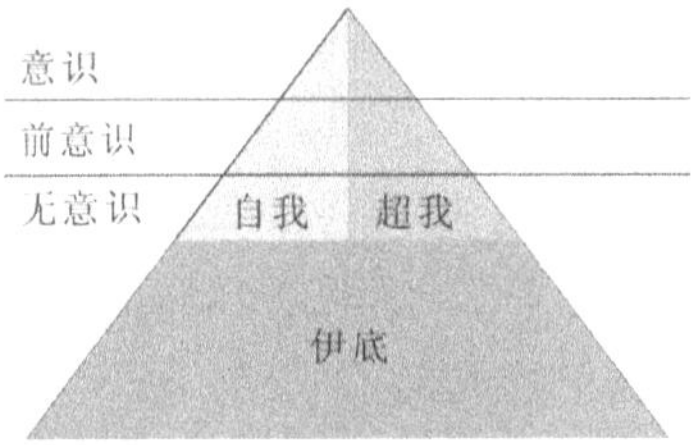

图 3.1　人格结构图

本我由人的先天本能和基本欲望组成，它是人格中最原始、最难接近的最基本部分，本我以寻求快乐为原则，是冲动的，非理性的，非道德的，可以看作人格中的生物成分，本我满足自己欲望、获得快乐的方式有两种：一种是反射动作，另一种是想象现实。

自我是个体中理智的、符合现实的部分。它派生于本我，不能脱离本我而单独存在。自我的力量就是本我那里得到的，自我的作用是帮助本我而不阻碍本我，它根据“现实原则”以理性思考的方式，力图满足本我的要求。自我调和本我与超我，它既要满足本我的即刻要求，又要按超我的客观要求行事。

超我大体上与良知或人格的道德机能有相同的内容，它按社会的道德准则行动，遵循“道德原则”，按至善的原则活动。它有两个方面，一是自我理想，另一个是良心。在儿童早期生活中，父母总是有意无意地依据自己的道德标准和社会规范去评价、奖励和惩罚儿童。父母对儿童的一些行为作出“好”的评价，给儿童以物质和精神的奖励，对儿童的另一些行为，父母作出“坏”的评价，并给以惩罚。长此以往儿童就知道什么行为是好的，什么行为是坏的，父母关于奖惩儿童的标准逐渐内化为儿童自己的行为规范。当父母不在场时，自己评价自己，当自己的行为符合道德规范时，就感到愉快和满意，当自己行为违反了这些规范，就感到内疚。到这个时候，父母关于什么是“好”的标准就内化为儿童的自我理想，父母关于什么是“坏”的惩罚规则就内化为儿童的良心，这样超我就形成了。

个体行为是三种成分相互制约、相互作用的结果。弗洛伊德认为，三种成分之间不是静止的，而是不断地交互作用的。超我监控自我，自我又抑制本我，只允许本我冲动有限地表现出来，在一个健康的人格中，三者是协调的。由上向下，超我处于人格结构的最高层，它监督、控制主体按社会道德标准行事；自我处于人格结构的中间层，它对上按超我的要求去做，对下吸取处于人格结构最底层的本我的动力以高速其内部冲突欲望，对外去适应环境，对内调节心理的平衡。弗洛伊德认为如果本我、自我、超我三者之间不能保持这种动态的平衡，则将导致心理失常。

2．以性心理为主线的人格发展阶段论

弗洛伊德认为人的精神活动的能量来源于本能，本能是推动个体行为的内在动力。人类最基本的本能有两类：一类是生的本能，另一类是死亡本能或攻击本能，生的本能包括性欲本能与个体生存本能，其目的是保持种族的繁衍与个体的生存。弗洛伊德是泛性论者，在他的眼里，性欲有着广义的含意，是指人们追求一切快乐的欲望，性本能冲动是人一切心理活动的内在动力，当这种能量（弗洛伊德称之为力必多）积聚到一定程度就会造成机体的紧张，机体就要寻求途径释放能量。

弗洛伊德将人的性心理发展划分为 5 个阶段：① 口欲期（0～1.5 岁）；② 肛门期（1.5～3 岁）；③ 性蕾欲期（3～6 岁）；④ 潜伏期（6～12 岁）；⑤ 生殖期（12～成人）。刚生下来的婴儿就懂得吸乳，乳头摩擦口唇粘膜引起快感，叫做口欲期性欲。1 岁半以后学会自己大小便，粪块摩擦直肠肛门黏膜产生快感，叫做肛门期性欲。儿童到 3 岁以后懂得了两性的区别，开始对异性父母眷恋，对同性父母嫉恨，这一阶段叫性蕾欲期，其间充满复杂的矛盾和冲突，儿童会体验到俄底普斯（Oedipus）情结（或称为恋母情结）和厄勒克特拉（Electra）情结（或称为恋父情结），这种感情更具性的意义，不过还只是心理上的性爱而非生理上的性爱。只有经过潜伏期到达青春期性腺成熟才有成年的性欲。成年人成熟的性欲以生殖器性交为最高满足形式，以生育繁衍后代为目的，这就进入了生殖期。弗洛伊德认为成人人格的基本组成部分在前三个发展阶段已基本形成，所以儿童的早年环境、早期经历对其成年后的人格形成起着重要的作用，许多成人的变态心理、心理冲突都可追溯到早年期创伤性经历和压抑的情结。

3．冲突、焦虑和心理防御机制理论

心理防御机制是自我的一种防卫功能，很多时候，超我与本我之间，本我与现实之间，经常会有矛盾和冲突，这时人就会感到痛苦和焦虑，这时自我可以在不知不觉之中，以某种方式，调整冲突双方的关系，使超我的监察可以接受，同时本我的欲望又可以得到某种形式的满足，从而缓和焦虑，消除痛苦，这就是自我的心理防御机制，它包括压抑、否认、投射、退化、抵消转化、合理化、补偿、升华、幽默、反向形成等各种形式。人类在正常和病态情况下都在不自觉地运用，运用得当，可减轻痛苦，帮助度过心理难关，防止精神崩溃，运用过度就会表现出焦虑抑郁等病态心理症状。所有这些心理防御机制都是无意识的，也就是说，是不知不觉地、无意识地采用它们。它们往往否定、歪曲或虚构实际情况，具有与现实相脱离的特性。

二、弗洛伊德的研究方法

弗洛伊德的主要研究方法有自由联想、梦的分析和日常生活中的心理分析等。

1．自由联想法

自由联想法是从催眠术中演化而来的，最初布洛伊尔用催眠疗法治疗安娜的过程中，发现了精神宣泄的谈话疗法。谈话疗法就是在催眠的条件下引诱患者把自己以往致病的创伤经验或事件尽情吐露出来。当这些创伤经验被完全暴露在意识中，各种症状就会自行消失。后来，弗洛伊德用这种方法来治疗自己的病人，并逐渐创立了自己的自由联想法。

这是一种治疗方法，又是一种收集资料的研究方法，它构成精神分析的基本方法。运用这种方法要求病人把所想到的一切都讲出来，而不管这些想法是否符合逻辑，是否荒唐可笑，是否是无关紧要的胡思乱想。该方法的目标是把压抑在潜意识中的引起病态行为原因的东西揭示出来，治疗者的任务是鉴别与解析潜意识中被压抑的与来访者有关联的资料，并要使病人清楚地意识到那些东西，以便正视它们，消除它们的不良后果。

2．无意识——梦的分析

弗洛伊德称梦的分析是“通向无意识的康庄大道”。梦的分析是弗洛伊德的基本工具之一。在弗洛伊德看来，梦的实质就是被压抑的无意识欲望的一种变形满足形式。一些不被常人所接受的动机和需要会以伪装的形式表现出来，而不是直接表现出来。无意识的欲望一般以符号转化和梦的制作两种方式表现出来。梦的分析就是这两种方式的反过程，通过梦的分析，将做梦者的梦翻译成做梦者的无意识愿望，从而了解其真实的想法。

3．日常生活中的心理分析

失误、口误、遗忘等看似偶然的，但是在弗洛伊德看来，绝非偶然,而是人的真实动机的反映,即受压抑的无意识欲望和观念的表现。

4．幽　默

幽默是指以幽默的语言或行为来应付紧张的情境或表达潜意识的欲望。弗洛伊德认为这种幽默玩笑能够使通常被压抑的无意识冲动得到宣泄，是合乎社会行为规范的发泄方式。

三、心理分析与学校心理辅导

（1）该理论与方法对“无意识”和“性”的关注与强调，极大地促进了性心理学、动力心理学、变态心理学等与心理咨询及治疗相关学科的研究与发展，其理论与方法直接或间接地促进了心理咨询理论和事业的发展，包括为一系列心理诊断工具的研究、开发提供了直接或间接的理论基础。

（2）该理论与方法对人的内心世界的认识比以往任何时候都更加深刻，他在某种程度上反映并揭示了人类精神世界的复杂性，它对发展阶段重要性的强调对加强心理咨询的针对性无疑极具意义。因此，“精神分析理论是一切咨询者所必须学习和了解的一门学科”。

（3）该理论与方法对治疗多种心理疾病和异常心理是有效的，尤其在治疗癔病、自恋癖、焦虑、变态性、恐惧、性困难、人格异常等方面效果显著。

然而，精神分析理论与方法的局限同样也是十分明显的。

（1） 整个理论与方法的主观色彩浓厚，难以操作。

（2）该理论与方法注重病理学范畴，与现代心理咨询所关注的心理健康问题是不相适应的。它所提出的许多概念在实际的心理咨询中都不容易被理解、交流和沟通。

（3）该理论与方法“几乎是精神病专家的‘独门功夫’，没有医学学位的心理辅导者乃至心理学家在接受该理论与方法的训练时将遇到极大的困难，一般的中小学心理健康教育工作者更是难望其项背。而且精神分析的咨询方法还十分耗时。”可见，在学校心理辅导中，精神分析的理论与方法可以给心理辅导者以启示乃至借鉴，但真正的实际运用几乎是不可能的。

第二节　行为理论

一、华生的心理发展观

美国心理学家华生（J. B. Wastson，1878—1958）是行为主义心理学派的创始人。他反对研究意识，主张只研究人的行为；反对用内省方法，主张用实验的方法。他提出 S-R 公式，认为有什么刺激，就有什么反应；知道用什么反应，就可以推想出是由于什么刺激所引起的。他的主要实验方法是条件反射法。

华生在发展心理问题上的突出观点是环境决定论。这种环境决定论主要体现在两个方面：否认遗传的作用和夸大环境、教育的作用。华生提出了教育万能论。他从行为主义的控制行为目的出发，提出了闻名于世的一个论断："请给我一打健康的婴儿，让我放在我自己的特殊世界中教养，那么，我可以担保，在这十几个婴儿中随便拿一个来，都可以训练成为任何专家——无论他的能力、嗜好、才能、职业及种族是怎样，我都能够任意训练他成为一个医生、律师、艺术家、商人，或乞丐、窃贼。"行为主义对个体心理进行客观研究，是应当肯定的。但他们否定意识、否定个体的主动性的机械观点，则过于极端。

二、斯金纳的心理发展观

新行为主义者斯金纳（B.F.Skinner，1904—1990）的理论，与华生的"刺激-反应"心理学的不同点在于他区分出应答性和操作性行为。华生的 S-R 心理学认为，发生反应指不出其刺激时也假定有刺激物的存在，只要实验者想出办法就能找出这些刺激。斯金纳把这种行为反应称作应答性行为，而把发生时看不到刺激的行为反应称作操作性行为。

斯金纳的操作性条件反射，强调塑造、强化与消退、及时强化等原则。

1．行为的塑造

在斯金纳看来，强化作用是塑造行为的基础。儿童偶然做了什么动作而得到了教育者的强化，这个动作后来出现的概率就会大于其他动作，强化的次数加多，概率随之加大，这便导致了人的操作行为的建立。行为是由伴随它的强化刺激所控制的。

2．强化与消退

强化在行为发展过程中起着重要的作用，行为不强化就会消退，即得不到强化的行为是易于消退的。依照斯金纳的看法，儿童之所以要做某事“就是想得到成人的注意”。要使儿童的不良行为消退，可以在不良行为发生的时候不予理睬，排除对他的注意，他的这些不良行为就会停止或消失。在儿童眼中，是否多次得到外部刺激的强化，是他衡量自己的行为是否妥当的唯一标准，练习的多少本身不会影响行为反应的速率。练习在儿童行为形成中之所以重要是因为它提供了重复强化的机会。只练习不强化，不会巩固和发展起一种行为。

3．及时强化

斯金纳强调及时强化，他认为强化不及时是不利于人的行为发展的。教育都要及时强化希望在儿童身上看到的行为。

强化理论具体应用的一些行为原则如下：

（1）经过强化的行为趋向于重复发生。所谓强化因素就是会使某种行为在将来重复发生的可能性增加的任何一种“后果”。例如，当某种行为的后果是受人称赞时，就增加了这种行为重复发生的可能性。

（2）要依照强化对象的不同采用不同的强化措施。人们的年龄、性别、职业、学历、经历不同，需要就不同，强化方式也应不一样。如有的人更重视物质奖励，有的人更重视精神奖励，因此应区分情况，采用不同的强化措施。

（3）小步子前进，分阶段设立目标，并对目标予以明确规定和表述。对于人的激励，首先要设立一个明确的、鼓舞人心而又切实可行的目标，只有目标明确而具体时，才能进行衡量和采取适当的强化措施。同时，还要将目标进行分解，分成许多小目标，完成每个小目标都及时给予强化，这样不仅有利于目标的实现，而且通过不断地激励可以增强信心。如果目标一次定得太高，会使人感到不易达到或者说能够达到的希望很小，这就很难充分调动人们为达到目标而做出努力的积极性。

（4）及时反馈。所谓及时反馈就是通过某种形式和途径，及时将工作结果告诉行动者。要取得最好的激励效果，就应该在行为发生以后尽快采取适当的强化方法。一个人在实施了某种行为以后，即使是领导者表示“已注意到这种行为”这样简单的反馈，也能起到正强化的作用；如果领导者对这种行为不予注意，这种行为重复发生的可能性就会减小以至消失。所以，必须利用及时反馈作为一种强化手段。

（5）正强化比负强化更有效。所以，在强化手段的运用上，应在以正强化为主的同时，必要时也要对坏的行为给以惩罚，做到奖惩结合。

三、班杜拉的心理发展观

社会学习理论是一种在行为主义刺激-反应学习原理基础上发展起来的理论，着重阐明人是怎样在社会环境中学习的。其代表人物是班杜拉（Albert Bandura）。他认为，人的行为模式实际上都是从观察别人的行为及其后果，在替代性基础上发生的直接经验那里来的。在他看来，模仿学习过程是一种信息加工理论与强化理论相结合的综合过程。

1. 社会学习理论的基本观点

社会学习理论的基本立场是个人的行为不是由动机、本能、特质等个人内在结构决定的，也不是如早期行为主义所说的由环境力量决定的，而是由个人与环境的交互作用决定的。即人的行为受到内在因素与外在环境因素的交互作用影响，行为与环境、个人内在因素三者互相影响，构成一种三角互动关系。

2. 观察学习及其过程

所谓观察学习，就是通过观察榜样所表现的行为及其结果而进行的学习。在班杜拉看来，从动作的模拟到语言的掌握，从态度的习得到人格的形成，都可通过观察学习来加以完成。也就是说，凡依据直接经验的学习现象，都可以通过对他人的行为及其结果的观察而习得。

在一个经典研究中，班杜拉让4岁儿童单独观看一部电影。在电影中一个成年男子对充气娃娃表现出踢、打等攻击行为，影片有三种结尾。将孩子分为三组，分别看到的是结尾不同的影片。奖励攻击组的儿童看到的是在影片结尾时，进来一个成人对主人公进行表扬和奖励。惩罚攻击组的儿童看到另一成人对主人公进行责骂。控制组的儿童看到进来的成人对主人公既没奖励，也没惩罚。看完电影后，将儿童立即带到一间有与电影中同样的充气娃娃的游戏室里，实验者透过单向镜对儿童进行观察。结果发现，看到榜样受到惩罚的孩子表现出的攻击行为明显少于另外两组，而另外两组则没有差别。在实验的第二阶段，让孩子回到房间，告诉他们如果能将榜样的行为模仿出来，就可得到橘子水和一张精美的图片。结果，三组孩子(包括惩罚攻击组的孩子)模仿的内容是一样的。说明替代性惩罚抑制的仅仅是对新反应的表现，而不是获得，即儿童已学习了攻击的行为，只不过看到榜样受罚，而没有表现出来而已。

在社会学习理论中，观察学习作业是儿童掌握社会行为的一种主要的机制或途径，是一个复杂的过程。观察学习包括以下四个过程：

（1）注意过程。这是观察学习的第一个子过程，即个体对榜样行为的注意。班杜拉认为，学习者置身于大量示范的影响之中，从中深入观察什么、知觉什么、吸取什么，是由注意过程决定的。而制约注意过程的因素很多，如观察者的特征、榜样的活动特征、人际关系的结构特征等。

（2）保持过程。班杜拉认为，学习者通过注意过程，吸取了榜样的示范行为模式后，就必须通过想象或言语表象或言语等形式使观察过的行为在记忆中得以重现。

（3）动作表征过程。儿童在准确重现榜样行为之前经常要进行一些尝试错误性的行为，只有不断地进行精心的练习，并进行自我修正和调整，才能形成熟练的运动技能，从而达到同榜样行为一致的正确反应。

（4）动机过程。这是观察学习的最后一个子过程，班杜拉把新反应的习得和新反应的操作区别开来，班杜拉认为学习和表现是不同的，人们并不是把学到的每件事都表现出来。是否表现出来取决于观察者对行为结果的预期，预期结果好，他就会愿意表现出来；如果预期将会受到惩罚，就不会将学习的结果表现出来。因此观察学习主要是一种认知活动。

班杜拉认为，强化可以是直接强化，即通过外界因素对学习者的行为进行直接干预；也可以是替代强化，即学习者如果看到他人成功或受赞扬的行为，就会增强表现同样行为的倾向；同时，还可以是自我强化，即行为达到自己设定的标准时，凭借自己能支配的报酬来增强、维持自己的行为的过程。

行为主义的理论来源于以上三个方面，即巴甫洛夫（华生）的经典条件作用理论、斯金纳的操作性条件作用理论和班杜拉的社会学习理论。它们的共同点就是学习，都是关于有机体学习的发生机制和条件，都认为人是一个完全被环境所决定的反应式的有机体。因此，行为主义咨询者将焦点集中于来访者的外显行为。由于行为是习得的，因此个体可以通过学习消除那些习得的不良或者不适应行为。由此，行为主义辅导的基本方法如应答性行为疗法、操作性行为疗法等都是通过消除来访者不良行为,强化来访者的正常行为，即通过消除性学习而导致有效行为出现来达到治疗目的的。也正是基于这样的看法，行为主义辅导者在辅导过程中总是扮演积极、主动的角色，希望通过辅导者的努力来矫正和控制来访者的不良与不适应的行为，帮助来访者形成健康、有效的行为方式，从而实现帮助来访者更好地适应生活环境的辅导目标。

行为治疗技术主要包括：放松训练、系统脱敏、自我管理、厌恶疗法、肯定性训练、模仿、操作性条件学习技术和代币管制法等。

四、行为主义与学校心理辅导

行为主义理论与方法有一定的适用性与实用性。

（1）该理论与方法强调对来访者问题或症状的直接关注以及所运用的方法都有较强的针对性，常能及时为来访者提供需要的帮助，因此它比任何一种理论与方法都有更快疗效、更短的疗程。正如有学者评价“批评家们对行为治疗批评最多，通常被认为是行为治疗最大缺陷的方面，恰恰被证明是行为辅导过程中的最大优点，这就是治疗直接对准症状”。因为这无疑给辅导者带来了极大的便利。

（2）辅导者所面对的问题，大多表现为行为问题，而行为的共同特征就是客观化且可以评价。因此，该理论与方法既消除了辅导过程的神秘化色彩，也使辅导本身具有更多的客观性。

（3）实践证明，该理论与方法对解决来访者诸如恐怖症之类的许多行为问题是有效的。确切地说，它对解决行为缺陷、饮食异常、药物滥用、心理性功能异常、肥胖等行为现象是一种恰当而有效的方法。

此外，行为疗法不以语言作为治疗的主要工具，适用范围较广；这种方法可操作性强，易学易教，培养辅导人员比较快速省时。

但行为疗法有明显的局限性，如根植于实验室条件下的有些方法很难被直接移植于现实的心理辅导情境中；对辅导关系的忽视，可能大大降低行为方法的有效作用；不重视来访者的主动性，使咨询程序显得过于机械；对来访者认识和信念的忽视，往往影响对来访者不良行为的最终根除，这也正是认知行为疗法产生的背景原因之一。

第三节　人本主义理论

一、人性本善——罗杰斯的人性观

以人为中心疗法理论与技术是美国人本主义心理学家罗杰斯创建的。罗杰斯认为个人中心疗法是“一种观点、一种哲学、一种生活的方式、一种存在的方式，它适合于任何情境，只要这一情境的目的是促进某个个人、团体或社会的发展”。他认为，只要给来访者提供适当的心理环境和气氛，他们就能产生自我理解，改变对自己和对他人的看法，产生自我导向的行为。

1. 人具有主观性

罗杰斯认为人能够指导、调节和控制自己。他认为应当相信人的尊严和价值。每个人都有其对现实的独特的主观认识，每个人都有权拥有自己的意见和想法，应该掌握自己的命运，在不践踏他人权利的前提下，可以以自己的方式自由地追求自己的兴趣。罗杰斯认为人的行为及适应环境的方式总是与他们对自己及环境的知觉相一致的，自我是主观的。从根本上说人是生活在自己的个人世界和主观世界中。个人对环境的知觉及对环境的相互作用随着自我感觉的变化而变化。充分发挥自我潜能的个人能够接受自我的主观方面，依赖自己的主观评价而非外界的评价生活。

2. 人有自我实现的倾向

罗杰斯认为人有一种自我实现的倾向。不但人，而且所有有机体都拥有一种为了维持和增强自己而表现出的先天的发展自我各种能力的倾向性，他称之为实现的倾向。人类有一种成长与发展的天性，朝向成长、健康、适应、社会化、自我实现和自治的方向。这种实现的倾向操纵着一切有机体。生命的本质在于有机体是以维持自己、增长和繁衍自己的方式与环境相互作用的一个主动过程。自我实现倾向是一种最基本的动机性驱动力。

3. 人性基本是善的

罗杰斯认为，人基本上是好的和值得信赖的，这些好的特性是与生俱来的；而某些“恶”的特性，如欺骗、恨、残酷等，则是由于防御的结果。

二、人为中心疗法理论

1. 自我概念

自我概念并不总是与一个人自己的经验或肌体的真实的自我相

一致的。自我概念是透过个人与环境的作用而形成的，由大量的自我经验和体验堆砌而成。个人的经验有三种形式：① 符合个体的需要，被个体直接体验、知觉到，被纳入到自我概念之中；② 由于经验与自我感觉不一致而被忽略；③ 经验和体验被歪曲或否认，用以解决自我概念与经验和体验的矛盾。这种自我概念形成之后，就会使人产生两种需要，一种是为满足别人需要而得到别人积极关注的需要，另一种是对自己积极自尊的需要，这两种需要之间的冲突矛盾是造成心理失调状况的原因。

2．有机体的评价过程

有机体的评价过程是指有机体对自己的感受、对自身的经验和体验进行评价，以帮助自我成长。这种评价过程与他自身能否体验到自我需要的满足情况有关。例如，婴儿的行为表现出他更喜欢新奇感和安全感等体验，他会依靠这些经验来维持有机体并使之得到发展；而对于那些不利于他维持自身及其发展的东西，如疼痛、饥饿等感觉体验，他会采取拒绝的态度。在对有机体的评价过程中，经验被准确地接受，不断地更新，并且被满意地进行评价。在这一过程中，个体的价值从来就不是固定的和刻板的，自我实现倾向是个体发展和保持积极价值的标准和目标。罗杰斯认为，每个人都存在着两种价值评价过程。一种是有机体的评价过程，另一种就是价值的条件化过程。后一种评价是建立在他人的评价之上，这就被称为价值的条件化。

3．心理失常的实质

自我概念与别人的评价相矛盾时，人要委屈自己适应他人是人心理冲突的实质。罗杰斯认为，适应程度低的个体，他的自我概念是建立在价值的条件化作用的基础之上的。个体为了保持自我对环境的适应,可能为了符合别人的期望而否认和改变他们自己的价值，而实际上这并不符合自己本来的愿望。这样的后果就是个体会把其他重要人物或团体所倡导的角色作为自己的角色，而失去了自己的个人认同，通过否认自己的经验以达到被别人接受，实际上是在欺骗自己，因为一心追求被别人接受并不一定能保证被别人接受。一旦自我概念是通过别人进行定义的，在自我概念和经验之间就会发生不和谐。然而，人自身应当具有整体性和一致性。如果一个人的真实价值越来越多地被从别人那里借来的价值所取代，而本人又感觉好像是自己的价值，这样自身内部就发生了分裂，这个人就会感到紧张、不舒适。为了阻止这些使自己感到威胁的经验而形成的意识，就要建立防御机制，来维持自身造成的假象，好像戴着假面具生活。这时人就越来越不能与环境适应，而出现烦恼、焦虑和各种异常行为。这就是心理失常的实质。例如，一个女孩，从小母亲就告诉她“男人大多都不怀好意，少和男孩子来往”。于是她只和女孩来往，受到母亲称赞。而到了青春期，她朦胧地对班上一长得英俊且学习好的男生产生好感，想接近他。她一方面认为母亲说得有道理，一方面又觉得那个男生可爱而愿意接近他，心理很矛盾，出现了焦虑、失眠等心理症状。

三、人本主义与学校心理辅导

人本主义理论又称“以人为中心的辅导理论与方法”。根据以上观点，在罗杰斯看来，心理辅导者应当把来访者作为一个完整的人予以关注，而不只是关心他（她）的某个特殊问题；而要帮助来访者成为一个个体功能完整发展的人，辅导者所要做的就是建立和促进辅导双方良好的辅导关系，即人际关系。更进一步说，在以人为中心的理论与方法中，辅导者与当事人的关系是根本的，它既是辅导过程的开始，是辅导进程的要件，也是辅导的结束。因此，该理论与方法反对辅导者扮演权威、指导角色，而将基本的责任放在当事人肩上。正因为如此，以人为中心的理论事实上没有很具体的咨询技术，即便是罗杰斯专门提出的心理咨询（治疗）过程应该遵守的 12 个步骤，实际上也都是对关系体验的促进策略。

以人为中心的咨询理论与方法堪称“人性”的真正体现者，它对人类本质的认识是非常积极的。这种认识已经导致心理辅导领域的一场革命，并将继续影响辅导者的信念。该理论与方法对辅导关系的重视与强调，对任何时候的心理辅导实践都有重要的价值。罗杰斯所强调的共情、无条件尊重、真诚等辅导者应表现的态度，应成为所有辅导者的修养与信条，而他所强调和使用的倾听技术，事实上已成为对专业助人者进行各种辅导技术训练的基础。该理论与方法对治疗中度焦虑、适应不良、无原因心理异常等人际关系障碍等，也有较显著的效果。同时，该理论与方法有改进人的心理调节能力的价值与功能。

然而，该理论与方法也有明显的局限：

（1）它一味强调人的能动性，强调在心理辅导中对来访者的问题持中立蜡台度，却忽略了大部分来访者都是知识欠丰，缺少主见且意志薄弱者，也忽略多数来访者的价值选择其实没有完全的自由这一事实，加之对辅导者的人格的高标准要求，使得该理论与方法的可操作性较差。

（2）该理论与方法比较忽视心理诊断、无意识性和人的侵犯性等重要因素，这不利于从深层次上解释和解决某些来访者的心理问题。

（3）该理论与方法对来访者的能力要求也很高，加之过于强调当事人的主动性，这对学生尤其是中国的学生求询者来说，可能有一定的局限性。

第四节　认知行为理论

认知学派兴起于20世纪五六十年代，认知行为理论是由许多心理学家各自独立地发展自己的体系而形成的。他们的体系都有相同或相近的取向，即认知取向。这里简要阐述目前较受我国学校心理辅导者推崇的由美国心理咨询家艾利斯（Ellis）创立的理性情绪治疗理论。他提出了“理性-情绪-行为”疗法（Rational Emotive Behavior Therapy，REBT）。其基本理论是ABC理论。

一、ABC 理论

ABC 理论认为情绪并不是由某一诱发事件本身直接引起的，而是由经历这一事件的个体对这一事件的解释和评价引起的。这一理论被称为 ABC 理论，是合理情绪疗法的基本理论。其中：A（Activating Event）即诱发事件，B（Belief）即个体在遭遇 A 后相应产生的信念，C（Consequence）指特定的情景下，个体的情绪及行为结果。

通常人们认为外部事件 A 是直接引起人们情绪和行为反应 C 的直接原因。而 ABC 理论则认为人的情绪 C 不是由 A 引起的，而是由 B 引起，B 是产生 C 的直接原因。换句话说，人们对某一事件（A）的看法（B）不同，情绪反应（C）也不同。

例如：两个教师迎面遇见了自己的一个学生，学生没有理会老师就径直走过去了。对学生此举，一个老师认为：这个学生真没有礼貌，故意不理睬老师，简直没有把老师放在眼里。唉，做老师真没有尊严。他越想越烦，越想越觉得当老师没有意思。另一个老师想，这个学生可能有什么急事，没来得及与老师打招呼。这个老师心情平静，该怎么做还怎么做。

面对同一个事件，为什么两个老师的反应不同呢？答案是两位教师对学生没有打招呼这一事件看法不同，与他们对事件的想法、看法有关，是想法引起了他们的情绪和行为反应。在这些想法和看法的背后，有人们对一类事情的共同看法，即人们的信念。第一位教师可能有学生必须尊敬老师的信念，而第二位教师则对学生抱有宽容的信念。在合理情绪疗法中，前者称为不合理信念，而后者称为合理信念。合理信念促使人们产生积极的、恰当的情绪和行为反应，不合理的信念使得人们产生消极的、不合适的情绪和行为反应。长此以往，人们就会陷入情绪困扰之中。

下面的故事也能说明这个问题。

古时候有甲、乙两个秀才去赶考，路上遇到一户人家在出殡。

甲说，真倒霉，碰上了棺材，这次考试死定了。乙说，棺材，升官发财的意思，我遇到了喜事了，看来我的运气来了，这次我一定能考上。当他们答题的时候，甲的眼前总是晃动着那口黑黑的棺材，愁眉不展，萎靡不振，本来背得滚瓜烂熟的东西怎么也想不起来了；乙的眼前不时闪现着金榜题名时的荣耀，心情舒畅，信心十足，才如泉涌。结果乙考上了。两人回家后，都和自己的夫人说，那口棺材可真灵呀！

情绪是由人的思维、人的想法所引起的，艾利斯认为每个人都要对自己的情绪负责。当人们陷入情绪障碍之中时，是自己的想法使自己感到不快的，是人们自己选择了这样的情绪体验。需要注意的是，艾利斯不是一味地反对人们拥有负面情绪。当人们遭遇挫折，产生失败情绪是正常的，但是从此自暴自弃就是不合适的情绪反应。

由此，我们可以说合理情绪疗法就是帮助来访者以合理的思维方式代替不合理的思维方式，以合理的信念代替不合理的信念，以改变认知为主的方式，减轻来访者由于不合理信念所带来的情绪困扰。

二、不合理信念的特征

那么，主要是哪些不合理信念给人们带来情绪困扰呢？艾利斯根据自己的临床观察提出了11 种不合理信念，并与它们进行斗争。这 11 种不合理信念分别是：

(1) 在自己的生活环境中，每个人都绝对需要得到其他重要人物的喜爱与赞扬。艾利斯认为该信念是不可能实现的，是一个不合理信念。因为一个人的一生不可能得到所有人的称赞与喜爱，即便是自己的父母也做不到。假如一个人相信这个信念，就会花很多的心思与时间曲意取悦他人，以求得他人对自己的赞赏。这样不但会丧失自己，使自己没有足够的时间去追求其他快乐，也会使人丧失安全感（如时时担心能否被别人接纳或接纳的程度如何等），结果只能令自己感到失望、受挫、沮丧。

(2) 一个十全十美的人才有价值。这是一个不可能实现的愿望。世界上不存在十全十美的人，只有在某一些方面有才能和成绩的人。如果要求自己十全十美，或过分要求自己在某一方面有成就，为自己制订不能达到的目标，只能让自己永远当个失败者，在自己导演的悲剧中徒自悲伤。

（3）有些人是坏的、卑劣的、邪恶的，他们应该受到严厉的谴责与惩罚。艾利斯认为，每个人都会犯错误，责备与惩罚不但于事无补，而且会使事情更糟。所以对犯错误的人，要做的是接纳、帮助他，使之不再犯错误，而不能因此否定他的价值，对其采取极端的排斥与歧视态度。

（4）把一件不如己意的事情看成是糟糕可怕的灾难。一个有理性的人应该正视不如意的事，寻求改善之法；即使无力改变，也要善于在困境中学习。

（5）人的不快乐是外在因素引起的，人不能控制自己的痛苦与困惑。艾利斯认为，外在事物并不能伤害我们，倒是我们自己对这些事物的信念与态度让我们自己受到了伤害。所以，只要我们尝试改变自己有关的非理性思维内容，就可以有效地改变自己的情绪状态。

（6）人们要对可能发生的危险和可怕的事情提高警惕。人要有忧患意识，但草木皆兵是不必要的。

（7）对于困难与责任，逃避比面对要容易得多。这是一种典型的自欺欺人心理，要知道逃避困难与责任，可以暂时得到解脱，但问题并没有解决，而且会因贻误时机而使问题变得更难以解决。

（8）一个人一定要找一个比自己强的靠山。在生活中，人们是相互依赖，相互支撑的。但是，把自己的命运放在别人的手里将丧失自我，终日惶恐不安。

（9）“过去”决定“现在”，而且是不可改变的。人的过去经历对现在和未来有一定的影响，有的影响还比较大，但这并不是说它就此决定了一个人的现在与未来。因为人是可以改变的，只要我们客观地分析过去对现在可能存在的限制，善用自己的能力和机会，就可突破这种限制，使自己的现在与未来充满希望与生机。

（10）一个人应该关心别人的困难与情绪困扰，并为此感到不安

让来访者分清合理信念与不合理信念,以合理信念代替不合理信念。

经过艰难复杂的辩论过程，我们就可以缓解负面情绪体验，也就是结果 E 。

[案例] 初夏的一天，我走进继续教育 2 班的教室，发现每次都来得较早，又总是坐在前面的任老师没有来。我的课开始近一个小时了，任老师急匆匆地走进了教室，神情不安地坐在座位上，眼睛盯着桌面，显然是没有听课。下课后，我问她：“你怎么了？”她委屈地对我说，“我放心不下班里的事情，一大早，赶回学校，看看六一儿童节的活动准备得怎么样。然后，再来上课。从学校一出来，在校门口遇见了校长。我本来想和校长打招呼，谁知校长脸色阴沉，没有理我就过去了（A）。我一路上思前想后，学校安排我的事情都做了，也没有背地里讲校长的坏话，没有得罪他呀。他为什么这样对我？他生气一定是因为我做错了什么事情（B）（这里暗含着任老师对校长的不合理信念，绝对化的要求）”,说着眼圈有些发红了。听了任老师的话，我知道她正受不合理想法的困扰，需要与她交流，改变她对校长没有理会她这件事情的看法。

“你断定校长生气一定是你的缘故（D1）？”问道。她肯定地点点头。

“你想过校长生气还有别的理由吗（D2）？”我继续问道。

“没有。”她答道。

“那我们一起想一想，校长有哪些理由不高兴。”我说。

她答应了。于是，我们便一起分析起来。

我说：“也许校长在上班的路上自行车坏了，可以不高兴吧（D3）”“也许吧。”她答道。

“可能他刚从教育局回来，被局长批评，他可以不高兴吧。”“可以呀！”她说。

我们一共数出了 9 条理由，也包括她的原因。数完后，她似乎悟到了什么。过了一会儿，她说：“校长因为我而生气的可能性只占所有理由的 1/9，我干吗一定要当这个替罪羊，真是自找没趣。”当她不再用“一定”表达自己的判断时，我知道她对这件事情的看法发生了变化，她不满的情绪有所减轻了，由此带来的压力也会减缓许多（E）。

我们可以用 ABCDE 五个步骤来进行自我分析，并把分析过程写出来。当进行第四步的时候，也可以请别人帮助我们分析。旁观者清，当局者迷，有时我们自己会钻进死胡同走不出来，别人的一席话可能使你走出阴霾，重见阳光。

2．合理情绪想象技术

这是合理情绪疗法中比较常用的方法。其基本操作步骤是：

使来访者在想象中进入他产生过不适当的情绪反应或者最感到受不了的情景中，体验这种情景下强烈的情绪反应；

帮助来访者改变这种不适当的情绪反应并体验适当的情绪反应；

停止想象，让来访者描述他是怎么想的，就是自己的情绪发生了变化。此时，心理辅导者要不断强化来访者新的合理信念。

[案例] 一个女学生，对即将举行的一个会上发言感到恐惧，认为自己肯定不行，会出丑。辅导者帮助她进行了下面的想象训练。

辅导者：“好，闭上你的眼睛，想办法使自己坐得舒服些。现在请你想象你到了会场，要想得与真的一样……”

来访者：“好……”

辅导者：“现在你感觉怎么样，是不是真正达到了像你想象的那样恐惧和窘迫？”

来访者：“我已经要不行了，要讲不下去了……”

辅导者：“对，这正是你所担心的情景，现在我要求你把这个情景保持在脑海里，同时，请你把要不行了的感觉变成只是有点紧张，想象你依然在会场上发言，只是有点紧张……”

来访者：“……恐怕不行……”

辅导者：“要坚持这样做。”

来访者：“……差不多了……”

辅导者：“很好，说一说你是怎么想的？”

来访者:“我要是逃走会更糟，反正我要坚持讲完。”

辅导者:“还想了些什么吗? ”

来访者:“我已经站在这里开始讲了，虽然讲得不好人家笑话我，但我要是中间停下来，不讲就跑了，人家会更看不起我。不管别人说什么，我也得讲完该讲的话……”

辅导者:“你说得对，你现在要做的事情正是在用合理的信念代替不合理信念，这会使你的情绪不那么坏了。不管别人怎么想，你现在要做的最关键的事情，是要完成这次大会发言。不管别人怎样看你，你还是你，可能不如某些人讲得好，但你并不是一个一无是处的人，对吧? ”

来访者: ……（点头）

需要注意问题: 一是合理情绪疗法不是放之四海而皆准的，有一定适用范围,对那些由于头脑中不合理认知而造成的情绪困扰(自卑和抑郁）比较适合，而对文章开头的小明的情况成效不大。二是运用这种方法之前，一定向来访者直接或者间接地解释 ABC 基本理论，让其了解不合理信念与情绪困扰的关系，这样才会取得好的效果。

四、理性情绪疗法与学校心理辅导

显然，理性情绪治疗理论对于学校心理辅导工作来说有较广泛的适应性。主要因为:

① 人的许多心理问题确实与人的非理性思念或思维方式有关，特别是艾利斯所列举的 11 种非理性的观念、想法，在临床上已被证实与多种情绪失调相联系，由认知曲解、谬误而引发情绪、行为问题的事实得到了心理辅导临床工作者的普遍认可。

② 罗斯（Roush）的研究表明，理性情绪治疗理论适用于包括青少年在内的各类人群，并取得积极的效果。对治疗情感异常、焦虑异常、适应异常等极为有效。艾利斯所提供的研究数据也证明该理论对不同类型的来访者具有较好的辅导效果。

③ 该理论与方法强调辅导者的教导、指导作用，这较符合中国教师的固有角色，较符合中国学生的社会化特点，也较符合中国学校师生关系的现实状况，因而可能比较容易被中国学校的师生所接受。

④ 该理论与方法能够很容易地与行为技术相结合。而且这种理论与方法原理清晰，易懂易学，实际的辅导操作用时较短，辅导结束后来访者还能获得较好的自助能力。

因此，从辅导者的实际条件和辅导效益上看，理性情绪治疗理论也较适合中国学校的心理辅导。但是，由于该理论与方法把辅导的重点放在来访者的认知模式上，因而对来访者的心智能力要求较高。它无法为思维异常者和智力障碍者提供有效的服务，对年龄小的学生可能也无法取得预想的效果。同时该理论与方法强调辅导者的教导作用，这也可能导致辅导者将自己的价值观强加给来访者。

第四章　学校心理辅导方法

【导读】

指导、激励、熏陶、控制、面谈、电话、训练等，您会用哪一种呢？怎么用？

第一节　心理指导法

心理指导法是以心理科学的理论为指导，对受导者进行说理教育。心理指导法和德育工作中的说理教育法相似但不完全相同，德育中的说理教育法，是通过摆事实、讲道理，以提高学生的思想认识，规范学生的行为。心理健康教育中的说理教育，是突出了心理理论指导的特点，强调论心理之理，通过心理理论的科普教育，提高受导者的心理认识水平，从而自觉地规范自己的行为。古人说，行之，明也，明之为圣人。心理健康教育法的运用，重要的是要把心理科学的真理性转化为说理的力量，使受导者心悦诚服。中国古语说：看书求理，须令自家胸中点头；与人说理，须令人家胸中点头。运用心理理论说服人，要力求说得透彻、明了、生动，还要注意因人施理。

以心理科学的理论为指导，帮助中学生分析问题和处理问题，应该注意，对性格不同的人要用不同的方式给以指导。比如，同是初一年级的女孩，遇到了同样的问题：男孩子的追求。其中一个女孩性格开朗，有主见，她带着这样的认识来向你请教：初二年级的一个男生想和我交朋友，我自己觉得这样不好，女孩子应自重。而另一个女孩性格内向，腼腆。面对男生的追求，不知如何处理，不好意思也没有勇气回绝。对这两位同学进行指导，就要采用不同的说理方法。对前者，因其自主性较强，比较重视自己的身份，在指导时，就不必讲更多的道理，只需坚定她的一些想法即可。比如，可以赠之以一句诗“该在夏天得到的东西，不要在春天索求”。而对另一个女孩，因其文静，柔弱，在指导时就要具体，还要多加宽慰语。如果还是以诗相赠，则要用这样的诗——《少女》：绿色的晚风／吹乱了少女的长发／正像此时那纷乱的心／房前的桃花粉红鲜丽／就像少女可爱的年龄／枝间的鸟儿这样活泼／叽叽喳喳叫个不停／可她为什么沉默不语／春风深情地向她询问／啊，原来是有个男孩／在河边的桃林里约她相会／“亲爱的小鸟妹妹／请你告诉他／我妈妈不叫我出门……”指导时可根据这首诗的内容，从性格方面分析诗中女孩的内向，在把握自己过程中的犹豫，但这个女孩最后还是坚定而巧妙地找借口回绝了男孩子的追求。引导这个女同学采取适合她自己的方法进行了处理。

在学校心理辅导中运用心理指导法，要注意以下几点：

（1）要做到有的放矢，目的明确，论心理理论之理要少而精，不能泛泛而谈，论理过深，要追求深入浅出的效果，多给能理解的观点，少说深奥费解的概念，使学生听得明白，听得入耳。比如，给遇到情绪不良的学生进行合理发泄的指导，在论述情绪转移的心理规律时，就可以用生活实例论理。假如一个丈夫在工作单位挨了领导的批评，他回到家里，就可能向妻子发泄心里的烦恼；妻子受了气，心理的不平衡可能会对来问自己晚上吃什么饭的女儿发泄；女儿无端受气，可能会打她的布娃娃，踢小花猫。每一个人都有这样的自我防卫功能——向弱者发泄其不良情绪。不良的情绪需要发泄，但要做到合理，要学会正确地转移自己的不良情绪。在这样论理的基础上，再对学生进行转移的行为指导，效果就比简单地讲什么叫情绪的发泄，什么叫情绪的转移要好得多。

（2）要在论理形式上下工夫，将知识性、趣味性、生动性融为一体，不能简单生硬，强迫人家接受，也不能像一杯白开水，使人感到无味。比如，在心理指导的过程中，我们不妨多一些幽默，学习善用幽默育人的功夫。现在的教育工作，严肃正言有余，轻松幽默不足，这是需要改进的。古希腊哲学家柏拉图在他的对话录中就对幽默有过不正确的认识，他认为：我们应该避免幽默，因为它仅仅建立在我们因嘲笑他人的痛苦而得来的快乐之上。柏拉图从消极的方面认识幽默，未免过于偏颇。中外许许多多的哲学家、心理学家、文学家、艺术家、幽默家都研究过幽默，定义过幽默，更有不少教育家们巧用幽默育人。在心理指导过程中，教师要掌握这门艺术，运用幽默所特有的教育力量，使学生产生比较强烈的内心体验，增强心理指导的效果。莎士比亚曾说："幽默和风趣是智慧的闪光"，的确如此，幽默是智慧的结晶。它是人们对自身及其所处的世界的一种独特的体验与认识。幽默在戏谑中包含有庄严，在愚钝中流露出智慧。如果生活中没有了幽默，那生活将会黯然失色。在教育中使用幽默，会增加教育的活力，教师启发学生学会幽默，会有益于他们的成长进步。在心理指导过程中，使用幽默的教育机会是很多的。热情的鼓励可以使用，委婉的劝说可以使用，含蓄的转告可以使用，善意的批评也可以使用；教育可以用，教学也可以用；社会实践活动可以使用，家庭教育的指导也可以使用。对不努力的学生，可讲一段这样的幽默故事：一个目不识丁的人，买了一张报纸，做出了读报的样子，但他把报纸拿倒了，当有人问他报上有什么新闻的时候，他回答，"又出事了，你瞧吧，火车轮子朝天了——翻车了！"讲完这段幽默故事，进而再告诉学生，要努力学习，防止在文明社会犯文盲的错误。对缺乏理想追求的学生，教师可抄录一段大哲学家亚里士多德的幽默对话启发学生：有人问亚里士多德，"你和平庸的人有什么不同的地方？"亚里士多德幽默地说，"他们活着是为了吃饭，而我吃饭是为了活着。"像这样可以用于幽默教育的材料是很丰富的。

在我们的心理辅导工作中，曾有过这样一个使用幽默的说理教育方法防止自杀的实例：一个痛不欲生的女高中生，向心理辅导教师哭诉，因为一种不愿说的打击，她准备结束自己的生命，并且已想好了自杀的办法。像这样根本不想说自杀原因，又不立刻采取行动，还想和人谈一谈的自杀问题，我们认为比较好的处理方法是运用淡化自杀的原则,以创造幽默轻松的谈话情境来解决问题为上策。所谓淡化自杀的原则，是指通过创造轻松的谈话气氛，弱化其自杀欲，否定其想用自杀的行为来达到解决问题的目的，引导欲自杀的人选择更为积极有效的办法来解决问题。下面摘录其中的一段对话:

——你在结束生命之前能把我当做朋友，向我诉说你的不幸，作为咨询老师，我感到一种信任，谢谢你。能告诉我你准备怎么自杀吗?

——我买好了安眠药,跟您谈完话我就回家,在晚上睡觉前吃,告别这可恶的人世。

——这个办法不太好。据我所知，用安眠药自杀的死亡率并不高，大多会被人发现而救过来，结果是没死成反而有损大脑，如果造成严重后果，怕连死的思想都不会再产生了，因为你可能是一个近乎痴呆的人了，那样的结果不是你所希望的吧?

——那我就去买敌敌畏，一喝完事。

——太残酷了！喝敌敌畏的人，死前是非常痛苦的，烧心毁胃的。你这样一点打击都受不了的人，怎么能这么去死呢?

——这样不行，我就在厕所的下水管道上吊死。

——不行，不行。像你这样一个漂亮的女孩，吊死在厕所里，且不说环境太差，死后的形象太难看，单就从你的家人考虑，也不能让他们受到惊吓，留下一进厕所就害怕的后果呀！……

——这也不行，那也不好，那您说我该怎么死呀？（凡欲自杀的人如果有了一种想争想吵想讨论的情绪，也就有了可挽救的机会，这正是咨询老师所希望出现的情绪，也是创造淡化其自杀欲气氛的结果。)

——让我说，怎么死都不好。中国有句老话，好死不如赖活着，这句话你可能不接受，我们反过来说，赖死不如好活着。你既然有死的勇气,也同样可以有战胜促使你去死的那个可怕的敌人的勇气,让我和你做个真正的朋友，联手来向那个把你拉向死神的困难发起进攻吧！……

轻松的谈话，对死神的幽默，对死的调侃，最终说服了这个女生，她向心理辅导老师谈出了为什么要自杀，也同意了老师的“经受挫折，勇敢地活着”的意见。

幽默，是人类智慧宝库中的奇葩。在学校心理辅导中，教师如果能恰到好处地使用，是可以解决一些用非幽默方式难于解决的问题的。当然，教师在心理咨询或其他教育活动中使用的幽默，不应是刻薄的讽刺，解气的挖苦，而应是善意的批评和热情的鼓励。

使用心理指导方法所应注意的第三个问题是要重视同其他的教育方式相结合，特别是行为训练的方法。学生易犯的毛病是知行脱节，知道了未必去做。这与他们的年龄特点有关，他们缺乏自制力，行为的稳定性不强。教师要掌握这个特点，在心理指导和行为要求上齐下工夫。

第二节　心灵陶冶法

心灵陶冶法是指心理辅导工作者通过师爱和创造各种富有情感教育的因素以陶冶学生心灵的方法。俗话说，人是有感情的动物。在心理辅导过程中，学会运用心灵陶冶法是很有益于心理辅导的效果的。要用好这个方法，重要的是教师要善于发现并且创造具有心灵陶冶作用的主导诱因。这种主导诱因包括两个方面：心理辅导工作者的情感作用和为学生有意识地创造陶冶情境。具体说，有陶冶作用的因素有：教师的人格力量，群体生活的气氛、作风、传统，集体对个人的关心、爱护、帮助以及一些富有陶冶作用的课程，如美育、体育等。心灵陶冶方法是一种具有心理暗示效应的教育方法。心理科学的研究表明,人脑中无意识支配人的行为的潜力是无穷的。

心理暗示效应就是要通过无意识的心理活动发挥人脑接受影响的潜能，从这方面来认识心灵陶冶方法的教育作用，可以说这种方法的教育力量是巨大的。

陶冶，作为一种教育方法，是具有久远的历史的。早在 19 世纪初期，英国的斯涛大卫就创造了“陶冶制”，阐明了陶冶的概念。他引用了《圣经》里的一句格言作为论据并书写在学校的墙壁上：“陶冶儿童，宜依其所当行之路径陶冶之，迨其年长，方不致离弃之矣。”斯涛大卫强调的是运用形式陶冶培养学生的思想观点，与之相对应的还有一种实质陶冶的观点，认为教育过程就是把人类文化财富，即科学知识、道德价值和美学内容等灌输到人的心灵中去的过程。我国古代传说的孟母三迁的故事，以及近朱者赤，近墨者黑的成语就有实质陶冶的教育因素。

运用心灵陶冶的方法，教师要发挥为人师表的人格感化力量，要用自己的修养、人品、对学生的挚爱和期望来陶冶学生的心灵，使学生的内心体验得到进取的力量。这是说，教师要以自己优良的个性心理品质和热爱学生的崇高情感为陶冶诱因。心理健康教育是非常看重这种教育影响力的，因为一个具有高度素养、热爱学生而又为学生所爱的教师，他对学生的心灵感化作用，是任何书本、音像教材代替不了的。他在与学生的共同生活中，会给学生以心理的明示或暗示，感染学生向教师“看齐”。正如教育家乌申斯基指出的那样：“在教育中，一切都应以教育者的个性为基础，因为教育的力量仅仅来自人的个性这个活的源泉。任何规章制度和纲领，任何人为设置的机构，不管它设想得多么巧妙，都不能取代教育事业的个性……没有教育者个人对受教育者的直接影响，就不可能有深入性格的真正的教育，只有个性才能影响个性的发展和定型，只有性格才能养成性格。”

为了学生的心理健康，心理辅导工作者应该不断提高自己的心理水平，使自己有一个优良的个性心理品质。

心理辅导者手记：以同情培养同情。

在我的心理辅导工作中，曾有过这样一件事。一位年轻的班主任李老师，遇到了一个难处理的问题。他所带的班最近出现了一个爱欺负同学的不良团伙。几个十四五岁的男孩子，下了课聚在一起，专爱拿一些弱小的同学取乐。他们经常截住一个同学，或推搡逗闹，或拳脚相加，往往被欺负的同学掉下泪来，他们才住手。班里有个叫江生的同学，性格内向，身体弱小，就成了这个小团伙经常欺负的对象。江生同学整天心绪不宁，影响了学习。李老师面对这种现象，很是气愤，他采用过严厉的纪律惩罚措施，但效果不佳。李老师向心理教师求教后，另辟教育途径，运用教师的感化作用有步骤地影响学生。第一步，是唤起全班同学的同情心。李老师认真调查收集了江生同学的家庭、思想和学习情况。经过认真准备，李老师指导同学们召开了一个主题班会，在班会上，李老师作了一个特殊的发言，题目是“我相信人人会动心”。他从江生的家庭开始讲起，江生同学从小没有父亲，母亲把他带大。他家生活很困难，家也住得比较远，买身运动服要攒几个月的钱。特殊的环境使江生从小就很自卑，在学校里经常受欺负更加重了他的抑郁心理。但就在这种情况下，江生同学对自己却要求很严格。他从不迟到，劳动时总是抢脏活、累活干。为了给灾区捐款，他节省下早餐钱，交给了集体。这么一位让人深感对他关怀不够的同学，怎么能再欺负他，在他的伤口上又加一把盐呢？李老师动情的话语，打动了全班，也打动了那些爱欺负人的男生。第二步，是采用委托责任，变害为利的方法。李老师宣布，从现在开始，李老师和全班同学共同担起关心、帮助江生同学的责任，老师负主要责任，同时请几个同学帮助老师一起完成任务，这几个同学就是那些小团伙中的“骨干”。李老师有意在大的范围内布置保护江生同学不受欺负，他说“再有外班的同学欺负他，见义勇为的应该是我们班的同学，首先是主要负责人。我要每天过问这件事，每周总结，如果再发生江生受欺负的现象，我要在全班作检查，因为我没有照顾好他”。老师掷地有声的话语，教育了全班同学，也给那几个爱欺负同学的人压上了担子，为他们弥补过失创造了条件。李老师的第三步是抓住有利时机，强化教育要求。他利用“五四”青年节，带头给江生捐款，为他买了一件印有“友谊”字样的运动衣。在“世界你好日”（11 月 21 日）那天，他买了糖果给江生，让他请全班同学吃糖，老师和同学一起唱起了“友谊地久天长”的歌曲。江生同学的发言更为动人，他讲了不受欺负以后良好的心境，讲了得到同学关心爱护的感激之情。他说：“糖吃在嘴里是甜的，我生活在集体中是幸福的。”江生动情的发言，打动了每一个人。

李老师用自己的人格力量，影响了同学，班里欺负人的歪风邪气煞住了，同学间的友谊加深了。良好的人际关系为班级的进步创造了条件。对无情的学生，要用有情的教育来感化，李老师采用的心灵感化的教育方式，成功地解决了工作中棘手的问题。这是教师人格力量的功劳，是心理辅导的成功事例。

除了教师的人格感化的作用之外，创造心理辅导的环境，也是一种陶冶的方法。教师要对学生的生活环境进行“心理”加工，为学生创造一些富有感染性的教育环境和氛围，包括班级环境、班风、集体舆论建设、人际关系的协调等。良好的生活环境，可以使学生在身心愉悦中生活，产生“如入芝兰之室，久而自芳也”的陶冶功效。环境陶冶重在创设环境。教师要动脑筋，发动学生创造整洁的环境。如搞好环境卫生，使教室窗明桌净，整齐有序；搞好环境布置，窗台上养几盆鲜花，墙壁上贴几张具有教育意义的名人画像和几条有关学习、理想、人生的名言。此外，教师要在抓好学生的人际关系方面下工夫，要使学生相互尊重、团结友爱、和谐相处，师生间要讲民主、讲尊师爱生，以良好的班风、校风为基础，使学生的心灵得到陶冶、净化、升华。

另外一种有心灵陶冶作用的教育形式是运用艺术陶冶。人类精神文化中最有感染力的莫过于艺术。好的音乐、美术、舞蹈、诗歌、影视等，不仅给学生以美的感受，而且能熏陶他们的性情，净化学生的心灵。仅以诗歌为例：诗，是思想的结晶，情感的果实，它本是文人墨客的密友，骚人学子的情侣，但如果精心选用，诗也是可以成为心理健康教育的工具的。结合学生的思想实际，选一些短小精悍、寓意深刻的诗歌短句进行教育，其效果有时会超过苦口婆心的说教，达到金石为开的目的。

伟大的人民教育家陶行知先生，就是善用诗教的楷模。为了对学生进行爱国主义教育，使他们能为国家多做一份事业，多尽一份责任，陶先生写了一首《中国人》的诗赠给学生："我是中国人／我爱中华国／中国现在不得了／将来一定了不得。"这首诗适合朗读，学生读来自会产生民族的责任感、义务感与自豪感，可谓以诗陶冶心灵的成功范例。陶先生还以和学生通信的形式进行诗教，他曾把一首《自勉并勉同志》的诗抄给一位学生，望他奋发上进，惜时努力："人生天地间／各自有禀赋／蹉跎悔歧路／为一大事来／做一大事去／多少白发翁／寄语少年人／莫将少年误"。接到这首诗的学生，非常感动，常常用此诗激励自己上进。诗歌是教育的羽翼，心灵的甘泉，寓教于诗，以诗育人，陶先生很有机智。如对因一件小事闹翻而骂人的学生，陶先生即兴而成一首《骂人》朗诵给学生："你骂我／我骂你／骂来骂去／只是借人的嘴巴骂自己"。有一位受诗教熏陶的学生即刻回应老师：我来和一首《打人诗》，"你打我／我打你／打来打去/只是借人之手打自己"。心心相通，心灵相应，真可谓教育史上精彩的一幕。

以诗陶冶人的心灵，是有其心理辅导功效的。教育家孔子曾对弟子说："诗可以兴，可以观，可以群，可以怨。"寥寥数语，指出了诗歌的认识价值和对人们生活的指导意义。人常说，赠人良言似金。在心理健康教育工作中，教师要注意积累一些育人的诗歌短句，恰到好处地运用。比如，用王国维的词教育学生立志成才，使他们懂得，古今成大事业、大学问者要经过三种境界："昨夜西风凋碧树，独上高楼，望尽天涯路"此第一境界；"衣带渐宽终不悔，为伊消得人憔悴"此第二境界；"众里寻他千百度，蓦然回首，那人却在灯火阑珊处"此第三境界。运用诗的心灵陶冶作用，启发学生明辨事理，感悟人生，使师生之间达到思想交流，产生感情共鸣。既能推心置腹，又不失文雅含蓄，这确实是一种良好的心理辅导的陶冶形式。

总之，心灵陶冶的教育效果取决于陶冶诱因本身的质量，只有创造把学生吸引住的教育情境，才能产生积极的影响。心灵陶冶方法对教师提出了新的要求，心理辅导教师要努力提高自己的艺术修养，培养善用陶冶教育的机智，并且要经常研究对学生实施心理陶冶教育的各种活动，为学生的心理健康提供更为有效的帮助。

第三节 心理激励法

在心理健康教育工作中，常会遇到这样的问题：虽然道理讲得很清楚，但学生就是缺少做的勇气，有的学生甚至会向老师提出不合理的要求，以求自己认识和行为的合理化。对这样的问题，采用设置心理目标，用心理激励的方法进行教育，往往能起到比较好的效果。激励，在组织与指挥当中的推动力量是很大的。《三国演义》中有这样一段情节：老将黄忠夺取天荡山攻占定军山，斩将立功，很有些威风。黄忠打了胜仗，一方面是靠他的韬略与武艺，另一方面，诸葛亮的激将作用也不能低估。孔明说得好："此老将不着言语激他，虽去不能成功。"人就是这样，只有受到某种激励才能充分发挥自己的潜能。在对学生的教育中，激励的作用同样是不小的。所谓心理激励法，是指教师用一个具体的奋斗目标鼓舞和激励学生，使之采取积极的行动，向期望的目标发展。这种方法强调的是建立心理目标并运用一些心理的促进力量使学生积极去达标。在心理健康教育中运用的这种方法，既可以对集体使用，也可以对个人使用。

激励集体的方式有：

(1) 唤起集体荣誉感的方式，如动员学生向优秀班集体挑战，为本班取得的成功开个"再攀高峰"的庆功会等。

(2) 不断设置新高度的方式，犹如跳高，当运动员跳过一个高度时，教练员就在鼓励的同时，设置新高度。运用这种方式与遵守循序渐进的教育原则相似，目的是使受教育者不断"跳一跳摘果子"，促使其向预定的目标发展。但要注意，运用这种方式不可要求过高，怎么跳也摘不到"果子"，也不可要求过低，不跳就能得到"果子"，那就会失去激励的作用了。

（3）以教育者亲身体验激励，通过教师的成长历程，教师的人生追求以及取得的成就，给学生以启迪，激励学生向教师的行为“看齐”。

激励个人的方式有：

(1)从失败中挖掘成功因素的方式，在学生的“短”中看其“长”，因势利导，促使学生扬长补短，不断进步。

咨询手记：借分与还分的心理效应。

数学教师武老师，组织了一次测验，一个学生代数得了59分，只差1分及格，这当然有些遗憾了。这位学生抱着一线希望找到武老师，好话连声，请求老师给加1分。武老师平时很注意调动学生学习的主动性，他分析了这个学生的情况，准备用心理激励的方式对学生进行帮助。武老师说：“给你1分不行，但我可以借你1分，不过，下次考试时你要还，而且有利息，你得还我10分，行不行？”学生要分心切，当即答应了老师的要求。这以后，老师看到，这个学生上课比以前专心了，作业也有了进步，武老师看出，学生是要履行自己的诺言，把成绩搞上去。果然，在随后的一次考试中，他得了87分，这位同学高兴地找到武老师说：“老师，我还分来了。”武老师笑着说：“扣除10分，你还有77分，比上次进步不小，继续努力呀！”这是一个把握了学生的心理特点开展心理辅导的成功事例。考试分数，对于教师和学生来说都是比较敏感的事情，有的老师往往为学生考试加分或减分闹得很不愉快，究其原因，就是忽略了考试评分的教育性。武老师的借一还十的激励方法，就是比较成功地运用了考试的教育因素，使分数“活”了起来。学生从59分到87分，有其成功扎实努力的主观因素，同时也有老师设置高度，激将法的诱因作用。老师“借”给学生1分，他很感激，“欠”了1分，就有压力，有责任；学习进步了，还了“欠”的分，有了成功的体验，由此激发了他的学习积极性，老师这1分“借”得及时，巧妙，有价值，分数在武老师那里变得有了感情，有了更为深刻的意义。我们常说，失败是成功之母，而要促使其成功，就要找到进取的动力。激励，要像武老师那样，找准心理的切入点。

(2) 用名言警句开导的方式，根据学生的个性特点，行动表现，随时送上几句名言警句激励学生。教师也可以自己写一些精练的短语，给学生以激励。如有位龙老师，他送学生进步卡的激励方式，就很值得学习：新年快到了，龙老师准备利用这一教育机会，召开一次班会。龙老师自己准备出个特别节目，使每个同学看了这个节目都能更正确地认识自己，能根据个人的个性特征发展自己，扬长避短，迈出新步伐。龙老师精心选购了一些贺年卡，他利用几个晚上的时间，在对每个同学进行了认真分析之后，分别为他们写了一段祝词。祝词力求用词准确，感情挚诚，富有感染力。他既给每个同学提出新的要求，又给他们指出缺点和不足，更提出改进的建议。龙老师把殷切的话语写在制作精美的贺卡上，他要使每张贺卡变成一束鲜花，带去老师对同学们的美好祝愿和期望。他要把贺卡变为进步卡，把新年联欢会改为进步动员会。在元旦那天，班里举行了迎新年的班会，当同学们欢迎龙老师表演节目的时候，他既没唱歌，也没讲故事，而是拿出了早就准备好的贺年卡。龙老师说："出个谜语大家猜，我在贺卡上写的话，看写的是谁，猜对了，贺卡就送给他。"龙老师隐去贺卡的姓名，一张一张地读了起来。每个同学都聚精会神地听着，在寻找属于他的那束"鲜花"。同学们从老师的贺卡中认识自己也认识着大家。在听到精彩处时，大家会不时露出会心的微笑。比如，对班里的一位女同学，龙老师这样在贺卡上写道：送你的格言"社会犹如一条船,每个人都有掌舵的准备"(易卜生)。教师的期望：你曾说女孩子小学拔尖初中平，到了高中就不行，因此提不起精神。我祝愿你振作精神，请你看看历史上一些不平凡的女子吧，谁说女子不如男！教师的建议：找个男生对手赛一赛，注意开始不要找太强者，赛过几个人之后，你在全班谈谈体会好吗?真希望你成为这样的女生：小学拔尖初中平，高中努力更成功。龙老师的话音未落，就有一个女生跑上讲台，接过贺卡，还当即向一位男生发出了挑战。一张小小的贺卡，为什么能使同学们激动不已呢？为什么能在一些同学身上产生平时苦口婆心地教育所无法起到的作用呢？其原因就是老师恰当地运用了名言警句的激励作用，采用了循循善诱，积极引导的方法。这样的教育选择的语言好（根据每个人的特点，因人施教），选择的时机好（在元旦联欢会上，大家心情愉快），由此可以看出，巧用名言警句，确是一种比较好的教育方法。

（3）即景生情随机施教的方式。如对风雪天坚持冬季锻炼的同学送上“岁寒冬锻，全班榜样”的表扬鼓励的赠语；对登山活动到达顶峰的同学，借景抒发教育之情，鼓励学生攀登人生高峰的志向。第斯多惠说：“我认为教学艺术不在于传授本领，而在于激励、唤醒、鼓舞”，教育实践证明，运用心理激励的方式，最能调动学生的积极性，可以为实现既定目标提供源源不断的动力。

第四节　反马太效应的方法

在教育工作中，常遇到这样的情况，师生间的感情冷漠，甚至带有某种敌意，总把教师的话往坏处想；学生间的关系也不和谐，老师喜欢的学生，同学却不喜欢，在班里受到冷落。这种不融洽的师生关系会影响到教师发挥教育主导作用，也会使受教育者的进步受到影响。处理这类问题，矛盾的主要方面在教师，造成这类问题的原因往往与教师对学生的态度有关，如教师有意无意地对学生的偏爱，对后进学生的忽视，对不同的学生表现出不同的谈话热情，都会影响到师生关系和同学关系。处理这类问题，一个很重要的入手点是解除学生的感情“冰块”。在心理学中，有一种“马太效应”的说法，我们可反其道而行，运用反“马太效应”的方法，解决情绪消极学生的心理问题。

反马太效应是相对“马太效应”而提出的，“马太效应”是科学家罗伯特·默顿提出的。《圣经》在“马太福音”第二十五章，有这样两句话:“凡有的，还要加给他，叫他多余。没有的，连他所有的，也要夺过来。”教育也往往存在这个问题，表现在有问题的学生常常得不到应有的帮助，而好学生则备受关注，有更多的机会做事情，受表扬。难怪美国心理学家托马斯·哈里森说:“学校是个使富有者更富，穷者更穷的地方。”在学校教育中，“马太效应”的作用是消极的。例如，一个品学兼优的好学生，学校领导称赞他，班主任更是经常表扬他，回到家中也备受宠爱，如此优越的成长环境，带给他的也不都是欢乐。学生们给他的是这样的“优待”，风言风语声声:“老师就想着他一个，什么好处都是他的。”“老师就夸他能力强，经常出风头，能力能不强吗？我想积极，还轮不上机会。”“他有缺点，但老师还要护着他。”“什么三好学生，优秀团员和干部，都是他得的，老师就是戴着有色眼镜看人。”等。这类事情在学校并不鲜见，如果不注意这种“马太效应”，那就必然造成只重视和培养少数拔尖学生，忽视和放弃大多数学生，形成少数和多数的隔膜、分化、对立。所以有经验的老师往往这样说：要偏爱差生，发掘他们身上的闪光点。“马太效应”是有其心理危害的，它会在教育中形成自傲和自卑的对立。对好学生过分偏爱的教师，其所带的班往往会发生这样的问题：一部分人自负自傲，孤芳自赏，而另一部分人缺乏自尊，或自尊心受损，自暴自弃，上进心减弱。教育中的“马太效应”使得少数学生成为精神“贵族”,多数学生成了受冷落的“被弃者”，我们应该防止这一教育的副作用，用反“马太效应”的方法为每个学生的健康成长创造一个良好的心理环境。

反“马太效应”要求教师要对学生一视同仁，不可对好的学生过于“偏心眼”，相反，要更多地照顾后进学生，给他们以帮助和温暖。在教育管理上要追求大面积丰收，使每个学生都能得到老师的关怀，要知道，尖子学生的成长，是以学生的总体水平为基础的。

反“马太效应”的运用有许多具体的方法。比如，对师生间感情冷漠甚至敌对的学生，可以用委托责任的办法进行感化。马卡连柯就曾经成功地运用过这种方法，他面对心存敌意而不信任教师的学生谢苗，两次让他只身一人带着武器去取教育院所需的 2 500 卢布。这委托包含着百分之百的信任，使谢苗大受感动，第一次感受到了自己的尊严和价值。他改变了对教师的态度，也从此改掉了自己的恶习。从这个教育范例中我们可以看出，教师如果恰当地交给学生一些事情干，使其感受到教师的信任、关心、体会到成功的快乐，是会产生良好的教育效果的。再比如，利用师生交往中的多重中间传导关系，进行巧妙安排，有意让有问题的学生听到教师的间接评价，也可以改变学生对教师的态度。师生间的交往关系是具有多重性的，有直接的传导关系，也有间接的传导关系，后者往往又有再传导的可能。这种间接传导——多是学生间的传话，它有积极和消极两个方面。积极的方面是学生间的话更易让人相信，朋友间的转告更能温暖人心，教师如果正确地运用这种传导关系，把对某个学生的肯定性评价通过中间传导间接传到被评价者耳中，是有利于缓和师生间已造成的紧张和敌视心理的。当然，中间传导也有消极的一面，如易发生添枝加叶，传话走样的问题，对此教师要予以注意，尽力避免。

总之，教师要尊重每个学生，照顾每个学生在不同情况下的自尊心，给每个学生以师爱，要树立“手心手背都是肉“的教育观念，摆脱“马太效应”的误区，以反“马太效应”的正确教育观，解决学生的交往冷漠的心理。

第五节　心理控制法

古代有这样一个故事，春秋战国时，魏王要考一考孙膑与庞涓哪个更聪明，他出了一个难题，要求两人用一种办法，使自己走下王位。庞涓抢先答道：“在王位下燃一把火，王即下位。”魏王摇头说：“这个办法不好。”孙膑想了一想，表现出为难的样子，对魏王说：“我没有办法让王走下王位，但我却有办法让您从王位下面重新坐上去。”魏王走下王位，对孙膑说：“你怎么让我坐上去呢？”孙膑此时笑着一揖说：“王已下座。”用心理学的方法分析这个故事，可以看出，孙膑是用了心理控制的方法，出奇制胜，请魏王走下了王位。

运用巧妙的语言力量，达到对人心理进行控制的目的，这是心理控制方法所具有的特点。所谓心理控制方法是指教育者在掌握了人的心理活动规律的基础上，对心理活动的强度、性质以及表现形态进行管理和约束。心理控制的实现是一个由他控制向自控制转化发展的过程。在学校教育工作中，教师要不断地施控于学生，学生是受控者。教师要善于利用语言和行为的力量，对学生的心理实施控制，常用的控制方式有以下四种：

（1）指令性控制，这是一种最简单也是最常用的方式，这种方式要求教师要根据学生的心理特点，提出适当的要求。要使这种方式有效，教师要注意的是，指令的合理性和适时性，教师还要与学生一起遵守指令，并且要使学生明白自己所处的受教育者的地位，顺利地接受指令。

（2）诱导性控制，这是一种基本的心理控制方式，常见的有：说理诱导、情感诱导、利益诱导、前景诱导等，诱导之所以能对学生的行为产生控制力量，是因为人的内心需求有多种希望得到满足的欲望，教师要在咨询工作中促使这种欲望的合理满足。

（3）“威胁”控制，这是一种使学生意识到如果从事某种活动或满足某种要求，那将会对自己不利或受到某种损害的控制方式。学生受生活阅历和认识水平的限制，往往只重眼前利益，行为的直接性强，缺乏深层次的认识。教师要引导学生认识到这种局限性，用对后果的利害分析使学生认识到，这种“威胁”可能是现在的，也可能是将来的，学生的行为应该既看现在，也看将来，要对自己的思想和行为进行必要的控制，要防止发生不良的后果。

（4）监督控制，基本方式是通过阶段性的语言评价使学生得到反馈信息，让学生自己验证自我控制的程度和效果，调整控制方式，保证有效控制。

上述心理控制方式的使用，关键在于一个“巧”字，要用得巧，用得恰到好处。而要做到这一点，掌握学生心理活动的特点与规律是非常重要的。比如，心理学家提出了这样一个心理活动规律：人们最喜欢那些对自己表示喜欢、奖赏、赞扬的人（或行为、举措等），最不喜欢那些显然是与此相反的态度和行为、举措的人。这种心理活动特点被称之为“阿伦森效应”。运用人的这种心理活动的特点，设计巧妙的心理控制方法，启发我们，在“正面难攻”的情况下，不妨借用此方法来实现心理控制。

咨询手记：精彩的制止。

心理教师刘老师接受邻居们交给他的一个“任务”，制止孩子们的“扰民问题”。原来，在刘老师家的楼下，停着一辆破旧的卡车，院内的孩子们每当午休时，便攀上车厢蹦跳，嘭嘭之声震耳欲聋，众人愈管，众童蹦之愈响，管者最终无奈。刘老师接受任务后，想了一个新的制止的办法。这日，刘老师下楼对孩子们说：“今日你们比赛，蹦得最响的奖玩具手枪一支。”众童欢呼雀跃，争相蹦跳，优者果然获奖。第二天，刘老师又来到孩子们面前说：“今日继续比赛，奖品为巧克力两块。”众童见奖品下跌，纷纷不悦，无人卖力蹦跳，声音自然疏而弱。第三天，刘老师对孩子们说：“今日奖品为花生米一粒。”众童纷纷跳下汽车，嚷道：“不跳了，不跳了，玩别的去了！”。刘老师所采用的是“奖励递减法”，这就是多么精彩的心理控制的效应啊。

心理控制实际上也是一种互动行为，教师要用自己的语言控制学生的行为，其难度是不小的。这就要求教师要学习攻心动心之术。

《三国演义》中这方面的成功事例是很多的，仅以诸葛亮的“控制”为例，他择主而仕，在刘备三顾茅庐后方才“出山”；在外交活动中，他舌战群儒，以善辩而取胜；在军事行动中，他创造了南征蛮夷，攻心为上的奇迹；此外，他知己知彼，心战为上，兵不厌诈，草船借箭，欲擒先纵，激将用兵，无不有心理控制的作用。对学生的心理施加影响，教师也要善于用“计”，当然，这个计是教育之计，是控制心灵之计。比如，一个老师对后进学生施以心理控制，就要用热情之手为他们走上新岸设立“登陆点”；用两分法来寻找他们身上的闪光点，用自己努力工作的汗水冲掉学生心灵上的“污秽点”；用知识的力量打开他们心头锈锁的“关节点”；用心理激励的方法鼓舞他们攀登人生的制高点。

第六节　面谈咨询法

面谈咨询方法是由学校心理辅导教师通过与学生面对面的交谈，对具有心理疑难需要帮助、存有心理困扰需要排解或患有轻微心理疾病需要治疗的学生进行直接咨询。面谈咨询的特点是通过咨询教师与学生的直接交往和相互作用，使来访者的疑难问题得到解决，心理困扰或轻微心理疾患得到排解或减轻。面谈咨询是一种个别的心理咨询方法，。是学校心理咨询常用的形式。心理教师用此种咨询方式，可与学生一对一的交谈。这种咨询方法既触及问题深刻，便于个案积累和因人制宜，也有一定的保密性。面谈咨询可以为那些在生活中遇到问题想找人谈谈的学生提供条件，使学生征求到心理教师的意见，使师生在共同分析问题的基础上产生共同的认识。勇于参加面谈心理咨询，是一种健康而积极的生活方式。教师应该教会学生，鼓励学生接受面谈。

对学生来说，面谈咨询是一种磋商行为，目的在于获取建议；对教育者来说，面谈咨询是一种辅导行为，目的在于帮助学生实现心理控制。在面谈心理咨询过程中，教师要发挥主导作用。教师的主导作用表现为咨询的“四化”：① 在谈咨询关系的处理上要讲人情化，教师对学生的指导，要有“人情味”，人情化的本质是要尊重学生的人格，对学生当面谈出的问题，教师要耐心倾听，适当理解，并允许合理宣泄，对学生施以爱的关怀。② 要讲咨询内容的生活化，面谈咨询，不能过多进行理论表述，要注意使用生活化的语言。贴近学生的生活语言显得亲切，自然。与那干巴巴的心理专业术语不同，生活化的咨询是从拉家常、谈学生感兴趣的问题入手的。生活化是要追求寓教于乐的教育效果，使学生在轻松自然中受到启发。

③ 要讲咨询语言的真实化，面谈咨询的力量来自于当面讲真话，以真诚对待学生。在面谈咨询时，脱离实际的帮助学生是不会听的。面谈咨询的教师要对学生显示出一个真我，千万不要装一个“我”，演一个“我”。那样不但不会打动学生，还有可能导致咨询的彻底失败。这个真，是讲实实在在的道理，讲做人的实理。④ 要讲面谈咨询的科学化，面谈咨询也要讲科学，要掌握并运用心理咨询科学方法用之于面谈。比如，在心理同步法的运用方面，可采用“消极”的心理同步和积极的心理同步方法进行面谈。“消极”同步是在面谈时，先让自己跟着学生的感情走，对学生的心理问题表现出某种理解和同情，使他感受到温暖，这叫以退为进。在此基础上，采用积极的心理同步对学生展开“心理攻势”，在感情相融时，果断地对学生施以适当的否定，批评，甚至是斥责，对他进行强刺激，促他猛醒。当然，在面谈咨询时运用心理同步方法，要求师生之间要真正具备这样的感情基础：参加面谈的双方是相互信任的朋友，是益友。试想，建立了朋友的咨询关系，还在乎那严厉的批评与帮助吗？

第七节　电话咨询法

电话咨询作为心理咨询的方式之一，最早是在美国创立的。1906年，美国洛杉矶成立了自杀防治中心，开始用电话帮助处理心理危机，称为“生命线”。后来，这种机构设施在世界各地流行开来，还成立了国际自杀防治中心。现在，电话咨询已经不仅限于救助生命了，生活中的一般心理问题也同样可以向电话求助。电话咨询在学校里同样可以应用。也许有的同志认为校园开展电话咨询是多此一举，社会上有那么多的咨询电话，还用得到学校吗？况且，每天都能见面的学生会拨打校园热线吗？他们不担心自己的隐私被老师知道吗？其实，这种顾虑是没有必要的。从已经开展起心理健康教育学校的实践看，校园热线同样是受欢迎的。天津实验中学和北大附中就各有一位热心的教师，把自己家中的电话开设为心理热线，学生们纷纷拨打，天真幼稚的孩子们的心是透明的，感情是纯真的，需要是强烈的，他们把一颗坦诚的心交给热线，他们相信热线的咨询者是会为他们保密，给他们以热情帮助的。

运用电话进行心理咨询，其效果有时要好于面谈咨询。这是由于电话咨询这种形式安全感强，有单独的语言表达空间，也便于保密。这里介绍一些电话咨询的经验。

（1）运用电话咨询要建立良好的咨信关系，这种咨信关系从一接电话就开始了。如中小学生心理咨询热线的咨询员在接听电话时，常主动使用这样的问候语：“你好，这里是电话帮助，请问你有什么问题吗？”咨询员的声音热情而稳重，使来话者感到关心。这开始咨询的话语，既不冷漠，又不矫揉造作，会给来电话者留下良好的第一印象，为建立相互信任的咨询关系奠定基础。

（2）电话咨询要研究听的艺术。电话咨询在接听电话时，要精神集中，态度诚恳，感情真挚。电话咨询的听，本身就是最好的说服与帮助。因为许多情绪类求助电话在来电话者滔滔不绝地说完之后，自己就已经把问题解决完一大半了。有时，生活需要一定的宣泄，咨询教师要懂得这种宣泄，要允许合理的宣泄。在听的过程中，也要根据咨询需要不时地发问。要问得自然，没有压迫感，令人乐于回答。要理解对方，接纳对方，使对方心理上有充分的安全感，可以毫无保留地谈出自己的问题。如在中小学生热线电话有这样一个成功的事例，一位性格内向的女生，就是由于咨询员给她留下了良好的第一印象，才在第二次通话时，在咨询员的询问下袒露了自己打电话的真正目的。她的亲生母亲抛弃了父亲和孩子，父亲又找了一个很年轻的妻子，这位十七岁的女学生很难叫那位比自己大不了几岁的继母妈妈。继母和爸爸非常理解她，很关心她，她开始觉得对不住他们了，但又……她希望咨询员能帮助她。

（3）电话咨询要研究解答的艺术。解答中小学生的电话求助是件非常有意义的事情，也是一种教育艺术。从打电话的中小学生的心理活动特点来说，他们大多希望能听到不同于老师和家长的开导，不然，他们就可以不打电话。中小学生也不愿直接向心理医生寻求治疗。那样，他们会直接去医院的心理门诊。

中小学生特有的心理特点决定了他们乐于接受一种益友性的帮助。在中小学生心理咨询热线，曾发生过这样两件事情：一位中学教师初到心理辅导中心工作，在咨询时，常常带出当班主任时常用的训导语言，结果通话没几句，就被对方听出了身份，只听一声："您是老师吧？再见！"挂断了电话。一位心理医生来咨询中心，想发挥其专业优势，当一位高中男生向医生谈出了自己的问题后，这位心理医生说："好，我们来谈谈，你这是有病。"这位高中学生反感地说："你才有病呢？"他结束了同心理医生的咨询谈话。这两例不成功的咨询教训我们应该吸取。在校园开展电话咨询指导，应该确定好自己的角色，应该不是老师，不是医生，但又要起到教师和医生的作用，达到教育或治疗的目的。我认为，以在益友的基础上来做良师这样的角色意识进行校园电话咨询是比较适合的。

校园电话咨询一定要真诚地接纳来电话的中小学生，把他们看作朋友，从他们的角度看问题，帮助他们分析问题的实质、症结，并提出教师的建议。最好能使来电话的学生自己提出解决问题的办法，实质上如果是一些他们不能或不易处理的事情，教师应慎重考虑，提出合理的意见、建议。最好不要一开始就告诉来电话的学生应该怎么办，怎么做，这样难以提高中小学生自我分析解决问题的能力，容易形成"咨询依赖"，这是咨询不成功的表现。因为咨询的目的是为了今后不再咨询，而不是一遇到问题就打电话。当然，由于咨询对象是中小学生，因此咨询时应根据学生的年龄特点加以指导，年龄小的要多指导，年龄大的可以提出参考意见，让学生选择。

由于校园电话咨询与咨询对象不见面，因此，不能从对方的非言语途径获得信息，难于根据其表情、动作准确迅速地抓住来电话学生的思想、情绪的变化。这就对咨询教师的要求比较高了。咨询教师不仅要从对方的谈话中理解其思想，还要从语调、声音、语速、感叹词等方面（称为副言语）获得信息，要抓住声音的感情色彩和思想变化，见机改变谈话方式和策略。咨询教师还要善于控制自己的副言语，语言要生动，有感染力。

第八节　心理训练法

心理训练的方法是指通过有目的的心理练习，对被训练者进行有意识的影响，使其心理状态发生变化，以达到适宜的心理程度，满足提高心理水平，增强身心健康需要的教育手段。心理训练作为学校心理辅导的一种方法，与心理咨询不同的是，心理咨询要求学生自己上门求助,是“等候”式的被动教育,而心理训练是主动“出击”性的教育。心理训练只是等待问题发生后去补救，从而主动地预防心理问题的发生，其宗旨是提高中小学生的心理品质，预防心理偏差的产生，使学生以良好的心理素质，经受住困难和挫折的考验。搞好心理健康教育训练不仅可以预防学生心理疾病的产生，同时还可以激发学生的各种心理潜能，提高学生的心理素质。

心理训练最早是在体育运动中出现的，其目的是为了提高运动员的比赛成绩。现在，心理训练已经扩大到生活、学习和工作中。通过训练，使人们能以良好的心态生活；通过训练，使工作者的效率提高；通过训练，使学生的身心健康发展。在学校心理健康教育工作中引入心理训练，是现代教育改革的必然趋势，也是现代人的一种积极的生活方式。现在，一些国家正在兴起注重心理和情绪的心理健康运动，以此来消除都市生活带来的心理压抑，实现身心健康与和谐。

学校开展心理训练应与心理健康教育紧密结合,其主要内容为:学习教育与训练、情绪和情感心理健康教育与训练、社会交往心理健康教育与训练、择业和社会适应心理健康教育与训练。这四部分内容要由浅入深，由低到高，反复进行，循序渐进，并要在训练形式的创造上多下工夫，以保证训练的效果。比如，心理学工作者设计了一个抵御诱惑的训练方法：让孩子们进入一个房间坐好，每人面前放一块孩子们爱吃的糖。然后告诉他们，不要急于吃这块糖，谁坚持得越久，谁就可能再获得一块糖。结果有的孩子就能抵御诱惑，能够让自己“延迟满足”；而有的孩子就迫不及待，一点也没有忍耐性。经过反复训练，多数孩子的忍耐性都有提高。在训练的基础上，对这些孩子进行跟踪调查，发现通过坚韧、顽强训练而获得第二颗糖的孩子，通常更能适应环境，更具有冒险性、自信心和独立性，而那些满足于一得之功的孩子则显得孤独、冷僻、易受挫折，在压力下容易退缩，面对挑战总是逃避。表现在学习竞争方面，前者大大优于后者。这个事例说明，设计符合学生心理特点与承受能力的训练方式，是实现训练目标，保证训练效果的必要条件。

常用的训练方式有：

（1）教练式。根据选手心理承受的特点，制定出适合学生年龄特点的教育训练要求，使选手通过努力，养成良好的心理品质，纠正不良的心理行为。

（2）母爱式。在教育与训练中，给学生以充分的安抚、 鼓励和支持，从而去激励选手心理内趋力，帮助学生自我投入。

（3）互助式。在教育训练中，同学之间的相互安慰和启迪，提醒和督促，更易促进选手之间心理的互换和交融，通过相互帮助，在完善自己最佳心理的同时，去纠正别人不正确的训练方法，同时也会创设出一个良好的心理氛围。

（4）自助式。心理健康教育与训练的最终目标是自我完善，因此在教育训练中，学生的主动投入是教育和训练的关键。训练教师要通过自信心、独立能力的训练，使学生能自己应付生活、学习中遇到的困难和烦恼。

心理训练在组织形式上可根据教育的需要，多样化地安排。如可以将完整的训练内容分解成许多部分，每次分别进行其中一部分，这称之为“部分训练”。也可以将学习任务作为一个整体重复训练，这称之为“整体训练”。此外，心理学家们还提倡在进行训练时，既要注意创造外显性的训练方式，即可直接观察到的反应或可留下记录的练习形式，如运动技能的训练，出声朗读训练，反复抄写训练等。也要研究内隐性的训练方法，即不能直接观察到反应，是在头脑内进行的练习形式，是与外显性的训练相对，如默读，听，在头脑内反复思考某一身体运动进行的过程，思考某一行为可能产生的后果等。从一些心理咨询服务组织和心理门诊的训练实践证明，心理训练对提高学生的心理素质有很好的促进作用，心理训练可以提高学生的心理品质，预防心理偏差的产生；可以提高学生经受住困难和挫折的考验。可以使学生主动地掌握应用心理自我调节的方法，及时解决自己近来的困惑，开发学生的各种潜能，增强学生的社会适应性，提高学生的自律能力，让学生自己教育自己，启发学生的自我意识。心理训练对增强心理健康教育的效果有着重要的作用，我们应该在心理健康教育过程中经常对中学生进行必要的心理训练。

第五章　学校心理辅导的技术与艺术

【导读】

您知道学校心理辅导是怎么做的吗？

怎么才能把它做好？

怎么才能让您在做中乐？

学校心理辅导的成功关键，不是在于一个辅导老师技术多么高超，而是在于他所给予来访者的“真实感”及“安全感”。技术是可以“做”出来，可以是虚假的，也许它可以一时让人产生信任，但久了，这种信任终究会崩溃。那样来谈者不仅不信任辅导老师，反而会产生反感与怀疑。透过对辅导老师的信任，来谈者可以自由自在地毫无戒心地分享内心的一切痛苦，分享本身就是一个很好的治愈方法。一个良好的相互信任的辅导关系，原是不需要划分阶段或程序的，但是为了帮助初学的辅导员，我们将其分成四个阶段来说明。在细说这四个阶段之前，需要说明的是，这四个阶段不是硬性的“1、2、3、4”这样的排列，而可能是混同的，亦有可能循环或交替，这就要靠辅导员的经验、成长程度、观察力、自我意识及智慧了。

第一节　学校心理辅导中个别辅导的过程与阶段

第一阶段，建立良好的关系。

“信任”是第一阶段原基础，这个基础若不稳固，辅导关系就会发生困难。所以在这个阶段，我们用“同理心”(empathy)、专注

（attending)、聆听（active and deep listening ）让来访者体验到辅导者的真心与诚意，尤其是初层次同理心的表达。为什么说初层次的同理心比高层次的同理心好呢？因为来访者与辅导者刚刚认识不久，许多的问题与情绪尚处在“隐含”的状态，他要试试辅导者是否有能力有效地帮助他，他才能敞开心扉畅所欲言。所以这个阶段进行得较为缓慢，需要有耐性，不要太快地想帮助来访者谈到问题的根本所在，或是进一步的给建议解决它，如此很可能会让来访者紧张或焦虑。另外，尊重、真诚亦是很重要的因素，可以帮助辅导者与来访者建立良好的关系。因为一般人看来，来访者往往是在有“问题”、“困惑”、“失败感”、“挫折”等情况下，才会见辅导者，尤其在中国内地心理辅导尚未发展得很健全，许多人对心理辅导的看法还停留在其是为“病人”或“心理有障碍”而存在的专业的程度。因此来访者会有一些担心辅导者把他们看成是没有能力的、软弱的、愚笨的或是有病的人，所以一个令他“信赖”的环境是很重要的。而温暖的感受、接纳及没有判断的态度，会有助于建立这个信赖。需要说明的是，在此阶段，如果来访者的某些行为例如迟到数次，明显地让辅导者产生了不舒服的感觉，辅导者并不需要“容忍”，而要把不舒服的感觉表达出来，因为它是“真诚”的一个表示。但如何表达非常重要，它不是指责或判断，而是需用一个了解的态度及积极的语言来表达自己的感受。

第二阶段:

(1) 问题的探索。一旦良好的关系建立了，就可以开始进入到问题的探讨。例如探讨来访者对人、事、物的期待、期望，或是探索一个问题的发生、过程、及其根源。同理心的表达仍是此阶段的重要方法及技术，队了初层次之外，也要开始运用高层次的同理心的表达，以帮助来访者看到自己行为的盲点、矛盾点或是理清一堆纠缠不清的事件，或是隐藏在内心深处的压抑及痛苦。在进行问题探讨的时候，要记得越具体越好。其实在生活中，我们常常看不到问题的所在。人多半有逃避责任的倾向，因此用具体的方法来使来访者踏踏实实地“看到”问题的所在，这是很重要的。另外澄清也是主要的技术之一，人与人之间有许多的问题都是不沟通或不良交流而造成的，所以澄清也能帮助问题透明化。在探讨过程中要使来访者讲“事实”而非观念或感受。例如“我真的很不喜欢行政工作”，以便问题具体化。

（2）探讨目标及期待。来访者来找辅导者一定有目的及期待，或是想使其所面对的困境、问题、挫折有所解决，或是在生活中没有人聆听，内心感到痛苦需要倾诉，或是被虐待想求得保护，或是知识缺乏想要得到知识上的补充……了解来访者的期待是极为重要的，否则就会漫无方向。一旦辅导过程没有一个方向，则来访者、辅导者很容易无聊而不想继续下去。若是来访者的目标及期待超过辅导者的能力范围，例如，一个来访者，是一个爸爸，他需要辅导者来改变他的孩子。此辅导者如果认识到自己一方面必须要见到这个孩子，而这又是不可能的（孩子不愿意来），另一方面有能力帮助此家长来探讨问题的所在,而其又不愿意合作(不认为自己有问题)，此时，则要很诚实地、很清楚地与其交流或是转介，或是结束彼此的辅导关系。若来谈者的目标及期待是受到保护（如受虐者），这也超过辅导者的服务范围，则其也有必要告知其何处可以受到保护。

第三阶段，更具体地触及问题的核心，去帮助来访者进入扩展其意识感（self-awareness）的状况。

仍以爸爸想要改变孩子为例。来访者的表面问题与核心问题可能是要改变孩子，但来访者并不了解自己的期待是不合理的，此时可以帮助他了解他之所以要改变孩子的体会、感受及行为，而这些往往是他未意识到的层次。来访者慢慢地意识到了他自己“真正”的问题所在后，辅导者就可以分离自己类似的经验（至今已解决或向积极的方面进行）来支持来访者，使他觉得有相似的情况而且已经得到处理或解决，他就不会觉得自己是在孤军奋斗，而会有希望。一旦希望燃起，则辅导的过程就已成功了一半。辅导者至此，就可与来访者共同探求来访者在与子女的关系上能做些什么来改变现状。

第四阶段，这时，由于问题已经澄清得较为清楚，可以拟订改善处理或解决问题的步骤。

这个方案的提出，原则上使来访者采取主动，而辅导者只是协助与支持者，毕竟来访者是处理问题的主体，而且他要学习“相信”自己有能力来处理这个问题。拟定了一个计划之后，来访者要定好具体的步骤，当这些具体的步骤逐一完成时，也就是辅导关系结束的时候。

四个阶段并非硬性地划分，可以交互使用：

（1）有时候，当来访者进到辅导室后，与辅导者尚未建立关系，而且有些不知所措的时候，辅导者除了用温暖的态度来帮助来访者放松之外，也可以探讨其来辅导的目的。有了清楚的目的之后，来访者也有了一个交谈的重点，则一开始的不自在就容易减轻了。

（2）来访者的问题，有时一个问题最为重要，就先针对优先的问题来进行探讨。等第一个问题处理完之后，其他的问题是在人生的道路上不断求突破，则这个辅导关系就超过了这四个阶段的范围，而进入了转化提升的超个人辅导领域。

（3）有时候来访者是个大大咧咧的人，一进门尚未进入“良好关系的建立”就一下子访到了他的问题，则此时就要记得在探索问题、期待的过程中，建立信任关系。千万别立刻跳入针对“问题”就处理了的情况，要知道来访者会借着问题提出来测试一下辅导者的“能力”，然后才决定会不会继续来见辅导者，所以要特别注意。

人生的情况变化无常，辅导关系也是如此。无论辅导过程如何的改变，切记要有弹性、自主性，同时记得“无条件”的爱与关心是辅导关系成功的基础。

第二节　学校心理辅导的技术

一、通情达理（核心技术）

1．含义（三层）

心理辅导者根据来访者述说时的表情、举止，设身处地地体验其内心情感等；

心理辅导者借助于自身知识经验，技巧，分析来访者的经历，体验和人格之间的联系，从而理解来访者问题的实质；

心理辅导者借助自己的经验、技巧，把自己对来访者内心的体验的理解准确地传达给对方，并影响来访者进一步思考自己的感受。

2．通情达理的作用（在辅导过程中的作用）

（1）由于通情达理，设身处地地理解来访者，所以能更加准确地掌握来访者的有关情况，尤其是其掩盖的情况。

（2）由于通情达理，能更准确地理解来访者，感受、体谅来访者的内心体验，并反馈给来访者，使其感到自己被理解、被接纳，从而产生愉快感、满足感，对辅导关系产生积极的影响。

（3）由于通情达理，促使来访者自我表达，自我探索，从而更多地了解自己，促进辅导双方更好地交流。

（4）有些来访者迫切需要倾诉、理解和情感的关怀，通情达理对他们有明显的帮助，能产生治疗效果。

3．通情达理的层次

（1）没有理解，没有指导。心理辅导者对来访者的反应仅仅是一个问题、一个否定、一个安慰或一个建议。

（2）没有理解，有些指导。心理辅导者对来访者的反应仅仅是注意信息的内容，忽略了来访者的情感。

（3）理解存在，没有指导。心理辅导者对来访者的问题的内容、意义、情感都做出反应。

（4）既有理解又有指导。心理辅导者对来访者做出了情感反应，并指出了对方存在的不足。

（5）理解、指导、行动措施都有。心理辅导者对上一层次的内容都作出了反应，并提供了行动的措施。

4．通情达理的注意事项（提高的方法）

（1）心理辅导者应走出自己的参考框架，走进来访者的参考框架，不以自我为中心，进入来访者的世界，进入来访者的位置和处境，去尝试感受来访者的喜怒哀乐，越深入越能达到通情达理的高层次：我的认识是不是太主观，我的情感是否太激动，我的态度是否表示完全地接纳了来访者……找准来访者的参考框架是什么。

(2) 心理辅导者不能肯定自己是否达到通情达理时，可使用试探语气。

(3) 表达通情达理时应因人、因时、因事、因地灵活运用，否则会适得其反，尤其不能忽略来访者的文化背景、成长的地区、接触的人物。

(4) 使用言语方式表达，还有非言语行为的使用，比如目光、表情、身体姿势等。

(5) 心理辅导者把通情达理的角色状态，用他的语言进得去，出得来，出入自由，恰到好处。能设身处地地体验来访者的内心世界(进得去),心理辅导者在使用通情达理时没有忘记自己的身份(出得来)，没有丧失中立客观的立场，做到客观性与主观性的统一。

(6) 符合文化传统和具体的特点。同性别之间或年龄差异较大的可以有亲近的动作。

5．运用通情达理时必须掌握的要素

(1) 把心理辅导者的理解转化成对来访者的应答，通过应答达到双方的共同理解。

例如某来访者坐下后断断续续地说："刚刚得知考试没通过，女友也分手，而且失去了勤工俭学的工作……"

心理辅导者："一下子出了那么多不幸的事……"(了解大学生的经历、情况、抑郁)。

来访者："我甚至都不知道自己是谁了，最坏的情况就是发疯了，我以为这就是我自己。"

(2) 心理辅导者必须抓住来访者的核心信息。

在辅导过程中,心理辅导者要不断地提醒自己:核心信息是什么?是情感发出的信息还是情感背后隐藏的经验流露的信息,或者从行为方面发出的信息,一旦心理辅导者自己感觉到已确定了核心信息，就可以向来访者检查一下这种感觉的准确性，常用的公式是："你感到……是因为……"心理辅导者可利用这一部分来区分来访者不同的情感，如你感到轻松了或你受到伤害了、你感到压力很大。

强度：可利用这一点区分来访者情感的不同程度，如"你感到气愤或你感到愤怒、你感到肺都气炸了（不同程度），是因为……"

表示隐藏在来访者后面的经验和行为，如"你感到气愤，是因为他偷看了你的日记;你感到悲伤,是因为搬家离开了所有的朋友。"

（3）通情达理应保持准确性。

如果准确，来访者会有言语的或非言语的表示，或接着心理辅导者的回答引出更多的问题，将辅导深入下去；如果不准确，来访者常用不同的方式来否定你的回答。如停止述说、沉默，或语言不连贯、情绪改变，或转移话题，或来访者直言相告"你没有完全理解我的心思"，或来访者反而向心理辅导者使用通情达理手段，把心理辅导者拉进他的轨道。

6．影响通情达理的障碍

（1）直接的指导和引导。

过于直截了当让当事人没有思考和回旋的余地，给人直来直去的感觉，抓不住情感和认识具体内容。如"你要镇静，你的工作应该是……"，"就按这几条干，很快就会解决问题"。

（2）简单的判断和评价（简单的肯定或否定），说一些大而不当的话，如"我们认为……是正确的"，"你那种认识是错误的"。

（3）空洞的说教和劝诫，做一些空泛的指导。

如"你必须放宽心"，"你不能任着性子干……"。

（4）习惯贴标签和诊断。

众口一词，千人一面，不作具体分析，一张标签到处用，给人一种陈词滥调的感觉，如"像你这种年龄的人，受点挫折是难免的，想开点……"。

（5）虚假和虚伪的保证。

轻易做出这种保证之后，常常会使人看到保证后面的轻率和空洞，使人摸不着边际。如“你肯定正为××事心里不踏实，那有什么关系，只要沿着正确的方向前进，一定能够顺利到达胜利的彼岸。”

（6）排斥消极的思想感情（不允许）。

例如，12 岁的小学生来访，他说：“我进这班的第一天张老师就盯着我，我乱逛的时间不比其他同学多，但每次都被他抓住，他之所以盯着我是因为他不喜欢我，要不然王××比我表现差多了，张老师为什么不去管他呢?”

心理辅导者：“你不明白张老师单抓你，那是因为你该抓，你自己应该知道。”

或：“你大概气坏了，因为老师盯着你不放，这看起来有些不公平。”

二、反应技术

在心理辅导过程中，辅导者除了注意来访时要投入、要合理地运用提问技巧外，还需要通过对来访者谈话、情感的及时反应，来促进来访者的自我表达、自我探索，进而找到来访者问题的症结所在。反应的技巧包括：

1. 鼓 励

辅导者在倾听时，不仅要能听出来访者的言外之意、弦外之音以及来访者的所思所想所感，而且要让来访者觉感觉你在认真地听他讲话。要通过各种形体语言，如不时地点头、微笑或简短的词语如“嗯……嗯”、“对对，是这样”或“我想象得到”等回应来增进同感，表示接纳，以鼓励来访者讲下去。

2. 释 义

释义是指辅导者对来访者所讲的一些有关其问题的重要内容，如问题产生的经过、与问题有关的人和事等言语内容进行加工整理，再用辅导者自己的语言将来访者的主要想法反馈给对方。

在与来访者的交流中，运用释义的目的在于：① 通过释义反应让来访者确认你对他的信息的理解和接受。② 表明辅导者对来访者所讲内容的重视，也有助于引导谈话内容的深入进行。③ 帮助来访者集中注意于那些具有重要性的特殊情境、事件、思想和行为，而不是喋喋不休地重复同一个内容。④ 鼓励来访者做出决定。正如有的心理学家观察到的那样："释义对于需要作决定的来访者经常是很有帮助的，因为重复关键词语和思想会使问题的实质显现出来。"

那么，怎样运用释义这一技巧呢？请看下面的例句：

来访者："对我来说，这段时间实在是艰难，要写作，要操持家务，还要花时间辅导儿子的功课。我不断安慰自己，这种紧张的生活总有一天会过去的。"

释义自问 1:

来访者告诉了我些什么？

同时做许多事对他来说很累。

释义自问 2:

信息的内容是什么？来访者讨论的是什么人、物、思想或情境？

需要同时写作、做家务和辅导儿子功课。

释义自问 3:

准备使用什么合适的语句回答来访者？

（我准备用句子"听上去"或"有"来回应。）

释义自问 4:

怎样将来访者讲的主要内容用自己的语言来表述？

听上去你现在有许多事情需要花时间来做，你觉得很累，是吗？

释义自问 5:

如何知道我的释义是有用的？

注意倾听来访者是否肯定它的准确性。

由上可知，释义反应（即辅导者的内心对话过程）包括以下五个步骤：

第一步：辅导者在心中重复或回忆来访者的信息——他告诉了我些什么？

第二步：辅导者辨别信息中的内容部分——在他的信息中存在什么样的情境、人物、物体或思想？

第三步：选择适当的语句进行释义——应使用什么合适的语句？

第四步：运用所选择的语句将来访者信息的主要内容或思想用辅导者自己的语言表达出来。——怎样将来访者的主要内容用自己的语言表述？

第五步：通过倾听和观察来访者的反应来评价自己释义的效果——如何知道我的释义是有用的？

3．情感反应

来访者在辅导会谈中的言语表达，都带有浓郁的情感色彩。辅导者除了要对来访者言语的内容做出反应外，还应对来访者的情感给予反应。这样既可以帮助来访者了解、区分、控制自己的情绪，也有助于辅导者的情感投入，达到同理。例如，对具有愤怒和敌意的来访者，辅导者可以这样反应：

"看起来，你好像气得不得了。"

"听起来，你好像恨死他了。"

"好像你对这件事的整个安排都很厌恶。"

这样的情感反应，像一面"情感镜子"，令来访者能透过这种清晰的反应来了解自己的敌意情绪，从而给他提供了一个自觉、自发、自动去修改的机会。

情感反应的技巧包括以下五步：

注意倾听来访者言语表达中使用的情感词汇。

注意观察来访者言语表达时所伴随的非言语行为，如身体姿势、面部表情等。

寻找一个合适的语句进行情感反应。最好是与来访者所使用的感觉词相匹配。如匹配视觉词汇的例子：

"我的眼睛告诉我你正在生气。"

"你看上去正在生气。"

与听觉匹配的例子：

“我的耳朵告诉我你正在生气”

“听起来你似乎正在生气。”

辅导者用自己的语言把从来访者那里获得的言语和非言语线索中的情感再反应给来访者。

在语句中加入情感发生时的情境。

评估自己的反应是否有效。

下面我们用一个例子帮助大家进一步理解如何运用情感反应：

来访者：“看，学校有许多让人讨厌的校规，真让人受不了，我不喜欢学校。”（粗哑而高声地说）

辅导者（内心对话过程）：

第一步：来访者用了什么样的情感词汇？

不明显，但是像“讨厌”、“受不了”、“不喜欢”等词语可以暗示出强烈的情绪。

第二步：来访者的声调和非语言行为暗示了什么样的感受？

生气，受挫折。

第三步：选择怎么样的情感词汇能够准确描述来访者的情绪程度？

愤怒、受到限制、不喜欢。

第四步：与来访者使用的情感词汇相匹配的恰当的语句是什么？

用“好像是”、“显示出”、“看起来像”等匹配来访者所用的“我能看出”等词。

第五步：来访者情感发生的情境是什么？

校规。

第六步：我怎样知道我做出的情感反应是否准确、有帮助？

注意观察和倾听来访者的反应——他是肯定还是否定自己有讨厌学校的情感。

辅导者的实际情感反应：“看起来你很讨厌那些限制你的学校规则”，或者“对于学校的规定，你好像很不满”。

4．归纳总结

通常，经过一段时间的会谈，辅导者需要把来访者所说所讲的事实、信息、情感、行为反应等给予分析综合并以概括的形式表述出来。归纳总结可以说是会谈中辅导者倾听活动的结晶，他把来访者的有关资料清理成串，分门别类，并将其主要问题反应给来访者。如“在你刚才讲述的三种情境中，我看到一个你非常关心的事，就是你十分在乎别人的评价。对吗？”

归纳总结是辅导者每次会谈必用的技巧之一，可以在结束会谈时进行，也可以在会谈中随时应用，只要判定对对方所说的某件事情的有关内容已基本掌握即可。比如：“从前面所说的情况来看，你的自卑主要与你对自我的形象不满有关。你觉得自己太胖了，是吗？”

那么，怎样做好归纳总结呢？

回忆来访者表述的信息，并在心中复述这些信息：来访者讲述了什么？关注些什么？考虑些什么？

通过向自己提问，如“来访者多次重复些什么？”“来访者反复提到些什么？”来识别出信息中所存在的明显思维模式、主要问题。

选择合适的开始语句进行总结，在语句中用人称代词“你”，或直接使用来访者的名字，并使用与来访者的感觉词相匹配的语句。

下一步，使用所选择的语句和词汇描述信息中的主题，把多种因素联系起来，并用自己的语言将总结复述给来访者。记住要使你的语调听起来像陈述而不是疑问。

通过倾听和观察来访者是肯定还是否定总结出的内容，以及总结是加强还是削弱了辅导者所关注的方向等，来评估总结的效果。

例如，来访者是一个10岁的女孩。

辅导开始时：“我不明白为什么我的父母不再住在一起。我不责怪任何人，但它让我感到困惑。”（低而弱的声音，眼含泪花）

辅导进行中：“我希望他们能在一起。我似乎感到，他们不在一起和争吵太多都是因为我。可能我是他们不能住在一起的原因。”

心理辅导者（内部对话过程）：

自问1：就今天主要的内容和感受，来访者谈了什么？

主要内容：希望父母住在一起。

主要感受：伤心、难过、责任感。

自问2：来访者多次重复的是什么？

她是父母关系破裂的主要责任承担者。

自问3：与来访者情感搭配的句子是什么？

试图用“我感到”或“你感到”与她的“不明白”和“感到”搭配。

内心过程完成，辅导者为来访者进行如下的总结：

今天开始辅导的时候，你觉得没有人对你父母的分开负有责任。现在我感到你觉得你自己有责任。开始时，你不觉得应责备谁，现在我觉得你感到自己应对父母的分开负责。

从上述和谐沟通的技巧来看，辅导中辅导者和来访者的沟通，对辅导者来说并非仅仅是一个被动的记录事实与听取对方说话的过程，而是一个主动引导、积极思考、情感投入的过程，它是辅导过程中重要的一环。

三、表达技术

1. 内容表达

内容表达是指心理辅导者表达自己的意见，直接影响来访者，常常运用于心理辅导者传递信息、提出建议、给予忠告，做出保证，进行褒贬和反馈。它主要用于心理辅导者用来传递信息，如“我希望你认真思考一下刚才我的解释，若你能照做，我想会有效果。”心理辅导者借助于内容表达给来访者提供有指导意义的思维和行动。

内容表达和内容反应有何不同？

内容表达是心理辅导者表达自己的意见。

内容反应是心理辅导者反应来访者的意见（叙述观点思想等）

虽然内容反应也包含了心理辅导者的影响，但比起内容表达来说就显得更隐蔽、更间接、更薄弱。（作用程度不同）

反馈是一种内容表达，反映出心理辅导者对来访者的看法，尤其是作为内容表达的反馈，可帮助来访者开阔眼界，看看别人是怎样看待如何处理他的问题的，通过这种客观的认知和行为模式，给来访者提供一种积极的影响。例如，来访者“我恨自己，很快要高考，我把所有的时间排满，可成绩却下降。”

心理辅导者：“你平常每天学几个小时？”

来访者：“大概十个小时。”

心理辅导者：“平常开夜车吗？（否）你还是用平常的学习时间试试看。”

来访者：“别人都在拼命啊！”

心理辅导者：“如果可能的话你打听一下考得好的人怎样安排学习时间。”

两个反应内容：① 自己按平常适合你自己的方法学；② 看看成功人的经验。忠告和建议的注意事项：

(1) 心理辅导员千万不要以为自己的忠告是最好的、唯一正确的，必须实行的，应平等地对待。

(2) 不要提供过多的忠告。只有在来访者询问意见时，心理辅导员才可以提出建议、忠告、意见等（内容表达），若没有要求，给予忠告会不予理睬，变得毫无意义。

(3) 不管提什么都应委婉、温和、不可生硬，尊重来访者。

2. 情感表达

情感表达是心理辅导者把自己的情绪情感活动状况告诉来访者，让其明白。例如，心理辅导者：“听了你的话我很难过”或“我很高兴你有这样的进步”。(可以针对来访者/自己/来访者的问题事件等)

情感表达和情感反应的不同。

“情感表达”是心理辅导者表达自己的喜怒等情感，可针对来访者叙述的内容表达出来，也可以针对心理辅导者自己或事件表达，“情感反应”是心理辅导者反应来访者叙述中的情感内容。

情感表达的注意事项：

(1) 心理辅导者“情感表达”的形式应有利于来访者的叙述，

而不是宣泄自己的情感。

（2）心理辅导者“情感表达”的目的是为了辅导服务，而不是为了表达而表达。

（3）应有助于辅导活动的进行，而不是为了满足自己的需要。

四、重复技术

重复技术是指心理辅导者直接简明地重复来访者的话（某些词或最后一句话），来强化叙述的内容，并鼓励来访者继续讲下去，如“好”，“嗯”，“还有吗”，“讲下去”，“以后呢”。

事例分析：（不同的重复内容，会将问题向不同方向引导，影响辅导方向）

来访者：我和女友相爱半年，父母不同意，很烦恼、失眠，不知该怎么办？

心理辅导者：

（1）相爱半年了？——恋爱。

（2）母亲喜欢你女友？——女友的优点。

（3）父母不赞成你大学谈恋爱？——父亲的为人和对其看法。

（4）烦？失眠？——你的感受、痛苦。

（5）说该怎么办？——困扰。

重复技术的作用

（1）心理辅导者进一步了解来访者，也促使来访者进一步了解自己。

（2）鼓励来访者讲下去，促进会谈深入问题发展。

（3）心理辅导者选择来访者叙述不同的主题进行专注，促进其进一步展开、深入。

使用重复技术时，① 根据来访者的前思后想，前言后语，选择恰当的主题加以鼓励（重复）；② 据心理辅导者的经验掌握双方的需要，选择来访者某个侧面，引导来访者深入的谈下去（如上例）；③ 来访者漫长的叙述中最后一个问题往往是比较重要的，应选择这一点加以鼓励。

重复技术的注意事项：

(1) 心理辅导者重复的部分必须是关键的、值得探讨的部分，关键问题解决好了，其他问题也就迎刃而解。

(2) 重复来访者说的话而不是心理辅导者的语言。例如，来访者："我读高中时，同学传纸条我觉得好笑，我讨厌男女问题，我想可能不会有人再爱我了！"

心理辅导者："不会有人再爱你了？"

来访者："是的，现在不会，将来也不会！"

心理辅导者："为什么这么肯定呢，这么绝对呢？"

(3) 用来访者此时此地的感受和想法而不是过去的经验将问题进行下去。(抓住现在) 例如，来访者："我们说很多话后开始争论，越来越激烈！"

心理辅导者："争论得越来越激烈？"

来访者："他开始摔东西，气怒地离开家！"

心理辅导者："嗯，他离开家就走了？"

来访者："我陷入了恐怖之中，以为他再不会回来了"。

心理辅导者："嗯，那家中只有你一个人了！"

来访者："可谢天谢地他一个小时后又回来了！"

心理辅导者："噢！他又回来了！"(紧紧抓住"现在的")

(4) 重复的是来访者本人的感受和想法。

(5) 一般情况最后提出的问题是最重要的，可重复使用问题。

五、结构化技术

结构化技术是心理辅导者对来访者说明和界定从辅导开始到辅导结束之间所涉及的要素，包括理论框架、辅导关系、辅导环境和相关程序。

(1) 辅导过程的要素。

理论框架：解释行为，引导来访者产生正面行为。

辅导关系：扮演角色及角色期待。

辅导环境：帮助来访者处理问题（心理环境为主）。

相关程序：辅导依据。

来访者：是谁，发生何事，发生前后，何地，何人在场，有何反应，发生问题的原因。

心理辅导者：性格，家庭，心理辅导者的理论系统，价值观（重要），文化背景。

（2）理念框架与辅导关系。

① 不同辅导理论对辅导关系中的辅导双方要求不同，以人本主义为指导的来访者中心疗法，特别重视来访者，强调无条件积极关注，心理辅导者应投入理解来访者的内心世界，给其提供热情、温暖的环境，使来访者在此环境中尽情地自我实现。这种理论的重点放在来访者的情感反应，以情感为价值。

② 理性情绪疗法：具有挑战和危险性，辅导重点放在来访者的认知反应，强调双方互动，辅导关系常常面临挑战。如："我的学习成绩应该是最好的"把这句话改为："我希望我的学习成绩是最好的……"

③ 行为疗法：直接处理行为问题，不太强调辅导关系，这种疗法要求心理辅导者应该成为来访者的"教练"。

（3）辅导环境要求。

安全、舒适、放松；颜色淡黄/淡蓝、安静、空气流通、光线充足、摆设简洁明快。

（4）相关程序。

时间、费用、保密等运用恰当。

（5）结构化运用的作用。

可减少来访者的疑惑和不切实际的期望。

① 讲清楚心理辅导可起的作用：矫正情感体验

② 不切实际的希望：解决所有问题，心理辅导万能；来访者被动地接受；以为问题很快就会解决，急躁情绪；辅导过程只带耳朵不去做。

③ 心理辅导者应帮助他们自主，了解自己的责任。心理辅导者应帮助来访者了解辅导过程，帮助来访者确定目标。

六、提　问

提问也是心理辅导中最基本的技巧之一。在谈话中，无论是要了解来访者的各种情况，还是要调控谈话的内容，都要使用提问的技巧。辅导者常采用的提问技巧有开放式提问和封闭式提问等。

1．开放式提问

开放式提问是指辅导者运用“什么”“如何”“为什么”“能不能”等语词开始的提问，目的是引导来访者更多地讲出与自己心理问题有关的情况、想法、情绪等。很多心理辅导者都认为提问是心理辅导会谈中最有用的会谈技术之一。

在开放式问题中，以不同语词开头的提问有着不同的作用，具体来说：

① 以“为什么”开头的提问，如“为什么你的想法会是这样？”“为什么你总觉得别人看不起你？”作用是希望从来访者那里得到更多较为具体的解释和回答，以便从中找出造成来访者心理困扰的原因。

② 以“能不能”开头的提问，如“能不能告诉我，什么事令你这样烦恼？”“能不能告诉我，你这样做的想法？”可以说是最为开放的问题了。这种问题有助于来访者作出自己独特的回答。

③ 以包括有“什么”在内的疑问句开头的提问，如“什么样的情景令你最紧张？”“当时你心中的想法是什么？”作用是帮助来访者找出某些与问题有关的特定的事实资料。

④ 以带有“怎么”的问题的提问，如“对这件事你是怎么看的？”“你怎么知道别人有这种看法？”作用是引导来访者讲出自己的想法、看法，有助于辅导者了解来访者看待问题的角度和立场。

总之，通过开放式提问，辅导者可以获得有关来访者问题的详细、全面的背景资料，有助于分析来访者的问题之所在。

辅导者在使用开放式提问时，首先，要注意留给来访者足够的回答问题的时间，以便来访者充分表达他们的感受和想法。即使有离题现象，也不要责怪或露出不耐烦的神情，可用提醒的方法来引导他们朝着主要问题的方向来谈。其次，有些问题要注意语气语调的运用，以免过于咄咄逼人。辩论式、进攻式、语气强调的发问与共情式、疑问式、语气温和的发问就可能在来访者心里产生两种完全不同的印象。前种发问会被来访者认为辅导者有责怪、反对自己之意；后种则会被认为辅导者是真心实意地想知道事情的真相并帮助自己，从而开放自己，将辅导进行下去。

2．封闭式提问

当心理辅导会谈逐步走向深入，辅导者可以通过封闭式提问进一步收集有用的信息、缩小讨论范围、澄清事实和帮助来访者集中注意某主要问题等。封闭式提问常常以“是不是”“有没有”“对不对”等语句开头，比如：“你喜不喜欢老师？”“你有没有想过用其他的解决办法？”“我理解得对吗？”来访者的回答通常是“是”、“否”或其他简短语句。

需要注意的是，封闭式提问的使用时间要适当，通常在辅导会谈的中后期才采用，同时，应用次数不宜过多。因为封闭式问题不能提供较大的自由度给来访者，甚至限制了来访者自我表达的愿望和积极性，这样不仅妨碍辅导者对求来访资料的收集和对问题的广泛深入了解，也会对辅导关系产生破坏性影响。例如，一位初学心理辅导的辅导者曾和来访者有这样一段对话：

辅导者：“请问你叫什么名字？”

来访者：“×××。”

辅导者：“哪个班的？”

来访者：“二年级3班。”

辅导者：“你找我谈什么问题？”

来访者：（沉默）

辅导者：“是不是学习上遇到困难了？”

来访者：（摇头）

辅导者：“是人际关系不好吗？”

来访者：“不是。”

辅导者：“是不是恋爱遇到了挫折？”

来访者：“也不是。”

在这段对话中，辅导者基本上采用的是封闭式提问，结果不仅没有找到来访者的问题所在，反而会使来访者因为辅导者问来问去而生气，从而使辅导关系陷入紧张状态。所以，应用封闭式提问要适当。

为便于大家的理解和掌握，下面我们对开放式提问、封闭式提问做一小结（见表 5.1）：

表 5.1　开放式、封闭式提问比较

类型	作　用	提问方式	例句
开放式提问	① 开始会谈； ② 鼓励来访者进行讲述或获得某些信息； ③ 希望来访者对其特别的行为、感受和想法进行举例描述； ④ 激发来访者交流的愿望	什么、怎样、为什么、何时、何地等疑问句开头	你觉得自己希望得到什么？ 你觉得自己的不愉快是什么造成的？
封闭式提问	① 缩小讨论的话题； ② 收集特殊的信息； ③ 确认问题和主题； ④ 打断喋喋不休的来访者	以助动词和情态动词开始，并以是和不或一个短句回答	在我们讨论的所有问题中，哪个问题最让你困扰？

七、概述技术

也称为小结，摘要，分参与性概述和影响性概述。

1．参与性概述

参与性概述指心理辅导者将来访者言语和非言语行为进行分析综合归纳整理，将其情感、事实观点系统的整理一遍。

例，心理辅导者：“下面我把你的思想概括一下，你看看是不是这样的？”（像“串珠子”一样形成整体，再还给来访者。）

作用：

(1) 使来访者有机会把自己叙述的信息再次回顾整合一下，通过串珠子式的整理，使其有一个重新审视自己的机会，更好地认识自己，补充材料，以便确定心理辅导员是否正确地理解了自己。

例：退休干部不满以前的工作，退休后不适应家里。

心理辅导者：“老先生退后遇到不顺心，心想能够干些事，弄得你烦，又没有合适的解决办法，我这样总结不知对不对？”

（2）使心理辅导者有机会检查自己的理解是否正确。

（3）协助来访者产生新的想法，设定处理问题的目标。

例：19 岁小女孩对叔叔产生好感。

心理辅导者：“除了对你叔叔的外表、谈吐、水平、印象好外，其他还有什么呢？”

（4）使面谈有一个暂停、喘息的机会：“我听懂了，我们暂时放一放好吗？”

（5）用于转移话题进入新的主题。

例：

来访者：“我知道喝酒帮不了忙，妻儿不理解，但不想戒酒不想解脱。”

心理辅导者：“你认为喝酒可以缓解你的压力，即使家庭不和也值。你觉得喝酒的快乐大于家庭的满足。”让来访者意识到喝酒能否解决他的问题，到底喝酒和家庭哪个更重要。

步骤（具体运用）：

准确的参与性概述，短的需要几分钟，长的需要几次、几周。

（1）回忆来访者表述的信息，在头脑中复述这些信息，有时需要注意整理辅导中许多变化的信息。其中变化的信息是最困难、最关键的部分。

（2）从众多零散的信息中提炼出一个或几个主题。

（3）用心理辅导者自己的语言、以陈述的语调把问题总结复述给来访者。

（4）通过倾听和观察来访者的态度来评价总结的效果。

2．影响性概述

影响性概述是心理辅导者将自己所述的主题、意见等，经过组织整理后以简明扼要的形式表达出来。应做到：

（1）概括这次会谈中发现的来访者存在的问题。

（2）概括这次会谈中重点对哪些问题进行了工作。

（3）概括这次辅导的要点是什么。

（4）在结束谈话时对进行的影响性概括，如果让来访者以回答问题的方式进行，效果会更好。例如，心理辅导者：刚才我们说过，如果……你该怎么办呢？

作用：

（1）让来访者有机会重温以前谈过的主题，进一步清楚明确心理辅导者谈话的重点。

（2）把有关的信息串联起来，并借此机会拾遗，补缺纠偏，强调某些重点。

（3）当一个话题谈完能够巩固上一阶段的成果，准备从这个主题过渡转移到另一个主题。

3．参与性概述与影响性概述比较

“影响性概述”是心理辅导者表达的意见，属影响性、干预性技术，而“参与性概述”是来访者叙述的内容，属参与技能和倾听技能。

“影响性概述”对来访者的作用更加积极主动深广，而“参与性概述”对来访者的作用比前者要小些。

4．参与性概述与影响性概述的使用范围

一小段谈话结束后可使用参与性概述，会谈中间转入另一个主题时使用“我们刚才谈过了……，你所说的……，我想听听……”

某次会谈结束前使用影响性概述。归纳内容，作了什么，总结自己主要观点反馈给来访者。“我们刚才说过了……，以后……该怎办？”

在每次开始辅导前，心理辅导者先把上次辅导的目的重复一下，紧接着就可以提出心理辅导者的主导意见，再结合来访者的反应把辅导进行下去。

如果心理辅导者认为有必要把内容做一回顾，加深来访者印象，就可做一次影响性概述。

第三节　学校心理辅导的艺术

一、同理心

同理心又称为共情、神入、同感等，是心理辅导中较难把握的一个技术。它是指在辅导过程中，辅导者要进入来访者的情绪和想法参照系统中，以来访者的眼光去看他的世界，以来访者的心情去体会他的心情，以来访者的想法去推理他的想法，只有这样才能了解来访者的独特感受，才能通过表示理解的语言来表达与来访者站在“同一立场”的愿望并做出相应的反应。这种反应能使辅导双方建立起融洽的辅导关系。因此，同理心在促进心理辅导关系的发展和提高辅导效果方面有着相当明显的作用。精神分析学派的辅导者就曾指出：“人们常常低估了这点——辅导者的在场与共情倾听构成了一个能提供给他人的最有力的帮助与支持的来源”。

同理反应包括三方面内容：① 站在来访者的立场充分理解来访者的感受和那些感受的意义；② 要将这种理解准确传达给对方；③ 促使来访者对自己的感受和问题有更深层的思考和认识。例如，一个来访者说：“我常常觉得活着太没意思了。”同理的反应应当是，“那一定叫人很烦恼。你知道是什么使你产生这种感觉的吗？”相反，如果你回答说：“呦，小小年纪就说活着没意思，长大了怎么办？”甚至说：“你懂得什么叫人生吗？”这种不恰当的同理反应很可能会造成辅导关系的中断。

对来访者的同理主要体现在辅导者的言语反馈上。同理式的反馈要求辅导者不仅要能反应来访者说话的内容，还要能反应来访者言语中所隐含的情感和内心的矛盾冲突。卡可夫（R.Carkhuff）和皮尔斯（Pierce）根据辅导者对来访者的反应情况，将同理分为 5 个等级：

第一级：辅导者对来访者的反应仅是一个问题或否认、安慰及建议。

例如，来访者："我想同父亲和谐相处，可行不通。他对我太严厉了。"

辅导者的反应："我相信将来总会行得通的。"[安慰]

或者："你应该努力去理解他的观点。"[建议]

或者：为什么你们两个不能相处呢？[问题]

第二级：辅导者只针对来访者信息中的内容或认知成分做出反应，而忽视了来访者提供的情感信息。第二级反应的辅导者的回答是：

辅导者："你与父亲的关系正处于困难时期，是吗？"

第三级：辅导者的反应中虽然包含有理解，也针对来访者提供的信息中的情感和意义做出了反应，但缺乏指导。第三级辅导者的回答是：

辅导者："你尝试与父亲相处，但又不成功，因而感到沮丧，是吗？"

第四级：这一级辅导者的反应不仅辨明了来访者的情感，也指出了信息中所隐含的来访者的不足之处。第四级辅导者的回答是：

辅导者："你似乎无法接近父亲，所以感到沮丧。你想让他对你宽容些，是吗？"

上述中"你无法接近"就隐含着来访者应负的没有接近父亲的责任；

第五级：辅导者的反应不仅包含了第四级的所有反应，另外还提供了来访者能够采取的措施。第五级反应的回答是：

辅导者："你似乎不能接近父亲，所以感到沮丧。你需要他对你宽容些。你是不是可以采取这样一个方法，即向父亲表达你的这种感情。"

上述“向父亲表达你的这种感情”，就是向来访者提供了能够缓解父子关系的措施。

作为辅导者，至少要达到第三等级的同理，否则常常会出现这样的后果：

辅导者缺少同理，甚至产生对来访者批评或不耐烦的情形，导致来访者失望或自尊心受到伤害，很可能以后不再来辅导。

来访者觉得辅导者不了解自己，感到很失望，自我表达逐渐减弱，甚至终止。致使辅导者可能会抓不住来访者问题的关键，进而为来访者提供不适当的辅导方向和辅导建议，严重的会使辅导关系不能继续发展下去。

可见，同理程度的高低，不仅反映辅导者本身的专业水平，而且直接影响来访者对辅导者的信任程度，影响辅导关系的建立与发展。那么，如何才能达到充分的同理呢？

五要领：转换角度；投入地倾听来访者；回到自己的世界；以言语或非言语力把握的表达；反应同时留意对方的反馈性反应。

穆哥特伊德（S. Murgatroyd）为我们提供了操作性较强的具体办法，供大家学习和借鉴。

与其他人，如工作或生活的朋友、亲戚、家人一起练习对对方谈话内容的反应，即请对方讲一段话，然后用你的语言把这段话的内容反馈回去，让对方来检验你是否真正理解了对方所讲的意思，有没有一种同理的感受。

如果没有人可以交流的话，就试着想象一下在各种各样的情境下人们争吵、高兴时，或者是来访者对你讲述事情时的表情、情绪等，尽可能使这些图像能准确地在你的脑海中呈现出来。

如果你不是一个喜欢运用视觉思维进行想象的人，那么就采用语言描述的方式，用你所能想得到的所有词汇来讲述别人对你讲述的各种情景。

努力使你自己在有关情绪方面的词汇变得更为丰富，应用字典、小说、电影或其他材料，以便你能说出任意一种感情像什么一样。

心理辅导不同于一般的教导，一般的谈话，心理辅导是个性化并有特殊内涵的过程。如果辅导教师把心理辅导的关系与一般的教导关系混为一谈，就容易走入误区，达不到预期的效果。如果有一个学生说他怕学习，老师说："每一个人都必须学习，学习是掌握知识的条件，没有知识的人将一事无成。"这听起来没有什么不对，而且学生已十分熟悉，他们天天都听到这种话，但就是不能解决他们怕学习的问题。因此心理辅导不同于一般思想工作，它首先要从同理心的角度去体会学生的心理状态，表达学生的心理状态，才能走进解决问题的大门。

我曾碰到这样一位学生，他性格比较内向，有一天他父亲突然死亡，这对他产生了很大的打击，使得原本内向的他更沉默寡言。之后，他的学习成绩也开始下降。我找他谈了话，告诉他过去已成为过去，谁也无法挽回，希望他能化悲痛为力量，把自己全部的精力投入到学习中去。听完，他点点头，我觉得欣慰，以为自己没有白费口舌。可过了一段时间，并没有见他能走出阴影。后来查找有关心理辅导资料，才找到了原因所在，我没有用同理心去考虑问题，没有站在学生的立场上体验他的感受，没有去真正理解失去亲人的感受是多么的痛苦。之后，我又找他谈了话，对他丧父的悲痛表示了真切的理解，从而拉近了师生之间的距离，使双方在相互信任的基础上探讨问题、分析问题。之后，他感受到长期这样下去对家人、对自己、对学习都会带来不良的影响，自己觉得确实应该走出不快乐的阴影。不久后他恢复了常态，学习成绩稳定了，也能积极地参与到各种活动中去了。所以我觉得心理辅导教师要搞好心理辅导，很重要的一点便是必须具备及表达同理心。

同理不仅是心理辅导的基本技能之一，也是人与人交往所必需的。许多人产生人际交往困难，就是因为他们不能站在他人的立场上观察问题和分析问题，不具备同理心的缘故。要知道，一个善于分享别人的快乐也善于分担他人忧伤的人，一个能真诚地做到知人之所知，感人之所感的人，不仅能缩短人际距离，疏通沟通渠道，增进相互间的关系，也会为自己赢得许多朋友。相反，一个遇事只想到自己，只顾按自己的感情用事，不懂得关心、体恤别人，对别人的喜怒哀乐漠然处之的人，是难以同他人建立、发展和维持密切关系的。因此，在与家人、同事、朋友交往中也需要同感技术。

二、接　纳

接纳是心理辅导成功的基本条件之一，又称为无条件关注或尊重。罗杰斯本人是这样界定的："我使用接纳一词来指对他作为具有无条件的自我价值的人的一种温暖关注——无论他的条件、行为或情感如何，他都具有价值。"这意味着，辅导者要想建立良好的辅导关系，首先要接纳来访者，相信他是一个有价值的人，无条件地接纳他的优点、缺点、弱点，接纳他所面临的挫折和困难。其次在辅导过程中，辅导者应以开放、真诚的态度与来访者沟通交流。要给来访者这样一个理念："自己是有缺点和不足的，但是辅导者仍然喜欢我、仍然接纳我。"只有这样，来访者才会感到自己处于一种十分安全的境地，才会开放自己的内心世界，探索自我的心灵。

例如，一中年男子来辅导时，这样说道："我奋斗到今天，该吃的都吃了，该玩的都玩了，该有的也都有了。我现在越来越觉得人生很空虚。我常常在想，每天劳碌奔波，究竟是为了什么？"假如辅导者不接纳来访者的人生态度，就可能这样回应："想不到你的思想竟如此消极，实在太不应该了。"或者"我不能接受你用这种灰色的调子来描述自己，你如今已是壮年，妻子贤惠，孩子又聪明，我想你该知足了。"或者"你有没有想过自己的社会责任呢？"无疑，这些不尊重的语气、不接纳的态度是不利于辅导关系的建立和发展的，甚至会影响辅导的进程。

那么，怎样来表达对来访者的接纳呢？

不少西方学者认为接纳是通过言语的表达和非言语的表示来加以体现的。

（1）言语的表达。两种基本的传达接纳的言语形式是"增进"及"赞赏歧义"。

所谓"增进"是指对对方的意见和观点、做法、行为直接表示赞同和欣赏之意。如“你的领悟力真强”“你的语言表达非常流畅”。这看似简单，做起来却很难。对很多人来说，在日常生活中直言欣赏一个人并不是很容易做到的，如家长表扬孩子、老师表扬学生、上级表扬下级，等等。但它的作用却又是显而易见的。

赞赏歧义则是指在对对方的观点和意见持不同看法、有所保留时的一种语言表达方式。说得通俗一点就是，不论我是否同意你的观点，我都将尊重你，尊重你说出它的权利，并且以你的观点去理解它，同时将我的观点更有效地与你交换。如在出现不同意见时，运用“赞赏歧义”的方法就可以说：“我不理解你的想法，但我相信它总有正确的一面。”或“虽然我不理解你的想法，但我支持你说出来的权利。”

有一次，在做完考试焦虑讲座后一个学生告诉我：“老师，其实我们在考试前很轻松，一点儿都不紧张，不会感到焦虑，根本不用缓解焦虑。”一旁的学生听了都瞪大双眼，看看他，有几位同学还笑了起来。这时，那位同学不好意思地低下了头。我看了此情景，便故意大声说：“这位同学今天的表现真不错。”听了我的话，一旁的学生开始小声议论起来：“怎么回事，他表现不错？”我接着说：“虽然老师有一点点小小的看法，但这位同学今天大胆地说了真话，老师最喜欢的就是能说真话的学生，他这种行为是非常好的，值得大家学习。”然后，我又轻声地对这位学生说：“你愿意听听老师真实的看法吗？”学生非常高兴地答应了。事后，通过个别谈话，分析情况，这位学生也认识到了自己在考试中焦虑的一些反应，并引起了注意。

人际交往中发生意见相左是常事，但处理不当会导致许多矛盾，甚至产生心理问题。如果我们能运用赞赏歧义，在持有不同意见时依然能理解和欣赏对方，这不仅是自身修养的一种体现，也是对他人的一种尊重和接纳。

（2）非言语的表示。目光、体态语等都是非言语表达的形式。

积极关注的微观技能 SOLER——面对、开放、倾向、目光、放松。

S 面对：面对来访者，是正面对着，被认为是投入的基本姿势，意思是我同你在一起，你随时都能得到我得帮助。

O 开放：不要双手或双腿交叉在一起，而是自然放开，显示你对当事人接纳和开放的态度，否则会削弱你对当事人的关心感。

L 倾向：经常将上身轻度的倾向当事人，会传达我和你在一起，我对你感兴趣；若后仰斜靠传达“我有些烦”“我的心没完全在这儿”。但若过分前倾可能有讨好之嫌，要求得到过分亲密会吓倒当事人。

E 目光：保持良好的目光接触，表达我和你同在，我想听听你的话；若目光游移或一直看着远方，表示不愿和对方在一起，对他不感兴趣。但也应避免两眼直盯对方。

R 放松：自然而然，不局促不安，而且轻松自如。

眼睛。眼睛是心灵的窗户。通过眼睛所表现出来的关注、回避、蔑视等神态都会影响到我们的人际交流。社会心理学工作者曾作过一个实验来证明眼睛在人际交流中的重要性。心理学家让一些大学生在课堂上按某个信号统一行动，要求他们听到信号时统一行动抬头看着讲课的教授，再一听见信号，统一低头不再理睬讲课的教授。这个实验的结果非常有趣。当同学们一起抬头看着台上讲课的教授时，教授马上就有了精神，讲话大声、流畅，思维活跃，完全进入一个自我陶醉的世界里。当信号一响，大家都不看他时，教授像受了重大的精神打击一样，茫然不知所措，激情全无，思维迟钝，照本宣科。这个实验结果充分说明眼睛特别是目光在人际交流中的重要性。

因此，我们要了解和影响一个人的时候，就应该注视对方，并保持良好的目光接触，通过目光传递对对方的接纳和尊重。

体态语。体态语是指身体语言在人际交往中所传达的一种对对方的接纳和尊重。如身体前倾表示对对方的尊重、接受；身体后倾则表示疏远、蔑视；身体不断摆动代表不安、烦躁，会给对方带来压力和紧迫感。表 4.2 列出了有效和无效的体态语对人际交流的影响。

表 4.2　有效和无效的体态语行为

无效的应用	体态语表达方式	有效的应用
行为可能会 导致谈话减缓甚至终止		行为鼓励谈话继续进行，因为它向别人表示接纳和尊重
面无表情 回避、轻视、呆视 后仰 不停地抖动 双手放平、手心向下	面部表情 眼　　神 坐　　姿 腿 和 脚 手　　势	微笑、鼓励 有规律的注视 前倾 靠紧双腿 双手弯曲，手心向上

总之，目光、体态语、言语等都可以表达对他人的尊重、理解、接纳和支持。它会使你成为一个受人欢迎的人，也会使你的辅导工作更有效果。

三、尊重与真诚

1. 尊　重

尊重是对来访者的现状，如价值观、人格特点、行为方式等予以接受、悦纳、关注和爱护，即珍视来访者。

尊重是心理辅导者的起码素养，能给来访者提供一个安全的氛围，使其充分地表现自己，使其感到自己受重视、被接纳，获得一种自我价值感。

怎样尊重来访者？

首先要完整地接纳来访者，其基础是认为来访者是有感情、有人格的人。这是建立互相尊重平等的基础，它意味着要接受来访者的优缺点、长短处。

其次辅导者与来访者彼此平等，人格上的平等没有高低贵贱之分；心理辅导者在专业知识上高于来访者，心理问题处理经验上比来访者多，但这只能是服务的资本，做好工作的条件，不是盛气凌人、自我炫耀的理由。不能摆出一副救世主的架势，不能把来访者推向被可怜、被施舍的尴尬境地。一般来说，来访者都有些片面的过失，缺乏某方面的知识，心理辅导者不能因此而不屑一顾，流露出比对方聪明高尚的样子，更不能板起面孔教训人，也不能把自己的想法、观念、行为模式强加给来访者。

2. 真　诚

真诚是心理辅导中不可缺少的基本要素。所谓真诚是指在辅导过程中，辅导者应该以“真正的我”出现，开放、自然、诚实、可靠、真心实意地投入到心理辅导的全过程。美国心理咨询专家伊根（Egan）就曾说过：“一个真诚的心理辅导者不会将自己隐藏在专业角色的背后，帮助他人已成为他生活的一个部分，决非是扮演一个临时的角色和带上或脱下一个面具。”

真诚对于有效辅导关系的建立是非常重要的，因为它可以缩短辅导者与来访者之间的距离，加深来访者对辅导者的心理认同感，使来访者在辅导者创设的真诚、接纳、同理的氛围中慢慢放下自己的面具，诚实地开放自己，表达自我、认识自我。

具体来说，真诚的表现就是辅导者开诚布公地与来访者交谈，直截了当地表达自己的想法，而不是让来访者去猜测你谈话中的真实含义，或去想象你所说的是否还提供了什么别的信息。此外，真诚还意味着辅导者不害怕暴露自己的短处，不戴面具，大方自然。

那么，作为辅导者，可以通过哪些方式在辅导中表达真诚呢？

美国心理咨询与治疗业资深从业者科米尔夫妇（S.Cormier & B.Cormier）认为有效的表达真诚可以从以下几方面入手：

（1）支持性的非言语行为。辅导者可以通过恰当的支持性的非言语行为来传递真诚，这些行为包括目光的接触、微笑以及朝向来访者倾身而坐。特别是辅导者做出与来访者反应相称的行为时更能表示真诚，如有规律地而不是持续地盯着来访者，用适时且恰当的微笑回应来访者的情绪等。

（2）不过分强调专业角色。在辅导过程中，只有不过分强调自己的专业角色、专业权威、专业地位才能使来访者觉得真诚。过分强调自己所处的位置、扮演的角色会造成来访者认为辅导者与自己的情感距离太大，缺少真诚、同理心，从而降低辅导的效果。

（3）一致性。一致性意味着辅导者在辅导过程中的言行和情感应协调一致。言行一致的辅导者给来访者带来的心理体验是安全感，可使来访者获得稳定的情感支持。同时，来访者与这样一个表里如一、言行一致的辅导者沟通，本身就在学习如何进行健康的情绪管理，学习如何真诚待人、信赖别人。

（4）自发性。自发性即是在没有刻意或做作的情况下自然地表达自己的能力。自发性还意味着辅导者在没有仔细考虑要怎样说或做的情况下所表现出的机智。然而，自发性不是让辅导者向来访者说出任何想法或情感，尤其是那些负面的情感。罗杰斯建议，只有当不利的情况持续不断，或他们干扰了辅导者传递同感和接纳时，辅导者才向来访者表示自己的负面情感。

（5）适度的自我开放。自我开放是指辅导者以言语和非言语的方式向来访者披露个人的情况。辅导者自我开放的作用在于：

① 创设一个开放而有益的辅导气氛。有些报道显示，来访者倾向于认为，自我开放的辅导者要比不做自我开放的辅导者更加敏感和热情。

② 缩短辅导者与来访者之间的角色距离。

③ 促进来访者开放自己的程度，尤其是促进来访者的情感表达。

④ 引起来访者对自己行为知觉的变化，帮助来访者形成新视角，从而发现、认识真正的自我，以便设定合理的辅导目标和方案。

但是真诚不等于实话实说。对于一些可能会伤害来访者的话，我们不必说出来。事实上，辅导过程中需要的是具有治疗功能的真诚，而不是破坏性的真诚。例如，一位来访者说："我实在不知道该怎样做啊！我很害怕，因为我不能再错了，你一定要教我怎样做啊！"如果辅导者这样回应："你真让我头痛，老是这样永远不自己费神去思想，总是依赖他人，我真是服了你。"或许，这是辅导者的真实想法，但这样直接地说出来会伤害来访者的自尊心，令来访者更加紧张、无所适从。具有治疗功能的真诚应该这样："对不起，我已经尽力而为了，要分析的也帮你仔细分析过了，问题的关键是你似乎不打算自己努力去改变。或许，我们可以讨论一下各人的责任这个问题，好吗？”因此，真诚与其说是技巧，还不如说是一种人生态度。正如有学者所言：人在自己人生中和帮助他人方面的追求，其实都是对真诚的一种寻觅，其中包括了个人内在相交和与他人相交两方面的真诚。

真诚是心理辅导成功的关键因素之一，也是一个人的基本素质。现在有许多人由于受到社会的一些负面影响，逐渐形成了隐藏自己、保护自己和与人疏远的倾向。不少老人、成年人对后辈的教育中也会灌输“逢人且说三分话，不可全抛一片心”的观点，使孩子从小就学会习惯性的伪饰自己，不愿表里如一地与人交往。这种长期形成的自我疏远和缺乏真诚的生活方式实际上对每个人和整个社会都会带来严重的负面效应。作为心理辅导者，首先应树立一种人际真诚相待的信念和态度，以真诚之心对待生活和工作。

四、具体性技术

具体性技术，又称具体化技术或澄清技术，指心理辅导者帮助来访者清楚准确地表达自己所持的观点，所用的概念，所体验的情感以及所经历的事件。

常使用：“何人？何时？何地？有何感觉？有何想法？发生何事？如何发生？”帮助来访者更清楚更准确的描述“你指的是……”“你是说……”“那个问题发生在……”。

作用：

（1）澄清来访者表达的模糊不清的观念、情感、问题等。明确来访者的真实感受/事件，使来访者表达的信息更清楚更准确。

（2）促进来访者将情景和对情景的反应表达得更清楚，鼓励来访者将问题引向深入，常常借助开放式提问来完成这一点，如：“你说你觉得……，能更具体些吗？”“你所说的……是指……”。

（3）让来访者弄清自己的所思所感，明白自己的真实处境。

（4）能提供具体的榜样，帮助来访者明确自己所说具体内容。

例如，来访者：“有时我真想彻底摆脱他……”

心理辅导者：“你能描述一下‘彻底摆脱他’的含意吗？”

来访者：“我怕落后，负担重，我想摆脱这种难过的感受……”

具体性技术使用的范围：当来访者在表达信息中问题、思维、概念不清时使用。

（1）来访者的问题模糊不清时。

如：“我很烦”“我很自卑”“我最近很苦闷”“我觉得没有前途”，用：“你能否告诉我你……，原因是……”“你是因为知道……问题，才感到……，明白吗？”“什么事情使你……呢？”

（2）当来访者有着过分的概括化思维方式的时候，即以偏概全，以点概面，把个别当作一般，把局部当作整体，把问题扩大化，绝对化，把偶然当作必然，将事情越搞越复杂。

如：“人人都不喜欢我”“我这个人太虚伪”“我是个失败者”用：“谁都不喜欢你？”

（3）有时来访者概念不清时，一句话，一个词在不同人的心目当中有不同的含义。当来访者还没有某些概念含义的情况下，易产生一些不准确的理解。经过具体化，了解了概念后问题自然解决。

“我感到郁闷。”“嗯？”“最近一个月感到自己没用。”“能说是因为什么事吗？”“我总管不住自己。”“是什么事让你管不住自己”“我每天都管不住自己。”“每天？”……

具体性技术注意事项：若发现来访者概念零乱，采用澄清剥笋的办法层层解析，由表及里。注意：

（1）当来访者叙述有许多含糊不清之处时，应选择最关键的一个让来访者具体化。

（2）通过具体化技术，心理辅导者不仅要澄清问题，还要帮助来访者学习如何就事论事，对事不对人，让来访者明白自己的思维方式是如何影响自己的情绪和行为的。

例如，亡妻之痛，来访者：“太太去世了……，我没办法相信，我没办法想象和别的女人生活”。

心理辅导者：“太太去世了让你非常悲痛，是吗？（浅）由于失去她你很伤心，我很理解，你两次使用‘没有办法’，你对‘没有办法’是怎么想的？”（通情达理）（引导来访者对待“我没办法”，从而去寻找“办法”。）

（3）心理辅导者的回答应针对来访者特殊的此时此刻的情况，不可随便使用普通/普遍的词汇或随意贴标签，如：“我觉得你很自卑”“你太情绪化了”。

因为来访者所面临的情境及对这些情境的反应十分复杂，牵涉到的问题，常常不是当事人能想象得到的细节，如果硬要心理辅导者去猜测、推想、判断，难免加上许多主观臆想成分，不仅费时费力、劳而无功、错误不断，还可能远远脱离来访者的实际情况，不仅不能帮助来访者，还可能产生副作用，造成无法弥补的损失。所以最简单、节省、有效的方法还是作具体化反应。

五、倾听的艺术

倾听是心理辅导的基本技巧之一，也是辅导中认识对方的第一步。但是，心理辅导中的倾听要求辅导者不仅仅是带个耳朵去听，而是全身心的投入，包括肌体、感情和智力的整体投入，还要借助各种技巧，真正听出对方所讲的事实、所体验的情感、所持有的观念等。这种倾听，有人称之为“投入式的倾听”，因为只有这样，辅导者才能对来访者达至高度的同理，达至对来访者问题的广泛了解，才能体现出对对方的尊重。所以，一个心理辅导者要善于倾听。

我国台湾心理学专家邓继强说：“在辅导过程中，倾听包括五个条件：不批评、不判断、尊重、敏锐、对方中心。”

（1）善于倾听，首先表现在辅导者要注意倾听时的表情，因为你的表情可向来访者传达你对他谈话的关注和你对他尊重的程度。有的辅导者喜欢在听的过程中身体左右摇摆、东张西望或是摆弄手里的笔甚至打哈欠。这些不适当的行为会给来访者一种漫不经心的感觉，既容易伤害对方的感情，也容易使对方对辅导者产生不信任感，对心理辅导失去信心，导致辅导关系的中断。倾听过程中应重视眼神的配合，眼睛是心灵的窗户，对方可以从你的眼神中读出关切、同情、赞许等更多与交谈内容相关的感情。适当的点头，或者用简短的语言表达你对谈话的兴趣和赞同，可使对方更加信任你。

(2) 善于倾听，表现在辅导者要注意倾听的耐心。有些来访者来找辅导者，不一定是寻求什么心理援助，他只是需要一个宣泄的地方，一个听他讲话的人。在尽情倾诉的过程中，他抒发自己的情感、发泄内心的不满、理清自己的思路、重新找回自我。但有的辅导者在刚听了来访者的问题后，就会迫不及待地提意见、分析原因、提供支持，使来访者变成了倾听者，从而影响了辅导关系的正常发展。

(3) 善于倾听，表现在辅导者要学会听出来访者的言外之意、弦外之音。在心理辅导过程中，来访者常常因为各种原因，表现出“欲语还休”或是“说一半留一半”的特点，作为辅导者，就要学会分析这些言外之意、弦外之音。

言外之意、弦外之音通常发生在以下几种情况下:

① 来访者对辅导者不是十分信任，用话试探对方。

② 涉及十分隐秘的问题，不愿暴露。

③ 来访者天性喜欢说话“绕圈子”。

要善解言外之意，就要求辅导者倾听时，要注意留意来访者的表情、语气，对来访者的言语进行感受、理解和联想，进行准确的推测，以达到“心有灵犀一点通”的状态。

心理学家曾研究过推测“弦外之音”的各种方法。例如美国耶鲁大学心理学家曾设计测量人的感情的“晴雨计”,在特定时间里，通过比较某人表达不满情绪的字词频率和表示欢乐、满意的字词频率来推断他的心情好坏。如果一个人在一段特定时间内老是抱怨“讨厌的天气”“糟糕的环境”等，并且次数多于对生活中满意事件的表达，就可初步推断这个人的心情不怎么好。

(4) 学会倾听，辅导者还要克服下列因素的影响:

① 辅导者对来访者信息的误解;

② 辅导者急于表达自己的意见而忽略了来访者的感受。

(5) 学会倾听，辅导者还应常常评估自己倾听的水平。每次会谈之后，可以想想，自己是否积极地倾听，来访者的哪些话含有言外之意，哪些原因影响了双方的倾听过程。经过长期的训练，辅导者一定能练就一双善于倾听的耳朵，并营造一个温暖、信任的辅导氛围。

六、影响的技术

会谈时注意倾听的技术对帮助来访者自我成长十分重要，但仅靠这一方面还不够，因为显得缓慢，缺乏主动性。而咨询辅导者积极投身于会谈过程，主动采用影响对方的技术，那么来访者的改变将会更快，更有效。咨询辅导者运用自身的知识、经验和能力来积极影响来访者并促其成熟，从辅导关系这一角度出发，这时的会谈就真正成为一种人际间的相互作用、相互影响。影响的技术有指导、解释、忠告、自我开放等。

1. 指　导

指导就是直接指示来访者做什么和说什么,或者如何说如何做。指导被认为是最具影响力的辅导技术之一，其本质在于直接造成行为改变，它明白地指示学习什么、改变什么，以及如何改变、如何学习，所以指导有强烈的行为取向色彩。尽管一些学派不赞成使用指导技术，但不同学派的咨询辅导者都或多或少使用指导。指导方式有如下几方面。其一是指导言语的改变，就是指导来访者改变言语表达。如要求来访者把“我应该”改为“我希望”。其二是给予特殊的建议和指导，如对考试焦虑的学生建议修改作息制度，每天坚持适量的娱乐和锻炼。其三，自由联想式指导。如对一位有强迫观念的来访者，指导他用自由联想的方式，回想童年时经历等。其四是角色指导，采用色色扮演、角色替代等方法，指导来访者获得新的经验。其五是训练性指导，如松弛训练、脱敏训练、宣泄训练等。

2. 解　释

解释是辅导者依据某一理论或个人经验，对来访者的问题做出合理的说明和分析，使来访者能够从一个新的角度来认识自己和自已的问题。解释是最重要的影响技术之一，它可以使来访者的世界观产生认知性的改变。“听君一席话，胜读十年书”就是这种效果。解释有多种多样，一种是来自各种不同的理论，另一种是根据辅导者自身的经验、实践与观察。针对来访者不同的问题，辅导者可以创造出各种不同的解释。应该说，解释是影响来访者技术中最为复杂的一种，也是最有创新性的一种。运用解释时要注意：① 要注意了解情况，准确地把握问题，根据来访者特点因而人异，确定解释的理论和依据；② 要注意解释不能强加于人，最好在来访者有足够的思想准备时进行解释；③ 解释不能过多，防止来访者否认辅导员的参照体系。

3. 忠告和提供信息

忠告和提供信息是指对来访者关心的问题提出建议和忠告，给予指导性和参考性的信息，以帮助来访者思考问题，做出决策。在与来访者面谈时，提供信息，提出建议，提出劝告都是十分必要的，在职业心理咨询中尤为重要。在学校心理咨询与辅导中，因为学生的经验、阅历、知识有限，提供建议和忠告的价值则更大。但在使用这一技巧时，需注意。第一，防止这一技术技巧给会谈带来潜在的危害。如果来访者对建议或忠告不以为然，会妨碍辅导进行。第二，要注意建议和忠告的话语要含蓄而委婉。例如，“如果我是您，我可能会……”。第三，提供的忠告和建议一般不宜太多，过多使用会失效。

4. 自我开放

自我开放也叫自我暴露，自我揭示等，是辅导者公开、开放、暴露自已的某些经历、经验、思想、情感等，与来访者共享。自我开放，有利于建立良好的辅导关系，为来访者树立好的榜样，从而增进来访者自我开放。自我开放有两种形式：一种是向来访者表明在会谈时对来访者言行问题的体验，如“我很高兴，你这么信任我”，“我和你一样，感到失望”。另一种形式则是告诉来访者自已过去的有关经历和情绪体验，如“你说的这种情况，我过去也遇到过……”。自我开放需建立在一定的辅导关系之上，而且要适度。过多开放和暴露，就会挤占来访者的时间和开放，并可能超出其心理准备，认为辅导者心理也不太健康。另外，过度开放，可能给来访者的心理带来负强化，增加消极影响。

5．影响性概述

影响性概述辅导员把自己所叙述的主题、观点、意见等经组织整理后，以简明扼要的形式表达给来访者。当会谈的一个段落完成或一次会谈结束时，使用概述作为一个小结。第一个作用是，是使会谈显得有结构，富有条理，避免会谈混乱。第二个作用是，使双方有机会对刚才的谈话作一番检查，强调某些重要内容，加深印象。第三个作用是为下一步会谈的主题做好准备。运用概述时，要注意：① 要条理分明，重点突出；② 要简明扼要，通俗易懂。

七、非言语技术——观察

学校心理辅导是言语内容和非言语行为交互作用而达成的，许多时候，非言语行为所表达的信息比言语表达的信息更多、更准确、更真实。

曾有心理学家提出：信息的表达＝7%语调+38%声音＋55%表情。因此，在辅导会谈中，辅导者不仅要倾听来访者的谈话，而且要注意观察来访者的非语言行为，以更好地了解来访者的情绪、情感和内心的真实思想。比如，若来访者有紧张、神经质等情绪或内心活动，就会出现这样一些非言语行为：不安地东张西望、脸上肌肉痉挛、频频搓手、眼神不敢正视对方等。对这些行为的观察、理解有助于增加辅导者对来访者心理问题判断的准确性，也容易增进辅导者对来访者的同感、接纳和真诚。

一般来说，辅导者的观察包括以下几个方面：

（1）服饰。

服饰表示一个人在社会上的地位、身份或所属的职业性质。我们可以从对方的服饰颜色、式样、细节修饰、整体搭配等方面观察到对方的个性特征和心理现象。如曾有一位焦虑过度的来访者，第一次来辅导室时，衣服颜色暗淡、老气、没有任何修饰。随着辅导的加深，心理焦虑的缓解，她的服装颜色开始由暗到浅，也有了装饰品。

一般来说，不同的服饰打扮可反映出来访者不同的心理状态和个性特点，如：

① 着违反社会习俗的服装，怀有强烈的优越感。

② 注重部分修饰的人，自我意识强，有的借此掩饰自己的弱点。

③ 爱穿华丽衣服的人显然具有强烈的自我显示欲和金钱欲。

④ 一个多穿朴素服装的人，属于顺应型的人，或者缺乏主体性。

⑤ 对社会流行状况十分敏感的人，属于适应潮流型，这种人对自己缺乏信心。

⑥ 对流行样式漠不关心的人，个性很强，同时也怀有某种冲突与矛盾的心理症结，但又缺乏协调性。

⑦ 有时候突然改变服装的色彩样式的人，情绪极不稳定，也许是受到突然的刺激，也许是怀有新的决心和构想。

（2）表情。

有句俗语说“看人看相”，的确，人的面部肌肉是最能反映人的内心情感世界的活动的。如愉快时，人的脸部肌肉向上涨，不高兴时，人的脸部肌肉下沉；快乐时，展眉舒颜，生气时，横眉冷对；此外，如愤怒时咬牙切齿，羞愧时面红耳赤等都能表达来访者的一定情绪。因此，在辅导过程中，辅导者要注意观察来访者的面部表情所传递的情绪反应信息，以便随时调整辅导的内容与方向。

在面部表情上，辅导者还要注意来访者目光所传达的信息。辅导中，如果对方郁郁寡欢，那么他不看人时多于看人时；如果对方自认为地位低于辅导者，听讲时投来的目光就会多于自己讲话时；心怀抵触时，来访者会斜眼瞥视，显示怀疑、疑问和不信任的态度。女性一般比男性更爱直眼看人，注视人的时间往往更长。理解目光交流的这些规律，有助于辅导者更好地与来访者达到同理。再如，辅导过程中辅导者要仔细体察来访者视线的转移或中断的意义。比如，你若对一个来访者说：“当一个人说自己的情况时，总是感到很困难，是吗？”对方回答说：“我可不这样。”但在谈话过程中却带着苦相，眼睛看着别处，此时面部表情和目光所反应的信息比言语更为重要和真实。再比如，你对来访者说：“我这样解释你的问题，你觉得恰当吗？”对方回答：“很好啊。”但目光和表情流露出的却是不以为然的神色。这说明来访者并未真正领悟辅导者所提供的参照体系。所以辅导者要仔细体察对方的目光所含的意义，以真正了解来访者的内心感受和情绪反应。

（3）声音。

除了面部表情外，人的声音特征，如音调、音高、音速等的变化也可以表现人的感情状态。如气愤时，人会不由自主地提高嗓门，加快讲话速度；也可能沉默，一言不发。兴奋时，人的讲话语调会升高，频率会加快。当然，同样一句话，人在气头上、高兴时、愤怒时、玩笑时或冷酷时说出的语气、语调等可以是完全不同的，表达的意义也不一样。比如说：“我恨你”。辅导者要通过练习学会区别。

一般来说，人的情感在声音上的表现有这样几方面：

① 声音的高低。声音的提高表明了来访者对所谈事物的看法（如强调、重视）和情绪（如激动、兴奋等），而音调的降低恰好相反，可能表明对方主观上意识到所谈的内容与人们的一般看法不一致，或正是说到了使之痛苦忧郁的部分。音调的提高常常表示烦恼或警告，而音调的降低则可能表示强调或怀疑。

② 语速的快慢。说话节奏的变快可能表明情绪的激昂与兴奋，而节奏变慢可能说明对方正在进行某种思考，或是说出某事在心理上尚有阻力。在许多情景下，说话节奏快表明人烦恼和焦虑的心情。

③ 摩擦音和开朗的声音。这种声音成分与生理上咽喉器官的肌肉紧张的程度有关。人越紧张，摩擦音就越多越明显。而人们轻松时的讲话，声音会变得流畅、可靠。

总之，对来访者的观察是多方面的。只有准确的观察，才能增加心理辅导的有效性，提高对来访者的同理、真诚，因此，辅导者一定要在观察上多下工夫。

第四节　学校心理辅导的常用技术

在学校心理辅导中，除了以上与心理咨询相关的一些技术与艺术以外，还有一些特定在学校心理辅导中运用的技术，如系统脱敏法、代币制、心理剧技术、空椅子技术、行为强化、冲击疗法、放松疗法、厌恶疗法等，下面简要介绍几种。

一、空椅子技术

1．方法介绍

空椅子技术是格式塔流派（又称完形心理学派）常用的一种技术，是由德裔美国心理学家皮尔斯（Fperls）首创的完形心理疗法，是另一种颇具特色的心理疗法,是使来访者的内射外显的方式之一。此技术运用两张椅子，要求来访者先坐在其中一张椅子上，扮演内心冲突情境的一方（譬如一个内心的“胜利者”），然后再换坐到另一张椅子上，扮演内心冲突情境的另一方（譬如一个内心的“失败者”），而让来访者所扮演的两方持续进行对话，以逐步达到自我的整合或者自我与环境的整合。

这一学派的治疗者认为，一个身心健康的人往往能敏锐地察觉自己的躯体感觉、情绪和需要，从而妥当地组织自己的行为，使自己的情绪得到宣泄，需要得到满足，身心功能得到正常运转。相反，一个有心理障碍的人不但不能敏锐察觉自己的躯体感觉、情绪和需要，而且会压抑它们。他们往往将那些不希望看到的心理活动压抑到潜意识中去。长期的压抑不仅使这些感觉、情绪和需要得不到正常的表达和满足，使人变得麻木和僵化，更会引起焦虑、抑郁等神经症症状。而且，这些感觉、情绪和需要长期与意识分离，会使当事人越来越丧失与周围环境积极沟通和保持建设性联系的能力。如此形成一个恶性循环，使当事人难以自拔。

空椅子技术的本质就是一种角色扮演。通过这种方法，可使内射表面化，使来访者充分地体验冲突，而由于来访者在角色扮演中能接纳和整合内心的“胜利者”与“失败者”，因此冲突可得到解决。同时，此技术会协助来访者去接触他们潜藏深处的情感，以及连他们自己都可能否定的一面。他们借此将情感外显化，并充分体验它，而非仅止于讨论。并且，还可以帮助来访者去了解此种情感是他们真正自我的一部分。

通过自我内心两个分裂部分的对话，使人们内在的对立与冲突获得较高层次的整合，即学习去接纳这种对立的存在并使之并存，而不是要去消除一个人的某些人格特质。

2．空椅子技术的三种形式

（1）倾诉宣泄式。

倾诉宣泄式一般只需要一张椅子，把这张椅子放在来访者的面前，假定某人坐在这张椅子上。来访者把自己内心想对他说却没机会或没来得及说的话表达出来，从而使内心趋于平和。

主要应用于三个方面：

① 亲人或者朋友由于某种原因离开自己或者已经去世，来访者因他们的离去，内心非常悲伤、痛苦，甚至伤痛欲绝，却无法找到合适的途径进行排遣。此时，辅导教师可以运用空椅子技术，让来访者向空椅子进行倾诉,表达自己对空椅子所代表的人物的情感，从而使自己强烈的情感得以舒缓。

[案例]　美国有个叫杰姆的 11 岁男孩，一天在玩游戏的时候，家里的门铃响了。当他正要起身去开门之刻，他妈妈大声叫他不要开门，但他偏偏开了。于是，他妈妈的男朋友走了进来，用手枪打死了他的妈妈。从此，不仅杰姆的哥哥姐姐责怪他害死了母亲，他的同伴也都回避他，他变得沉默寡言，有时会表现出一种暴怒，学习更是一落千丈。到了 18 岁时，一个夏日的下午，他站在街头，用手枪打死了一个人，打伤了几个人。在监狱里他接受了一种心理治疗：治疗者要他想象他已经死去的母亲正坐在一张空椅子上，并对

空椅子谈话。尝试了几次后，他变得越来越激动。最后他突然说“是我杀死了你”，并在他妈妈死后第一次哭了。治疗者以此帮助他接触和接受自己的真实感情。后来，杰姆在社交、学习上都获得了明显的进步，在监狱外的适应也很成功。

[案例] 芳和妈妈在一次外出途中遭遇了车祸，妈妈当场死亡，而芳只是受了轻伤。她目睹了惨案发生的整个过程，内心充满了悲伤和恐惧。从那以后，开朗的她脸上没有了笑容，情绪也变得起伏不定。她几乎每天晚上都要做噩梦，梦见血淋淋的场面，梦见肢体残缺不全的妈妈，因此经常从梦中惊醒，醒来以后呼吸急促，面色苍白。

当她来到心理咨询室的时候，心理辅导教师利用空椅子技术，让她想象自己的母亲正坐在那张椅子上，让她向母亲倾诉。当她倾诉以后，情绪平静了许多。

这种形式也可以用于对失恋者的咨询，或者可以应用于危机干预失败后，对相关人员的处理。比如，某个学生自杀后，给班级其他同学带来了阴影，此时可以采用空椅子技术，让全班同学集体向他告别，以磨平内心的创伤。

② 空椅子所代表的人曾经伤害、误解或者责怪过来访者，来访者由于各方面的原因，又不能直接把负面情绪发泄出来，郁积在内心。此时可以通过对空椅子的宣泄、指责，甚至是谩骂，从而使来访者获得内心的平衡。

[案例] 有位名叫小平的同学，一次他看到几个男生欺负一个同学，便打抱不平，上前劝说了几句。没想到那几个男生摩拳擦掌，对他挑衅，最后打起架来。政教主任不问青红皂白地把他批评了一顿，根本不听他的辩解。他感到很委屈，但是又无法向政教主任发作。因此，他来到心理辅导室求助，辅导教师利用空持子技术，让他假设政教主任正坐在那张持子上。然后，小平大声地对着空持子辩解，并且批评政教主任不去了解事情的真相，经过一番宣泄后，他的情绪逐渐平静了下来。

③ 椅子所代表的人是来访者非常亲密或者值得来访者信赖的人，来访者由于种种原因，无法或者不便直接向所代表的人物倾诉。

此时，可以让他向空椅子倾诉，宣泄出自己的情感，从而获得某种解脱。

[案例]　小琴非常爱自己的妈妈，也非常信赖她。以前，一有什么烦恼或者不快，她都会向妈妈讲，讲了以后，会得到妈妈的支持或者安慰，心情就会平静下来。但是，最近妈妈到英国进修，小琴再也无法向妈妈讲这些烦心事了，因此情绪很低落。而小琴对心理辅导教师不太了解，不愿意把自己的小秘密告诉心理辅导教师，此时，辅导教师选择了空椅子技术，让她单独向空待子进行倾诉，取得了良好的效果。

(2) 自我对话式。

自我对话式就是在自我存在冲突的两个部分展开对话。假如来访者内心有很大的冲突，又不知道如何解决时，可以放两张椅子在来访者面前，先让其坐在一张椅子上，扮演自己的一部分；然后再让他坐在另外一张椅子上，扮演自己的另一部分。这样依次进行对话，从而达到内心的整合。

主要应用于两个方面:

① 由于种种原因，来访者认为自己本应该做的事情，却没有做，引起了不好或者严重的后果时，产生了强烈的内疚感、罪恶感和自责心理。此时，运用空椅子技术，让来访者自己与自己展开对话，从而降低内疚感。

[案例]　张三有一次看到一个小孩掉进河里，他准备去救，但是自己不会游泳，于是就跑出去喊人，但等他把人叫来时，小孩子已经溺水身亡。从此以后，他的情绪极为低落，晚上常常做噩梦，经常责怪自己，活得很不开心。心理辅导教师对他运用了空待子技术，当他坐在一张椅子上时，让他想尽一切理由去责怪自己；而坐在另外一张待子上时，让他替自己没有施救的行为进行辩解。自我的两个部分展开了激烈的对话，张三也由此进行了深层的思考，最终他明白了，小孩的死责任并不在自己身上，假如自己去施救的话，没准把自己的命搭上也救不了小孩。从此，他释然了，从低落中走了出来。

② 面对各种各样的选择很难下定决心，或者处于人生的十字路口不知将何去何从时，来访者忧心忡忡，不知如何进行选择，因此逃避现实，甚至通过烟酒或其他方式来麻醉自己。此时，可以运用空椅子技术，让来访者自己与自己展开对话，澄清自己的价值观，分析各种选择的利弊，找到解决问题的途径。

[案例] 面临着即将到来的文理科分班，小李感到脑子一片混乱。选择文科吧，历史、政治自己比较擅长，也比较喜欢，但她很讨厌地理，并且听说文科以后的就业面也比较窄;选择理科吧，理科中理化成绩比较好，并且父母和班主任也极力劝说她选择理科，但她讨厌生物。于是,一连几个晚上,她躺在床上翻来覆去怎么也睡不着……

辅导教师让她坐在椅子上对另一把空椅子展开了心灵的对话。坐在这张椅子上，就把选择理科的好处和选择文科所有的坏处罗列出来；坐到另外一张时，就把选择文科的好处和选择理科的所有坏处罗列出来。并且在罗列完以后，还展开激烈的质询……

（3）“他人”对话式。

“他人”对话式是自己和“他人”之间的对话，放两张椅子在来访者面前，坐到一张椅子上时，就扮演自己；坐到另外一张椅子上，就扮演别人，两者展开对话，从而可以站在别人的角度考虑问题，然后去理解别人。

主要应用于两个方面：

① 来访者以自我为中心，不能或者无法去体谅、理解或者宽容别人，因此存在人际交往方面的困难，而自己却找不到原因。此时，运用空椅子技术，让“自己”和“他人”之间展开对话，让来访者设身处地地站在“他人”的角度思考问题，从而产生领悟，找到人际交往困难的原因。

[案例] 小小和小大关系非常好，但是最近有了矛盾。小小认为所有的责任都是小大引起的，但是听了小小的叙述后，心理辅导教师发现问题真正的原因在于小小太以自我为中心。此时，辅导教师便运用空椅子技术，让小小依次扮演自己和小大，展开对话，使

她能够站在别人的角度思考问题。经过一番对话后，她决定向小大道歉，并主动和好。

② 来访者存在社交恐惧，不敢或者害怕和他人交往。此时，运用空椅子技术，模拟人际交往的场景，让来访者在这种类似真实的情境当中减轻恐惧和焦虑，学会或者掌握与人交往的技巧。

[案例] 小林非常内向，不善于交际。因此，在寝室当中显得非常不合群。他很想和寝室里其他几位同学打成一片，可是他害怕自己说不好会被别人笑话，或者伤害了别人的自尊心。因此，很多时候话到嘴边也说不出来。心理辅导教师就摆放了六张椅子，分别代表小林自己和其他同学，并且创设了一个情境，让小林与他人展开对话，让他揣摩别人的心理，体会对方的心理状态，使小林逐步掌握了同伴交际技巧。

3．运用空椅子技术的注意事项

① 运用空持子技术之前，应该深入了解来访者的问题所在，看来访者是否适用空持子技术或者应该运用何种形式。并不是所有的问题都适合用空椅子技术，只有在充分、深入了解来访者的问题基础上，才能决定是否用空椅子技术。

② 运用空椅子技术前，首先要营造出一种气氛。辅导者一定要充分掌握空椅子所代表个体的详细情况。然后，告诉来访者，那个人就坐在这张椅子上，并且详细地描述他的表情、动作、声音等。一句话，要让来访者感到那个人是真真实实地坐在他面前，来访者才会有话可说。

③ 辅导者要诱导来访者全身心投入对话情境。提醒来访者要设身处地站在另外一个角度或者别人的角度去思考问题。而来访者扮演“他人”的角色时，往往会用第三人称的口吻讲话，此时辅者要求来访者要用第一人称说话，并且要尽量去模仿“他人”的声音和动作。只有这样，来访者的体验才能够深入，获得的领悟也才比较深刻。

二、系统脱敏法

1．方法介绍

系统脱敏法（systematic desensitization）又称交互抑制法，是由精神病学家沃尔帕（Wolpe）创立和发展的。这种方法是要求来访者以小步子逐渐地缓慢地与所惧怕的对象接触，同时从事与焦虑相对抗的活动（通常是放松），最终达到克服恐惧的目的。

系统脱敏法的原理，可以追溯到早期行为主义者华生等人以条件作用为基础的两项实验研究。一是使一位正常的儿童阿尔伯特对大白鼠变得恐惧;二是使一位对动物恐惧的儿童彼得变得不再恐惧。

在上述研究的基础上并结合自己的研究，沃尔普对恐惧症及其干预提出了“交互抑制说”。他指出：恐惧是后天习得的，是环境里的中性刺激与焦虑反应多次结合而变成了焦虑刺激的结果。要克服恐惧，可以将焦虑刺激与另一与焦虑不相容的反应相结合，这样可以削弱原来焦虑刺激与焦虑反应之间的联系。机体放松是一种典型的与焦虑不相容的反应。人和动物的肌肉放松状态与焦虑情绪状态，是一种对抗过程，一种状态的出现必然会对另一种状态起抑制作用。如在全身肌肉放松的状态下，肌体的各种生理指标，如呼吸、心率、血压、肌电、皮电等都会表现出同焦虑状态时完全不同的变化。对恐惧干预时，可以从引起个体较低程度的焦虑或害怕反应的刺激物开始，同时要求机体放松。当该刺激不再引起焦虑或害怕反应时，可以呈现比前一个刺激较强的焦虑刺激，同时要求机体继续放松。如此反复进行……，个体对焦虑刺激的敏感性就会逐渐减弱，其恐惧焦虑就能得以控制或抑制。

2．操作步骤

采用系统脱敏疗法克服恐惧包括三个步骤：制定焦虑的梯度；进行放松训练；实施脱敏过程。

（1）制定焦虑梯度。

这一步包含两项内容：一是帮助来访者确定与恐惧反应相联系

的特定环境或事件，确定与此相应的体验到焦虑的主观程度。这种主观程度可以用主观感觉尺度来度量。尺度范围为 0～1 00，一般分为 10 个等级，单位为 SUD。下面是恐惧的主观度量尺度：

0	25	50	75	100
心情平静	轻度恐惧	中度恐惧	高度恐惧	极度恐惧

二是根据来访者的报告和相互沟通磋商，达成共识后将焦虑事件按等级程度由低到高的顺序作出排列。

[案例] 一个患有严重考试焦虑的学生（见表 4.3），心理辅导教师为其进行了系统脱敏治疗。

表 4.3　一个害怕考试的学生害怕的等级层次表

序号	事　　件	程度 SUD
1	学期结束了，没有考试了。	0
2	上学第一天，老师告诉我们教学计划和考试计划。	10
3	大约在考试前一周，我感觉到它即将来临。	30
4	考试前两天，我变得特别紧张，开始感到难以集中思想。	50
5	考试前一天，我的手心变得潮湿，并感觉把一切都忘记了。	70
6	考试前一夜，我失眠，并在半夜中惊醒。	85
7	前往考场的路上，我几乎站不稳，像要生病一样。	90
8	当我走进教室时，双手潮湿，我真怕把所有东西全忘了，想马上走开。	95
9	当试卷传过来时，我紧张到无法行动。	99
10	当我看考卷时，发现其中有两道题不会，我更加紧张，大脑一片空白。	100

以上的两项也可作为作业由来访者自己独自去做，但最后心理辅导教师必须认真检查，共同商定对等级的梯度排列。

（2）放松训练。

这一步是，经过训练让来访者学会能够与焦虑对抗的活动即放松，能够把握如何使自己处于放松状况的过程。

训练时，让来访者靠在或躺在沙发或软椅上，要求按照心理辅导教师的指导去做，同时体会身体放松的感觉。训练放松的身体部位通常是从上到下，先是头部，然后是颈部、上肢、胸部、腹部，最后是下肢。最后，来访者能够按要求把握如何使自己的整个躯体放松，并体会到全身的轻松感。

放松训练一般需要 6～10 次的练习，每次历时约半小时。每次训练后，安排来访者回家做一定的练习，效果会更好。训练中，除了听从心理辅导教师的指导，也可以按照提供的录音带或文字说明进行练习。

放松训练是否成功，最后要看来访者听到了要求放松的指令后，能否及时地使自己处于一定的放松状态。时间安排上，这一训练步骤可与前面制定焦虑梯度的步骤结合进行。

（3）实施系统脱敏。

这一步是，把前面两个步骤结合起来加以操作，即引导来访者按照焦虑梯度逐一进入某一情境，同时要求他内心努力放松并尽可能持续地保持这一状态。

具体做法是：在来访者报告处于放松状态后，要求他尽可能想象焦虑梯度中焦虑最低的情境;想象后尽可能保持身体的放松状况，若来访者做不到而深感焦虑就发出信号，于是让来访者回到先前的放松状态；想象后来访者若能够保持放松状态也发出信号，就要求他想象情境和放松身体交替进行，直至在情境想象时也能较好地保持放松；于是，进入焦虑梯度中程度高一级的情境……如此逐级前进，直至达到焦虑梯度中焦虑程度最高的情境。这时，恐惧症引起的焦虑就能得到较有效地控制了。

在练习中，值得注意以下两点：

（1）每次脱敏数量不能过多。一般每天进行一次脱敏，每次脱敏所包括的“焦虑等级”不应超三种。

（2）每次进行新的脱敏之前，一定要先做一遍放松练习。只有全身都处于松弛的状态之下，才可以进行想象脱敏的过程，否则，是起不到脱敏作用的。

“系统脱敏法”是通过一系列步骤，按照刺激强度有弱到强，由小到大，逐渐训练心理承受能力、忍耐力、增强适应力，从而达到最后对真实体验不产生“过敏”反应，保持身心的正常状态。

3．系统脱敏的变式

在实际运用中，系统脱敏发展形成了若干变式。

（1）快速脱敏法。

快速脱敏法或称真实生活脱敏法。其主要特点是，用造成恐惧反应的实际刺激物代替对它的想象，心理辅导者陪伴着来访者逐一通过一系列令其感到恐惧的情境，同时鼓励他坚持放松，直至对原先害怕的情境不再感到焦虑紧张为止。

例如，对一个害怕拥挤、害怕与陌生人接触的恐怖症患者，可以让他在心理辅导者的陪同下，在清晨人少时乘车到闹市区去。到达后，先让他在车内坐几分钟，如果不感到焦虑，可以鼓励他下车到商店门口走走，再陪同进入商店……直到他在白天进入拥挤的商店购物而不再感到紧张焦虑为止。

（2）接触脱敏法。

这种方法特别适用于处理对特定物体如对蛇、蜘蛛的恐惧。接触脱敏法也是按焦虑梯度进行的，也在真实生活情境中操作，不同的是增加了示范和接触两项技术。

例如，用此法处理对蛇的恐惧，先让来访者观看心理辅导者与蛇接触的情境，包括触摸、拿起和放下蛇的示范。开始站得较远，慢慢鼓励他逐步走近观看。然后，鼓励他把手放到心理辅导者身上、再放到手上。继而，鼓励他用手逐渐接近蛇并触、碰、摸。这时，来访者对蛇的恐惧已经基本消除了。

（3）自动化脱敏法。

该法在与来访者交流沟通的基础上，将那些令其紧张焦虑的情境，如喧闹嘈杂的声音、拥挤的人群或爬行的动物等，制作成录音带或录像带。然后，使用这些带子指导来访者进行系统脱敏。

该法的突出优点是：来访者可以在家里自己使用，减少了心理辅导者投入的时间；来访者可以自己决定脱敏的速度和进度；带子中可以编入范例和指导，增强示范和引导的作用；可以单独运用，也可以作为对其他干预恐惧症方法的补充来使用；还可以用于对将面临的检查和干预感到紧张不安的来访者。

（4）情绪性意象法。

该法由拉扎勒斯（1962）等最先提出。其主要特点是通过形象化的描述，诱发来访者兴奋、骄傲和欢乐等积极的情绪情感活动。这些积极的情绪情感活动显然与由恐惧刺激物所引起的焦虑反应互不相容，从而就可以逐渐抑制和消除相应的恐惧心理。该法对少年儿童来访者更为有效。

三、行为强化法

1．方法介绍

行为强化（behavior reinforcement），是紧随某一特定行为之后给予某一刺激作为其结果，这个结果导致该行为在未来更容易出现，或使该行为发生率得到了提高，这个过程就是行为强化。从强化刺激物的使用看，强化可以分为阳性强化和阴性强化。两者都会增加行为在将来出现的可能性，区别主要在于强化时运用的刺激物性质不同。

所谓阳性强化法，是指当某一行为在某种情况出现后，即时得到一种强化物，如果这种正强化物能够满足行为者的需要，则以后在同样或类似情景下，这一特定的行为的出现几率会升高。通俗地说，阳性强化法即对正确的行为进行及时奖励，对坏的行为予以漠视和淡化，促进正确的行为更多地出现。

其目的是通过奖赏、鼓励等方式使某种行为得以持续，其适用于治疗多动症、学习困难等。在应用阳性强化法前要确定希望儿童改变什么行为（确定靶行为）及确定这种行为的直接后果是什么；设计新的行为结果取代原来的行为结果；同时对儿童出现适宜的行为时，立即给予阳性强化，例如奖赏、鼓励等。奖赏在儿童行为治疗中占有很重要的地位。当儿童出现符合规定和要求的良好行为时，立即给予奖赏，使儿童感到愉快和满足，从而形成良好的习惯。或者通过塑造培养和增加某种新的行为，例如当儿童完成规定行为时，就予以奖励，持之以恒，以促进儿童注意力的发展。可与自我控制法一起应用，指导儿童用自我监督、自我强化等方法学会控制自己的行为。儿童每天将自己的行为做记录，一周后，比较不适宜行为出现的次数，行为有进步则给予奖赏。奖赏物包括初级奖赏，活动奖赏，社会奖赏。鼓励的目的是促使儿童自愿地、主动地去学习重复某些良好行为。

[案例 1]　国外有人曾用正强化法来研究儿童遵循教师指令的行为，被试者为幼儿园大班的 5 个女孩，这些被试者对教师的指令常常无动于衷。研究者为该班教师设计了每天使用的 10 项指令，如，“坐下”、“把铅笔和纸拿给我”、“把你那张纸折叠好”、“把文具放进你的书包”等。如果儿童在老师发出指令 1～5 秒内能照着去做，就视为遵循指令。

首先，进行基础测定，连续 5 天对每个儿童分别发出 10 项指令，并观察记录她们的行为，教师不作任何反应。结果 5 天内她们遵循教师指令的行为平均为 60%。其次，矫正措施的介入，连续 6 天对每个儿童分别发出 10 项指令，当儿童遵循一项指令时，就马上给予正强化，即口头赞扬，如：“××真听话”、“××是个好孩子”、“××真乖”、“谢谢你”等。结果 6 天内她们遵循教师指令的行为平均达 78%。再次，当教师撤销言语强化，恢复到基础测定。连续 5 天遵循指令的行为下降到平均为 69%。最后，再次实施言语强化措施，连续 4 天，遵循教师指令的行为再次增强，平均达 84%。

[案例 2]　当学生在课堂上注意力集中时，老师对他微笑并表扬他，这就可能使这个学生更加集中注意力。微笑这一令人愉悦的刺激物强化了集中注意力的行为。

在正强化法中，作为产生行为后果的强化物具有重要作用，它能满足行为者的需要，并能使某种行为产生的概率升高。强化物种类多样，大致可分为以下几类：

① 消费性强化物，如糖果、糕点、饮料、水果等。

② 活动性强化物，如室内外的活动，看电影、电视，看画册，过生日、郊游、运动会等。

③ 操作性强化物，如拍球、跳绳、骑车、涂颜色、画画、玩彩泥、游戏、剪纸、小制作等。

④ 拥有性强化物，如奖状、证书、小红星、小红旗或铅笔、

小画书、小玩具等。

⑤ 社会性强化物，包括两大类：一类是肯定性的言语评价，如真棒、好极了、干得好、好孩子等；另一类是积极的动作姿态，如摸摸孩子的头、亲亲孩子的脸、抱一抱、抚摸、点头、微笑、一起玩游戏等。

所谓阴性强化法，指当儿童某一不良行为发生后，即施予一种厌恶或惩罚性的刺激,使儿童在类似情境下不良行为发生频率降低，甚至消除的方法。负强化法通常与惩罚结合起来使用，厌恶刺激或惩罚性刺激包括强烈的否定性言语、警告、瞪眼、暂停某项活动、用力抓住，以及能引起被试不适感的刺激，如弹橡皮圈（被试手腕上套橡皮圈，不良行为发生后，自己拉弹橡皮圈）、刺耳的声音、难闻的气味、轻微的电击等。

[案例 3] 某一儿童有吮大拇指的不良行为，老师征得了家长的同意，在儿童的拇指上涂上黄连粉，当儿童一吮拇指就会产生苦的感觉，为了逃避这个厌恶刺激，儿童就不把大拇指含在嘴里。若干次以后，儿童知道不吮拇指可避免苦的感觉，并形成了回避条件反射，从而改掉了吮拇指的习惯。

[案例 4] 这是利用阴性强化对有自伤行为的小男孩进行干预的个案。先让男孩坐在椅子上，前面的小桌上有一辆玩具卡车，它能记录小男孩玩弄卡车的时间。如果到一定时间没有用手碰车，蜂鸣器就会发出叫声，叫声之后 3 秒小男孩还不触碰卡车，他就会受到电击。干预者教会他一受到电击就把手放到车上，经过几次成功的逃避反应后，他学会了回避反应。之后，他知道不受电击就要设法不让卡车发出声音，这必须把手一直放在卡车上，这使他学会了回避反应。后来，逐渐用其他玩具代替卡车。之后，又撤去蜂鸣器和电击，男孩仍能玩玩具而不再有打头的自伤行为。

负强化是通过逃避或回避厌恶刺激来实现不良行为矫正的。对于儿童来说，因为已有语言和意识，所以实施负强化时，可通过语言这个中介，如批评、训导、斥责等来清除不良行为，建立良好行为。

2．操作要点

（1）选择适当的强化物。特定的事物是否起强化作用要取决于行为者的特点。阳性强化时，刺激物应该是行为者喜爱的；阴性强化时，刺激物应该是行为者所厌恶的。各人的好恶及其程度不同，选择的强化物就应因人而异。

（2）确定强化程序。行为强化的实施可以连续也可以间隙。连续强化，只要出现目标行为就提供强化；间隙强化，对目标行为按一定程序间隙地给予强化。

通常，在刚开始学习一个行为时，连续强化对行为的获得比较有效。在行为习得以后，间隙强化则会使行为发生率较高且较难消退。

间隙强化的程序安排有多种。有按比例、时间间隔、持续时间等的不同安排，这种安排又有固定的与可变的之分。如固定比例程序、可变比例程序、固定时间间隔程序、可变时间间隔程序、固定持续时间程序、可变持续时间程序。一般，可变程序的效果较好，但固定程序的操作较为容易。

（3）及时调整。按计划实施强化后，必须密切观察强化的效果，要根据进展的情况及时和适当地作出调整。

3．注意事项

（1）运用负强化法要注意：负强化法通常是在其他方法无效的情况下，不得已时采用的。所选择的厌恶刺激或惩罚物必须及时呈现，行为与呈现间隔时间越短，效果越大；厌恶刺激会对儿童产生不适感，在选择厌恶刺激时要慎重，要为社会道德所容许，不会影响儿童的身心发展与人身安全。另外，负强化常常有惩罚性质，有消极的影响，会引起儿童的不良情绪反应，如哭、闹等；易导致儿童模仿成人的惩罚行为来对待别的儿童。因此，运用中最好与正强化法结合起来使用。

（2）正强化法的实施要注意：所选择的强化行为应是具体的、可观察、可测量的行为；所选择的强化物要与被试的需要相吻合，在所需行为发生之后，应及时呈现；给予强化物时，物质奖励要与精神奖励（口头赞扬）结合起来进行；强化时，在数量上应把握好分寸，既使行为者感到愉快，又不使强化物很快失去吸引力；在撤销强化物时，可采用逐步消除的方法，或用社会性强化物代替，以继续维持所需行为。

（3）注意结合运用。行为强化时可以把阳性强化与阴性强化结合使用。对行为者以自己的行为逃避或回避了厌恶刺激后，可以再给予令行为者喜欢的刺激物来巩固其行为。

实践篇

第六章　学校心理辅导的途径

“通过多种途径，让学生在辅导过程中，身心得以放松，思想得以提升，能力得以提高，实现他助向自助的转化。”

——作者

【导读】

学校育人有很多途径，学校心理辅导的有效途径您想知道吗？

您知道多维立体心理辅导模式吗？

心理辅导是学校教育工作的中心，将心理辅导视为学校教育工作的中心是发展性心理辅导教育理念在学校管理活动中的体现。

我们的学校管理者必须重新认识心理辅导的性质和作用，树立心理辅导是学校工作中心，心理辅导与其他教育工作必须整合为一的思想，革新心理辅导的内容和形式，充分发挥学校各种教育资源的作用，使心理辅导真正成为落实全面发展教育方针，实现素质教育目标的主要途径。

第一节　学校心理辅导所涉及的方面或要素

西方的学校辅导在发展过程中一直存在一个毛病，就是轻视学校辅导自身理论体系的建设，其中包括对学校辅导模式的探索。Show是为数不多的对此做过系统研究的几位学者之一，Show认为学校辅导模式主要应该回答三个问题：谁应接受辅导；为什么要进行辅导；怎样进行辅导。据此他提出一个学校辅导的“一般模式”，该模式主要包括三个方面：价值、目标和功能。这三个方面涵盖了对上述三个问题的回答。Show的“一般模式”涉及学校辅导最基本的几个要素。但笔者认为，一般辅导模式应该符合以下标准：① 涵盖理论和实践两个方面；② 包括规定着辅导的基本属性的组成要素；③ 各组成要素之间存在内在联系或具有内在一致性。基于这一认识，我们建议从以下这三个方面来讨论学校辅导的一般模式。

1. 理　念

辅导是实践，是有理念为根基的实践。辅导模式若只是局限于就事论事的实务说明，一不能使辅导体系之各要素的合理性成立。二不能助辅导员进行创造和革新，甚至连辅导本身在学校教育中的合法性都无法确定。学校辅导模式至少应该在两个层面确立一些明确的理念：哲学层面，如人性观、价值观、学校教育的目标；心理学层面，如人的动机系统、人的发展历程、决定行为的因素、人格和行为改变的条件。

2. 要　素

一般辅导模式须明确以下构筑学校辅导基本骨架的要素：学校辅导的对象是面向全体学生还是部分学生，是直接面向学生还是透过对教师和家长的辅导影响学生。学校辅导的目标一般都认为，辅导的目标在于协助学生克服他们在适应和发展上所遇到的困难。另有一种相关的说法，是把辅导区分为发展性的、预防性的，以及治疗性的，以此来描述不同的辅导目标(Show，1973)。其实，这一区分不仅涉及目标，亦涉及辅导内容、对象和辅导方式。目前多数研究者同意把学校辅导的内容区分为生活辅导、学习辅导以及生涯（职业）辅导。学习及生涯辅导的内涵较为明晰，唯生活辅导包罗甚广，需要进一步说明。学校辅导的途径和方式是第一线的实践工作者最感兴趣的问题，目前各地自主创造或从我国港台地区借鉴已经出现了不少辅导形式，吴增强对此做了较好的概括和说明(吴增强，1998)。

一般的辅导模式不一定要详细罗列各种辅导形式乃至措施，但要强调两点：一是辅导途径或形式必须与辅导的基本目标一致；二是它们应该有验证性研究或经验支持，证明有达到目标的功能。

3. 组织和资源

这一方面是学校辅导得以进行的支持和保障系统。例如，谁做辅导如辅导员的选聘、培训、资格要求、个人素质；领导、专职机构、组织协调如校长的作用，辅导室的设置，全校辅导力量的配置和职能分工，乃至校际或学区的联络(如果不仅限于一校之考虑的话)；家庭资源如协调家庭的力量参与辅导，家庭辅导或治疗；社会资源如配合或利用当地社区的活动，利用各种途径影响社区环境的改变以利学生的成长；学术研究及信息资源支持如校内或联校的专题研究，参加全国或地区性学术交流，专业文献资料库的建设。

第二节　学校心理辅导理念问题

一、人性观问题

人性观是个涉及多方面的哲学问题，在辅导上至少有两个问题与人性观有密切联系。

(1) 怎样看待人的基本倾向（或曰天性）。古今中外基本上有三种意见，一是认为人性本善，承认人天生就有一种向上、向好、向着自我实现的方向成长的倾向。在心理学中人本主义的辅导秉持这种看法。二是认为性本恶，认为人如果不予教化，必然堕落。心理学中持此观点的不多，古典精神分析学派稍倾向于此。三是认为人无天性，人在后天向什么方向发展，完全取决于教养。行为主义的辅导持此看法。在学校辅导领域，主要是第一和第三两种见解比较有势力。这个基本理念上的分歧并非无关紧要，林孟平曾指出，“一位辅导员所持的人性观，不但决定他对辅导理论所作的抉择，而且，亦切切影响他如何发展一套个人从事心理治疗工作的模式”（1998）。例如，在不同的观点制约下，辅导者对辅导目标、辅导途径就会有不同的选择。

（2）人的发展的主动性问题。发展性辅导在人本主义者看来，成长是人的天性，存在就必得发展成长，不必假于外力的“推”或“拉”；而在行为主义者看来，除却生理活动而外，人的大多数有意义的发展都是学习的结果，而学习的动力多半源于外在之“推”或“拉”。这一人性观分歧见于辅导模式的设计，往往表现为强调“教”还是强调“导”，重视“自助”还是重视“他助”，多注意于学生的自我观还是多注意于具体的问题行为。

二、辅导的目的

辅导的目的是以个人为本还是以社会为本是学校教育的一个重要问题，因此与其说辅导的目的不如说教育的目的。综观世界各国，办教育的目的多立足于国家社会的发展，鲜有将学生个人的发展作为一种独立的教育目的来对待的。现代教育的一大特色（也是流弊）是单纯以培养后备生产力、开发智力资源来看待和评价教育，认为人才的生产力愈高，教育就愈成功。我们似乎不是在面对一群有血有肉、有灵有性的活人，而是在生产一批批能够为社会创造财富的特殊产品。虽然我们有时也讲全面发展，但落脚点仍然是社会。因为在这么讲时人们心里想的是：只有让学生全面发展，将来他们才会成为对社会真正有用的人才！“德、智、体”全面发展是为了成为更有生产能效的劳动者。

西方辅导的传统精神基本上是个人本位的。几乎任何一本辅导教科书在辅导目标一章都明白无误地载明这一点。这样，辅导目标与教育目标有时（当二者无法整合时）未必完全一致。即使在未见明显矛盾的地方，两种不同的取舍也会对辅导模式的取舍发生微妙影响。这个问题在我国比在西方更为突出，因为中国传统思想总是倾向于将社会置于个人之上，在探索符合中国文化精神的辅导模式的时候，不能不考虑这一点。我们倾向于在中国提倡一种尽可能将个人为本与社会为本结合起来的辅导取向，其实任何一个健康合理的辅导目标都应该是这一取向。这一提法与国家的教育方针是一致的，在中共中央和国务院《关于深化教育改革全面推进素质教育的决定》中，就明确地提出“使受教育者……坚持实现自身价值与服务祖国人民的统一”（中共中央，国务院，1999）。我国台湾的学校辅导工作开展得比较早，发展得也比较好，他们也提倡这样一种辅导取向，例如我国台湾的“中国辅导学会研究部”所出版的《教育辅导手册》（1965）就讲：辅导工作协助个人发展其潜力，应配合社会的需要，要朝着他个人与社会双方都最有利的目标前进。如果联系我国学校尤其是中小学校的现实情况来说，当前似乎应该稍偏重于强调学生个体的价值，偏重以学生为本一点。因为当前学校教育的现实情况是：在应试教育的压力之下，教育方向过于整齐划一，强调集体、学校、教师的价值；学生个人的喜怒哀乐被忽视，学生的情性、个性，与智性无干的兴趣爱好被压制。在这种情形下，如果辅导还一味单向地引导学生去适应这种不正常的学校体系，显然不合情理，也跟素质教育的要求背道而驰。学校辅导有责任带头纠正这种极不合理甚至是极不人道的情形，应该在素质教育的改革中自觉地走在前面。

三、学校心理辅导与德育

学校德育及学生管理工作，在我国香港、台湾地区称作训导工作。比较而言，传统上训导较多强调规范和纪律；多从学校和社会角度看问题，较少从学生角度看问题；重禁止消极行为，轻鼓励积极行为；这几点与辅导正好相反。提倡辅导，会不会有意无意地跟训导对立起来，或者误以为有辅导就不要训导了。其实二者是联系密切但分工不同的两种教育活动。在实践上，学校应该强调二者的照应、互补，而不应各自为政，甚至互相攻击。否则，结果是训导“训”出心理问题来，交给辅导去处理；辅导又“拨乱反正”，把训导奚落一番；学生亲辅导而恨训导，又导致训导老师与辅导老师的抵牾。从训导的角度来说，是有可能发展出一种具辅导精神的训导的，比如对违规的处罚，只要罚有所本，公平公正，且让学生明白何以当罚，并不一定会给学生造成心理上的伤害。从辅导角度而言，应该明白，人为一社会性存在，社会规范、社会秩序是人的环境中客观存在的力量，无视这些力量的完全的“自由发展”是不可能的。从另一角度讲，纪律和禁制亦有助于学生学会对自己的行为负责，把辅导关系所要求的理解、关爱和尊重曲解成迁就、姑息是不对的。简言之，学校辅导模式中，辅导与训导要往相辅相成的方向走，达致殊途同归的目的。在大陆开展学校心理辅导，在如何正确看待与处理辅导与德育工作的关系这一问题上，我们亦可持类似的观点。至于辅导与学校其他教育活动的关系，辅导是学校教育一盘棋中的一粒子，不是学校教育的全部。即使是学生事务方面，辅导也不能包打天下。正如Show 所指出的，人们容易忘记的家庭、教师、青少年组织、某些社区机构，其实都有兴趣和责任关注青少年的事务。因此，在设计学校辅导模式时，应该从学校教育的整体出发来考虑。不然，从消极方面说，有可能与其他教学教育活动发生冲突，引起其他部门的不满；从积极方面说，会白白丧失许多辅导资源。沿着这个思路再往大些来考虑，应该有意识地探索一种综合性的学校辅导模式，即把学校各种辅导资源充分调动起来，形成一种整体性的辅导氛围或环境，使得学生在这样一种具辅导精神的环境中成长和发展。我国香港地区在20世纪90年代后开始推行的学校辅导模式就是沿着这个路子走的，其名称为“全校参与的辅导方式”（在香港地区又叫“学校本位辅导方式”），我国台湾地区也是这样一个方向。

学校心理辅导是20世纪教育改革运动中出现的新概念，是指“在一种新型的建设性的人际关系中，学校辅导人员运用其专业知识和技能，给学生以合乎需要的协助与服务，帮助学生正确地了解自己，认识环境，确立适当的生活目标，增强社会适应，充分发挥自己的潜能”。德育是“根据一定社会的思想政治观念、道德行为规范和学生的身心发展规律，有目的、有计划地塑造儿童与青少年心灵的教育活动”,两者在现代教育体系中的作用是不可相互取的，有许多不同之处。

（1）内容和目的不同。

学校心理辅导工作，主要是帮助学生作为个体实现更好的心理适应，以充分发挥个人的潜能，它特别关注学生的自主追求，重视个人的心理感受，重视学生自我意识的完善和个人价值的实现。而德育工作主要是“把学生放在社会关系层面上去考察和培养”，按照社会要求的规范去教育学生，致力于解决学生的政治方向、思想倾向问题。

（2）学生观不同。

学校心理辅导的工作者主要采取“移情性学生观”，应给予学生更多的尊重、理解、支持和信任，设身处地为学生着想；而德育工作者主要采取“评价性学生观”，以社会规范为标准对学生的心灵加以塑造，力图在学生心中树立一种权威和标准。

（3）工作原则不同。

学校心理辅导和德育工作目的的不同决定了两者应把持的原则也不同。比如，学校心理辅导多采用引导的方法帮助学生理顺事实，澄清矛盾，从而由学生自己做出合理的价值判断和行为选择；而德育工作则更多地对学生进行直接的干预和指导，促使他们选择为社会所认可的、相对统一的价值体系，对学生提出非常明确的要求。

（4）具体方法不同。

因各自的内容、目的、原则、观念等不同，二者的工作方法也必然有所区别。学校心理辅导采用的方法有：会谈、心理测量、角色扮演，行为矫正等；而德育工作的方法有：说服教育、宣传鼓动、批评表扬等。

当然二者也是相互联系的。

（1）心理辅导补充了德育的内容。

传统的德育内容是政治教育、思想教育和道德、法律等行为规范的教育，主要是为了使学生在政治观念、辩证唯物主义思想及社会道德规范和法律意识等较高层次上形成正确的价值取向。德育比较关注的是社会对个人的政治、思想、行为规范方面的要求，但忽视了学生最一般、最基本的心理需求，如情绪调适、人际交往、应付挫折、职业选择、不良习惯的消除等，而这些却是心理辅导的重要内容，可以说心理辅导补充了德育内容，它使德育内容更加贴近学生生活，促使学生完整人格的发展。

（2）心理辅导为德育提供了新的方法与途径。

德育的方法主要是说服教育、榜样示范、环境陶冶等，具体运用时强调社会要求等外在影响。教育者是主导者、权威，学生在被动接受教育时，易出现抵触情绪。此外，德育多采用理论灌输，学生往往能将行为规范背得滚瓜烂熟，却不能落实到行动上，造成知行脱节。心理辅导采用疏泄、自由联想、暗示、放捡训练、心理换位等方法，学生感觉到教育者是协助者，他们会从内心自觉接受教育，并学会用自己的力量来解决问题。德育工作者若借鉴心理辅导的方法，会减少思想工作的阻力，使思想政治工作做得具有人情味。德育工作借助心理测验能够客观地了解学生的个性、智力、人际关系、长处、不足及发展趋势，使德育工作更具有针对性。

第三节　学校心理辅导途径

心理辅导是学校开展心理健康教育工作的重要环节，它以助人为目标，是解决学生心理问题的主要手段和有效方法。中小学实施的心理辅导大体包括以下几种形式：个别辅导、小组辅导、活动辅导和教学辅导。学校可以根据学生的实际情况和心理需要来选择适当的形式，以保证心理辅导的实效。了解和掌握心理辅导的形式，可以帮助我们更好地将心理辅导运用于教育教学工作之中。

一、四种基本形式

1. 个别辅导

个别辅导是师生双方共同参与,通过语言和非语言的对话交流,对学生产生的正面影响，是教师通过与学生一对一的沟通互动来实现的专业的助人活动。它是学校开展心理辅导的必不可少的辅导方式。个别辅导要求辅导教师有正确的观念、端正的态度，并要遵循一定的伦理守则和技巧方法，在辅导过程中始终贯彻真诚、尊重、理解的原则。个别辅导比较常用的方式有个别交谈、电话辅导、信函辅导等。个别辅导的核心是谈话，但并不意味着是教师在说教，而是要求教师去聆听，使学生感到教师是最好的交流伙伴。“让学生敞开地讲”是每一个成功辅导者的最主要的诀窍。每个学生都会有伤心、失望、受挫和痛苦的时候，会遇到与人相处中的各种问题。在这种情况下，学生最需要的是倾诉与表达，教师要仔细聆听，让学生充分表露自己的情感，表露自己的想法，这样才能使学生真正从痛苦中解脱出来。此外，教师还应细心观察，通过学生的声调、表情、体态的表达来获取更多的信息，探索学生谈话的“弦外之音”，以帮助学生找到解决问题的方法。

2. 小组辅导

小组辅导也称团体辅导，是指采用小组的形式，在辅导教师指导下讨论训练并有效处理他们所面临的共同问题，按照帮助、互助、自助原则，通过互动进行感受、思考、意见等相互传递，使学生加深自我认识，也使小组成员相互支持，以促进个人的自我辅导。也就是说，以启发个人为起点，运用小组力量来帮助个人，发展个人，最终达到个人与小组并进的目的。一般可采取交流、讨论和活动三种形式。

(1) 小组交流。通常用于认识自己和认识自己的价值取向等问题。其过程一般有觉察、澄清、整理、提升等阶段，即给学生提供一个宽松的环境，经由学生自己察觉，并用自己的语言表达出来，这个陈述的过程本身就是一个澄清、整理的过程。对于发展中的学生而言，他们对自己及自己价值意识的认识毕竟是肤浅的，要提升认识，仅靠说教是万万不能的。通过小组交流聆听别人的认识。进行比较和思考，从而了解自我，了解他人。

（2）小组讨论。小组讨论是有目标、有系统地运用口头方式交换相互间的观念、事实和意见，是一种共同思考。一般可选择学生普遍感兴趣而又有意义的问题，改编成两难问题或有趣的讨论题供学生讨论。也可以就小组本身的问题开展讨论。小组讨论给每个学生提供了陈述自己意见和自我表现的机会，同时可以通过别人的反馈获得自觉，使自己与别人不同的观点能明朗化，通过讨论也可以养成尊重别人、鼓励别人、自由表达，耐心聆听不同意见的态度，能够培养社会生活中所必需的协调合作能力。

（3）小组活动。小组活动泛指采用小组形式的其他辅导活动。一般有三个阶段：一是接纳，小组全体要接纳需要帮助的个体及其情绪，让他宣泄情绪；二是倾听，全体成员要专注地听，以示尊重与关心；三是澄清，小组成员帮助概括其倾诉的内容，反馈给他，使问题得以澄清，也可对其自相矛盾或情况不明的地方发问，促使其思考，再帮助他选择解决问题的有效方法。

3．活动辅导

活动辅导是指小组辅导以外，学生自主开展的其他活动。学生在活动中能反映其发展状况，通过观察学生的自主活动，可以较全面地了解学生身心发展的各个方面。因此必须重视学校里学生的各项活动，不仅要学生参与活动，而且要充分发挥其主动性和积极性，使之成为学生的自主活动。心理辅导可以说是教师辅导下的一种学生自主活动。凡是学生的自主活动一般都可以结合实施心理辅导，如体育活动、游戏活动、音乐活动、美术活动等，在体育活动中培养学生坚毅沉着、勇敢顽强、吃苦耐劳、坚持不懈的良好品质。在游戏活动中，学生能以良好的心态参与游戏，用正确的态度遵守规则，公平竞争，养成遵纪守法的社会生活习惯。音乐活动可以使人兴奋，也可以让人放松，培养学生调适身心的能力。美术是一种“无错误的学科”，是一种真正的自主活动，可以使学生充分发挥想象，表达思想与情感。

4．教学辅导

现代教学以全面提高人的素质为着眼点，以整体育人为目的。因此，教学过程就是一个育人过程，是一个心理辅导的过程。在教学过程中实施辅导，就意味着教师帮助学生处理好五方面的关系，实施五个原则，即和谐原则，在教学过程中处理好教师与学生关系的原则；合作原则，在教学过程中处理好学生与学生关系的原则；成功原则，在教学过程中处理好学生与自我之间关系的原则；兴趣原则，在教学过程中处理好学生与知识之间关系的原则；创造原则，在教学过程中处理好学生与学习之间关系的原则。

以上几种心理辅导形式，都是针对学生的心理问题进行的。学校可根据不同的问题采用不同的形式，让学生在辅导过程中，身心得以放松，思想得以提升，能力得以提高，实现“他助”向“自助”的转化，最终实现心理辅导“教人自助”的目的。实践证明：通过不同形式的心理辅导，可以有效帮助学生解决学习、生活中遇到的问题，使学生身心得到全面发展，精神愉快地投入到学习生活之中，从而提高学生的生活质量和学习效率。心理辅导的运用，也使学校的育人工作更具有实效性。因此，正确认识、合理应用心理辅导形式，是提高学校育人工作实效的有力措施。

二、多维立体心理辅导模式

1．一个中心

以促进学生的心理健康和提高学生心理素质为中心，学校所有的心理健康教育措施都必须紧紧围绕这个中心展开，最终都是为了实现心理健康教育的目标。这一目标可以从两个方面来认识。从积极意义上讲，叫发展性目标，即通过提高全体学生学习、生活、人际交往和社会适应性等方面的心理素质，充分开发他们的潜能，促进他们的心理健康。从消极意义上讲，叫防治性目标，即通过对学生心理问题的预防、矫治，进而促进学生的心理健康。学校心理健康教育应以发展性目标为主，防治性目标为辅。

2．两条途径

（1）专门途径。

① 开设专门心理教育课。开设心理教育课就是将心理健康教育纳入课程计划的总体规划，排入课表，依据不同的年级层次开展相应的课堂教学活动。它应以心理健康教育的发展性目标为主防治性目标为辅。在课堂教学中，学生在教师指导下，通过创设情境、展开讨论、树立样板、联系自我、反馈矫正、总结深化等环节，将学生学习心理潜力挖掘出来，提高学生的心理素质，调动学生自我发展的主动性、自觉性和积极性，是学校心理健康教育的主渠道。

② 学校心理辅导室的咨询辅导。学校心理健康教育的实施，必须实现集体教育与个体教育的一体化。如果说，把心理健康教育引入课程教学属于集体教育范畴的话，那么建立心理辅导室对学生进行咨询辅导就是属于个体教育最典型的范畴。国内外大量的心理健康教育实践证明：心理辅导工作在学校心理健康教育中承担着重要的角色与任务。心理辅导的根本目的在于帮助来访者认清自己的问题所在，提高其应付挫折和各种不幸事件的能力，使之能够自强自立，自己面对和处理人生中的各种问题，从而使来访者产生某种转变，使其健康的成长。心理辅导是一项非常复杂的专业活动，辅导教师必须经过严格的专业培训，必须具备丰富的知识经验、高度的责任心和敬业爱岗的精神，主要采取晤谈式辅导、电话热线心理辅导、“心灵信箱”信函辅导等形式。在心理辅导中教师必须严格遵守心理辅导工作职业道德，注意保护个人隐私，发现问题主动出击和小范围通报情况，做好辅导记录，逐步健全学生的心理档案。

（2）非专门途径。

① 学科教学中渗透教育各门学科蕴藏着丰富的心理健康教育的内容，学生的大部分时间是在各科教学中度过的，各科教师必须

承担起心理健康教育的责任。根据学生的认知、情感发展水平，根据自身教学内容的特点，深挖教材中的心理健康教育因素，并采用不同的方式，结合自身的学科教学任务来融汇和体现心理健康教育的教学意图，形成全体教师都加入实施心理健康教育的新格局。

② 学校各项活动贯穿心理健康教育。学生的心理健康是在活动中形成和发展的，主要包括课外活动、党团活动和社会实践活动。这些活动的开展一定要突出学生的主体地位，一定要增加趣味性和实践性，以学生更易接受的方式进行。在活动中，学生学会交往、学会合作、学会学习、学会做人，帮助学生正确处理好学习、生活、作业、人际关系等方面遇到的心理矛盾和问题，提高他们的心理素质，培养学生承受挫折和适应环境的能力。

③ 学校各宣传媒体开设心理教育专栏。学校心理健康教育最主要的还是面向全体学生的教育，因此，充分利用学校一切宣传媒体，如利用学校广播宣传栏、刊物等，采用辩论、知识竞赛等多种形式宣传心理健康常识及常见处理障碍的调适方法，提高学生心理自我保健的意识和技巧。

④ 充分利用校园隐性教育资源，营造心理健康教育的氛围。校园隐性资源主要包括物质环境、文化环境和人际环境，它们对学生的认识情感、意志、行为、习惯等起着潜移默化的作用。因此，充分利用校园隐性资源，将无声的教育与有声的教育有机结合，更是相得益彰。为使校园隐性教育资源发挥最大优势，在建设上应注意多维性、现代性、审美性，为学生营造一种浓厚的心理教育氛围，提高学生的心理素质教育意识。

3．四个方面的合作

（1）师生合作。师生关系是学校最主要的人际关系。师生关系是否融洽直接关系到教育教学的效果及师生的身心健康，因此建立民主平等、尊师爱生、教学相长的和谐师生关系是现代学校教育的基本要求，也是学校心理健康教育成功的关键。

（2）师师合作。心理健康教育是一个庞大的系统工程，单靠专职心理教师或学校领导是很难完成任务的。专职心理教师与班主任、各任课教师应定时研讨交流学生心理健康教育状况，总结经验，分析解决问题的方案与对策。

（3）家校合作。家庭是学生主要的成长环境，良好的家庭环境是学生良好的心理品质形成的关键。因此，学校的心理素质教育应该延伸到家庭中去，提高家长的心理教育意识，积极向家长宣传普及心理健康教育知识，了解学生在家庭中的心理表现。通过学校与家长的密切联系和配合，双方达成共识，尽可能地为学生营造一个良好的成长环境。

（4）社校合作。随着教育和信息传媒手段的不断改革，学生每天都在接受来自不同渠道的各种信息。为了让学生能够及时适应社会，为以后的学习工作和生活做好心理准备，学校应该变被动为主动，让学生参加各种社会实践活动，到社会中去锻炼自己，从而使学生明辨是非，接受磨炼教育和挫折教育，增强和提高对不良思想、行为的抵抗能力，培养独立学习的能力，健全人格。

三、学校心理辅导途径的三维化

1．实践形式的“三维”化（见图 6.1）

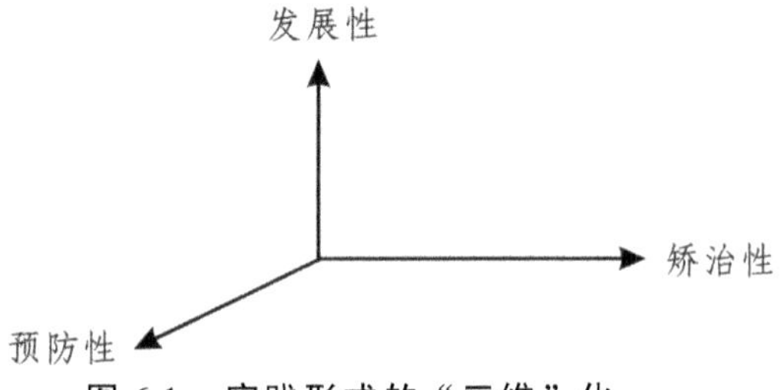

图 6.1　实践形式的“三维”化

该系统涉及心理健康教育的三种形式，它们相互弥补、相互交融。

矫治性辅导，主要针对有心理困扰或障碍的学生进行心理辅导的过程，重点解决个别性的心理问题。

预防性辅导，主要针对某个年龄段可能出现的一般的心理困扰和行为问题，重点解决某类人的心理问题，具有心理保健功能。

发展性辅导，是针对全体学生进行的心理教育。它主要是根据个体身心发展的一般规律和特点，结合心理知识，与学生展开对话或讨论。帮助不同年龄阶段的个体尽可能圆满地完成各自的心理发展课题，妥善地解决心理矛盾，更好地认识自己和社会，开发潜能，促进个体的发展和人格的完善。

2. 实践途径的“三维”化（见图 6.2）

在实践过程中，通过心理活动课、学科渗透和个别辅导三种途径，全方位实践心理健康教育。

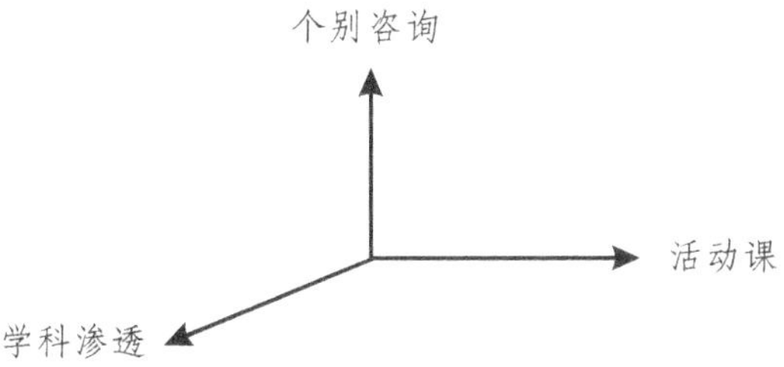

图 6.2　实践途径的“三维”化

组织开展心理辅导活动，每两周开设一节心理辅导活动课，让学生在活动过程中潜移默化地受到心理健康教育，在轻松和谐的背景下磨炼自己的心理品质。

将心理健康教育渗透于学科教学活动之中，把进行心理健康教育、培养学生良好的心理素质作为教学工作应达到的目标之一，使之真正落到实处。

开展心理辅导，维护心理健康。中学生由于心理发展的滞后，青春期身心急剧的变化会使他们对社会产生各种不适，产生多种心理问题。学校必须及时开展个别辅导为主辅之以集体辅导，口头辅导结合书面辅导等形式的辅导活动，并且提供跟踪辅导服务，切实解除学生的心理困惑。

3. 实践保障系统的“三维”化（见图 6.3）

学生健康心理品质的形成、发展，除了学校的重视与培养外，还必须得到社会的关心、家庭的配合。“三维式”学校心理辅导，应该是学校、家庭、社区统一影响的系统工程。社区教育和公益活动、家长参与和理解支持，将学校教育封闭型的单一结构改变为开放的多元的渗透性的教育模式。

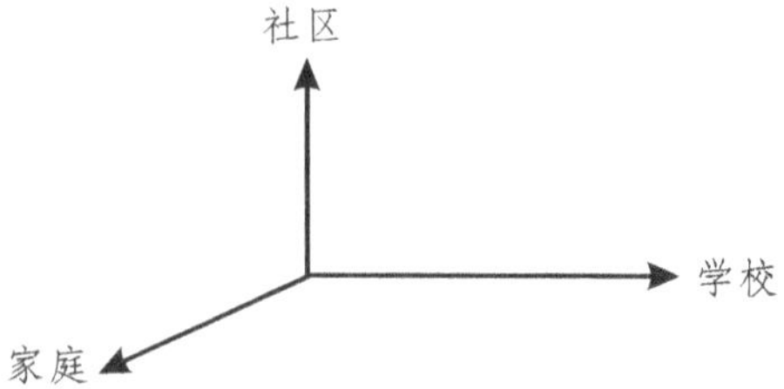

图 6.3　实践保障系统的“三维”化

三位一体的心理辅导模式是提高教育实效性的重要保证。

第七章 学校心理辅导课设计模式的建构及其具体操作

"只有把心理辅导专门活动融入认知教育而成为学生在校活动的一部分，并且由心理辅导教师、班级及科任教师广泛参与这项活动，辅导才能普遍地、广泛地影响学生生活而达到预期的目的。"

——刘华山

【导读】

学校心理辅导课的结构要素。

学校心理辅导课设计模式的要素。

班级心理辅导活动课的特点。

班级心理辅导活动课的操作要领。

班级心理辅导实施过程中的注意事项。

关于学校心理辅导的途径，各地已经有许多有益的探索，虽各有特色，但总的共识是不易偏执一端，即不赞成把学校"心育"搞成单一的心理测验、单一的个别心理辅导、单一的心理辅导活动课或单一的心理健康教育讲座等。近来，关于通过学校教育教学活动渗透"心育"的观点日渐被大家所接受，但我们在高度重视"教书育人、渗透心育"的同时，对开设心理辅导活动课也要给以足够的关注。班级心理辅导活动课不仅满足了相同年龄段青少年学生共同的心理发展需要，而且为传输丰富的"心育"内涵开辟了专门的渠道，为学校发展性"心育"的操作过程提供了广阔的心灵舞台，为学生个性的发展创设了团体互动的融融氛围，为实现学校“心育”的目标提供了课程构架的保证。

当然，我们强调班级心理辅导活动课是学校“心育”的重要载体，绝不是说可以忽视或轻视其他“心育”工作形式的综合作用。恰恰相反，“只有把心理辅导专门活动融入认知教育而成为学生在校活动的一部分，并且由心理辅导教师、班级及科任教师广泛参与这项活动，辅导才能普遍地、广泛地影响学生生活而达到预期的目的”（刘华山，1998）。

第一节　学校心理辅导课设计模式的建构

模式，通常是指可以使人模仿的标准样式。把这一概念引入到心理辅导课的设计中，是为了说明在教育活动设计理论指导下，经过设计实践活动所建立起来的心理辅导课活动设计的基本结构。心理辅导课设计模式是由其设计要素构成的，而心理辅导课的设计要素是由心理辅导课的结构要素决定的。

一、心理辅导课的结构要素及分析

无论何种类型的活动课程，都包含着共同的要素，即目标（目的）、对象（内容）、方法（手段）、评价（结果）四个方面。心理辅导课是一门活动课程，因此，心理辅导课的结构要素必然由这四个方面构成。

1. 活动目标

心理辅导课首先必须具备明确的目标，这既是学生活动的要求，又是课程的规定。作为活动，目标（目的）是第一构成要素。作为课程，必须规定一定学段学生最终达到的预期水准，否则，就不能有效地实现自身的价值。从根本意义上讲，心理辅导课并不存在独特的教育目的，它的教育目的在总体上受国家和社会的教育总目的的制约，要反映一定国度的教育性质和方向，也即心理辅导课的教育目的是与国家和社会的教育总目的相一致的。在当前全面推进素质教育的社会背景下，我国的教育目的是使受教育者素质得到全面和谐发展。教育总目的要通过一系列具体目标才能够实现，良好的心理素质是人全面素质中的重要组成部分，心理辅导是提高中小学学生心理素质的教育，是实施素质教育、落实教育总目标的重要内容。心理辅导的教育目标是由一系列活动或途径实现的，心理辅导课就是其中之一。心理辅导课的具体目标是指每个单元、每一节课使学生能够达到的目标。其总目标是促进学生心理发展，提高学生的心理素质，维护学生的心理健康。具体地说，就是使学生能够达到心理发展的基本目标。在具体的心理辅导课活动目标设计过程中，应充分考虑学生的发展水平，反映学生的多方面需要。从思路上看，心理辅导课活动目标的确立可以以自身的价值形式为参照系，遵循一定的客观法则进行。比如，社会要求与学生个体需要统一的法则、学生原有发展水平与其新的发展水平相统一法则等。

2．活动内容

根据心理辅导课的性质，心理辅导课的内容主要指学生的直接经验和及时信息，主要包括学生在心理辅导课中所获得的感性知识、能力以及非智力因素等。心理辅导活动课的内容主要来源于学生的心理发展需要。为确保这种来源的合理性，有必要认真考查学生各个发展阶段的身心特征，根据这些特征，向学生提供不同的教育性经验。就学生的心理发展需要而言，以初中学生为例，初中生身心发展主要显示出如下特征：性开始走向成熟，感情丰富微妙，易冲动，非常注意自己的形象，在乎别人对自己的评价等。因此，初中阶段的心理辅导活动课，可以把有关青春期的教育性经验作为内容，让学生掌握一些处理青春期一系列身心问题的方法。

心理辅导课在内容上应关注学生成长、发展过程中的一系列问题。学校开展心理辅导从根本上说是基于学生成长、发展的需要。发展心理学认为，人生的各个阶段、各个领域都有其应达成的相应的任务。学生从儿童期、少年期到青春期的成长过程中，要解决一系列发展中的矛盾或人生课题，如获得勤奋感、建立自我同一性等。这是一个长期的、复杂的过程，需要获得相应的指导与帮助。心理辅导课正是以个体的发展需要为出发点，帮助学生通过自我体验、自我领悟、自我实践，进而解决成长中的问题。

3．活动方法

心理辅导活动课的方法是其目的实现的手段，也是其内容发挥作用的必要保证。心理辅导课的方法主要包括两个方面：一是活动内容的组织方法；二是活动课的辅导方法。心理辅导课活动内容的组织方法包括又两个方面：其一，活动主题按着时间序列进行设计；其二，是指每一节课活动内容的组织方法。心理辅导课的辅导方法主要包括：① 认知法，如阅读和听故事、多媒体辅导、艺术欣赏、学生自陈、联想活动、认知改变等；② 操作法，如测验、演讲、唱歌、游戏、手工和绘画等；③ 讨论和辩证法，如小组讨论、正反方辩论等；④ 角色扮演（表演）等。

心理辅导课在组织形式上突出以活动作为主要中介。心理辅导课的目标要求学生的主要学习方法不是系统地听讲和读书，而是体验性学习。“活动”是近几年来哲学、心理学和人类学所发展出来的一个十分重要的概念。它有两个特点：一是主动性，活动一定是主体主动而自觉参与的；二是目的性，主体的活动总是出于一定的目的，满足自身的某种需要。因此，活动正好体现了体验性学习的一些特征，即个体性、情境性、整体性、经验性。心理辅导课以活动为中介，让学生在一系列基于他们生活实际的活动或情境中进行体验学习，从而获得成长所必需的经验。

4．活动评价

心理辅导课的评价是检验其课程目的达成的重要环节。一个完整的活动过程，总是呈现出种种阶段性结果，它们既是总结果的细胞，同时又是主体在活动中预测总结果的反馈体。心理辅导课的评价非常重视阶段性结果评价，这些评价可以帮助活动主体掌握“目的”在活动过程中有多大程度的实现，克服了“目的”不能在心理辅导课中得到验证和通过总结去验证周期过长的弊病。从这个意义上讲，心理辅导课的评价更是其必不可少的环节，因为心理辅导课的评价更重视过程评价。

心理辅导课同其他活动课程一样，其结构总是围绕“目标一内容一方法一评价”这一逻辑链条运行而发挥其作用。这一逻辑链条所包含的四个基本要素彼此联系缺一不可。没有目标要素，内容、方法和评价就失去了依据；没有内容要素，目标、方法和评价就没有发生作用的对象；没有方法要素，目标、内容和评价就没有运行的保障；没有评价要素，就无法检测内容、方法的合理性，无法知道目标的达成度，无法使心理辅导活动课程的逻辑链条良性运行。心理辅导活动课总体结构所包括的每一类基本活动，以及这些活动所包含的一系列主题活动,都必须具备心理辅导课共同的逻辑链条。

心理辅导课的效果评估强调多维评价。一般教育主要通过测试的方式检查、评价教育效果，而心理辅导课的评估则依据心理辅导目标，更加强调起始评价、过程评估和结果评价相结合，评价方式上呈现多样化。

二、心理辅导课设计模式的建构

1. 心理辅导课设计模式的要素

通过对心理辅导课的结构要素的分析，我们可以得出，心理辅导课设计模式的基本要素由活动对象、活动目标、活动策略和活动评价四个方面构成。

(1) 活动对象。

以谁为中心进行心理辅导课的活动设计，这是活动设计的根本问题，也是在活动设计之前必须认真考虑的问题。在传统学科教学思想的影响下，一些辅导教师在研究心理辅导课时，仍然是从教师的角度出发，以教师为中心，这是一种错误倾向。心理辅导课是一门活动课程，活动课程的特质要求以学生为中心进行活动设计，要分析学生的心理发展特点、评定学生的初始状态、预测学生心理发展可能的空间。

(2) 活动目标。

通过精心设计的活动，要使学生学习哪些心理发展的知识，掌握哪些心理调节的技能和方法，达到怎样的心理健康水平等有关学生心理发展的问题，在活动设计中，都必须用具有可观察、可测定性的术语精确地加以表述。活动目标应在分析学生心理发展需要、活动内容和活动主体的基础上加以确定。确定活动目标是辅导活动系统设计中的一项基本要求。一旦活动目标确定了，其他方面的设计便可围绕此展开。

(3) 活动策略。

活动目标确定后，我们就要选择活动策略，以期实现我们的预定目标。活动策略的设计包括许多方面，例如采用何种经济而有效的辅导与活动的形式，安排什么样的教师辅导，设计何种辅导的方法和活动的方法，选择什么样的活动媒体，如何利用现有的辅导资源及挖掘潜在的辅导资源，设计怎样的辅导环节和步骤等一系列问题。此外，还有一些更具体的问题需要加以分析和考虑。活动策略的设计是否具体而详细，决定其在整个活动过程中能否发挥十分重要的作用。

(4) 活动评价。

经过以上几步，已经完成一个心理辅导课设计的“产品”，而“产品”是否符合目标的要求、是否符合学习者的实际、能否保证取得最优的辅导效果、是高耗低效还是低耗高效，必须经过一定的检验，对所采用的活动形式、活动方法、安排的活动和步骤是否具体可行等一系列问题也必须作出检验。这就需要对心理辅导课的设计成果进行评价，并根据评价结果进行修正。根据实际需要和可能，可进行实施前的评价、实施中的评价等。

2. 心理辅导课设计模式的因素

在此基础上，我们借鉴学科教学设计理论，把构成心理辅导课设计模式的因素分为以下八个方面：

（1）心理发展需要的分析。

心理辅导课活动目标和活动内容的确定，离不开对学生心理发展需要的分析。在心理辅导课辅导活动之前，首先需要通过问卷调查、小组座谈、个别访谈等形式，结合学生的特点和社会及学校对学生的教育要求，弄清教育对象目前迫切需要解决的具体心理发展问题，并以此为依据确定活动内容和活动目标，以便有的放矢地开展辅导。

心理辅导课活动目标的确定依据之一就是对教育系统环境的分析。这是系统论中的一条重要原则，即教育系统的目标应根据更大的教育系统的环境要求来确定，这是我们进行心理辅导课设计的逻辑起点。例如，在学校心理辅导中，我们的教育目标不仅要根据学生的身心发展规律和特点来确定，还要根据社会对人才的心理素质需要来制定。因此，在制定心理辅导课活动目标之前，必须分析教育系统的环境。分析教育系统环境的过程，就是对学生心理发展需要的分析。我们只有在客观地分析学生心理发展需要的基础上，才能提出并确定心理辅导课活动设计课题的目标。总之，在学生心理发展需要的分析中，必须解决辅导“教师为何辅导”、“学生为何活动”的问题。

（2）活动内容的分析。

在教育目标指引下，各级各类学校都确定了培养目标。在培养目标的引导下，需要确定课程目标，并具体设置课程。然后根据课程目标，选编教材。在此基础上，确定单元目标和课时目标。在确定目标的过程中，应着重分析要促进学生心理发展需要引导学生掌握哪些心理知识、获得哪些心理体验、掌握哪些心理调节的方法和技能、改变哪些不合理的认知等，活动内容的分析要与学生的心理发展需要紧密联系在一起。总之，我们不仅应考虑辅导教师如何辅导这些内容，更要考虑学生如何掌握这些内容。

（3）活动主体（学习者）的分析。

要搞好心理辅导课活动设计的蓝图，必须分析活动主体在进入活动过程前所具备的一般特征，必须了解活动主体的初始状态，必须注意活动主体的心理发展特点，必须了解活动主体的准备状态。单纯地根据活动内容进行活动设计，而不考虑活动主体的水平和能力，不可能获得良好的效果。总之，活动设计要以活动主体为中心，时刻考虑“谁活动”的问题。

（4）活动目标的设计。

在对活动需要、活动内容和活动主体分析的基础上，就需要对活动目标进行设计和编排。在设计活动目标时，必须用具有可观察、可测定性的术语精确地加以表述。在辅导活动之前，必须把活动目标明确地告知学习者，使师生双方都明确教育目标，做到心中有数，以使辅导和学习活动有的放矢。不管从什么角度确定活动目标，活动目标都必须做到明确、具体。明确具体的活动目标有利于活动策略的制定和活动媒体的选择，同时也为评价活动效果提供了依据。确定活动目标，这是辅导系统设计的一项基本要求。一旦活动目标确定了，其他方面的设计便要围绕活动目标展开。

（5）活动策略的设计。

活动目标确定后，就要进行活动策略的设计。活动策略是实现活动目标的重要手段，是心理辅导课设计研究的重点。活动策略主要研究下列问题：课的结构、辅导的顺序与节奏、辅导与学习的活动、辅导形式、辅导的时空安排、辅导活动失效对策等。简言之，辅导策略主要解决教师“如何辅导”和学习者“如何学习”的问题。活动策略的设计需要考虑的因素很多，我们必须创造性地开展设计工作，灵活地安排活动，巧妙地设计各个环节，合理地安排各种因素，使之形成一个优化的结构，以发挥整体功能，求得最佳效益。在活动策略设计中，我们应遵循的原则是“低耗高效”。

（6）活动媒体的设计。

在活动媒体的设计过程中，我们应根据活动内容的需要、活动主体的特征、活动目标的要求、活动策略的安排等选择最恰当的活动媒体。在选择活动媒体时，我们应遵循的原则是“经济有效”，不仅要选择媒体，还要具体设计媒体。活动媒体设计是根据活动的实际需要和具体要求，将活动内容与方法转换为印刷或视听等具体详细、具有可操作性的实施方案。把活动内容充分展示给学习者，使学习者花费最少的时间，投入最少的精力，用最简洁的方式，获得最佳的学习效果。

（7）活动过程的设计。

经过以上三个环节和三个设计阶段，应着手设计辅导过程了。即用活动流程的形式表达各要素之间的相互关系，给教师提供一个可供参考的辅导过程设计模式。

（8）活动评价。

经过以上各个环节，就得到了心理辅导课设计的初步产品，即活动方案。设计的活动方案能否带来理想的辅导效果？学生心理发展需要、辅导内容和学习者的分析是否准确？活动目标的确定是否具体明确？活动策略的设计是否合理？活动媒体的选择与设计是否有效？要回答这些问题，就必须对活动设计的成果进行评价。

我们主张采用形成性评价，也就是在设计成果推广使用之前，先在一定范围内试用，以期了解活动设计的可行性、有效性、实用性等效果。其中，活动目标的达成度是评价的主要方面。如果没有达到预期目标，则要修改设计方案，然后再试行，再修改，直到满意为止。也可采用总结性评价。

第二节　班级心理辅导活动课的操作要领

班级心理辅导活动课是学校“心育”发挥其发展性、预防性功能的重要载体，是一种具有中国本土化特色的团体辅导方式。钟志龙在指导第一线的班主任开设班级心理辅导活动课的大量课例中，总结出了一些操作要领。

（一）把握班级心理辅导活动课的六个特点

（1）活动性。班级心理辅导要以学生的活动构成辅导过程的基本环节，精心设计好活动形式是辅导成功的关键。

（2）趣味性。班级心理辅导要从情境体验开始，引发学生的情感共鸣，活动设计要尽可能生动有趣，使学生喜闻乐见，专注投入。趣味性要考虑年龄特点。角色扮演或小品要有情节及适当的道具，才能使学生兴味盎然。

（3）主体性。班级心理辅导要引导学生自我改变认知模式和行为方式，不要由教师代替学生作出决定，助人的目的是为了让学生自助。

罗杰斯认为，每个人都有一种内在的需求和动机，用以促进自己的成长和提高，而且每个人都有一种解决自身问题的潜能，即使是心理适应不良的人也同样如此。

教师必须关注每一个学生，教师有责任确保每一个学生都被自己注意到了，确保每个学生说的话不被自己或学生所误解。教师绝对不要讲得太多，不要喧宾夺主。

（4）互动性。互动是团体的基本特征，互动又是团体达到目标的重要条件。

在团体辅导中，每个成员认知的改变、情感的迁移或透射、新行为的建立和强化，都依赖于成员间的交流和互动。

互动的前提是参与。班级心理辅导必须促成一种气氛，让每一个学生都有话说，让每一个学生都想说话，其基本方法是改变座位的排列组合，采用小组合作学习形式。

讨论（对话）是任何团体辅导咨询的主要互动形式（课程、教学、辅导都是对话，对话中心）。

（5）和谐性。班级心理辅导是师生真情的流露、心灵的交融，因此，教师要转换“教育者”的角色，努力营造一种平等、和谐的气氛。

林孟平说，辅导是一种关系，这种关系能给被辅导者一种安全感，使其可以从容地开放自己。构成这种和谐关系的核心是辅导教师的三种人格特质：真诚-关注-共情（共情不是同情、不是移情，而是同理心，即清楚地理解对方的细微感受，并且回馈到位，其基本技巧是“意译”）。在构成和谐关系的操作上还要特别注意教师的体态语言。

（6）鼓励性。班级心理辅导是每个学生自我探索、自我了解、自我更新的历程，它需要在一种彼此尊重、接纳、信任的氛围中，放下个人的防卫意识，与其他成员进行探讨、分享，彼此给予回馈、鼓励和建议。因此，班级心理辅导拒绝对学生作否定性的评价，这样才能使学生在不受到伤害的状态下学习与成长。

（二）班级辅导活动操作方法上的“八重八不重”

（1）重感受，不重认知（是“不重”，不是“不要”，下同）。辅导不是说教、不是安慰、不是训导、也不是逻辑分析，辅导是心灵的碰撞、是人际的交流、是情感的体验、是帮助一个人自助的过程。

心理辅导的过程是学生的认知结构、情感体验、行为方式在辅导教师的干预下进行调整、重组、统合的过程。这个过程是一个主动的过程，而不是单纯依靠外力实现的“塑造”、“教育”的过程。开设班级心理辅导活动课的根本取向，并不是要让学生懂得几条心理学的原理，或者掌握几种调整心态的方法技巧，而是要促使学生在团体的助力下，审视自己的内心，反思自我的成长，思考学习、思考人生、思考自我与外界的关系，以推动自我的完美发展。在这样的活动过程中，学生只要能在某一个问题的某一方面真正有所感悟、有所触动，有所体验，那就是一种成长，一种发展。反之，如果学生只是记住了几个心理学的概念术语，能说出心理健康的一些基本常识，却没有情意活动的介入，没有情感体验作为其认知的强化、迁移以及感染、疏导自我的动力，那么，这个过程依然不能说是个体成长发展的过程。

（2）重引导，不重教导。班级辅导主要应该是“非指示性的”，教师不应该对学生作强制的说理和武断的解释，必要时采用的暗示、忠告、说服等手段也只能最低限度地使用，即力求“随风潜入夜，润物细无声”。

辅导，顾名思义，一为“辅”，二为“导”。“辅”者，扶助，辅佐，非主要之意也。“导”者，引导，疏通也。心理辅导，重在“导”，也难在“导”。引导，要注意契机，还要注意分寸。此外，引导总是通过问题来“引”和“导”的。所以，教师要善于抓住时机，及时提出引导性的问题，而这恰恰是班级辅导活动中教师最难以把握的一点。

怎么“引导”？其实，团体辅导和个别辅导在操作过程方面的基本程序是有相通之处的。正如有的学者所说的：“顺其所思，予其所需，同其所感，引其所动，投其所好，扬其所长，助其所为，促其所成。”

关于“不重教导”，不是不要适当的教育指导，不能把这个观点绝对化。这里涉及一个有争议性的问题，即辅导到底应该是指示性的，还是非指示性的？其实，提出这样一个非此即彼的问题，本身在理论上就已陷入了绝对化。因为无论是传统的指示性心理咨询，还是非指示性的心理咨询，都有其特定的理论意义和实践价值，任何偏执一端的做法都是应该避免的。笔者个人认为，辅导主要应该是非指示性的，辅导应该以学生为中心，但也不能排除辅导教师必要的指示、暗示和忠告。因为中小学生年龄尚小，许多方面还需要成年人的扶助，尤其是班级心理辅导课，一般只有短短的四十几分钟，不可能像个别辅导那样可以多次访谈，在一两个月甚至更长的时间里进行非指示性的会晤，耐心等待当事人的自我成长。在这种情况下，辅导教师必要的指示和点拨恐怕就无可厚非了。

（3）重口头交流，不重书面活动。这是一种非常简单，却又很容易被教师忽视的操作规范，它是辅导过程有没有动态气氛的关键。

班级团体辅导与个别辅导的最大区别，就在于学生是通过群体交流产生的影响力来调整自己的认知、态度、情感和行为的。班级团体辅导的重点应放在学生与学生的交互作用上，主要通过学生之间的相互影响力来达到辅导的目标。

口头交流的作用主要在于：① 学生能发现别人也有跟自己相同的问题，通过交流，自己理解和支持了别人，也得到了别人的理解和支持，而同龄人的理解和支持往往比老师的评价与支持更为重要，能够大大增强其自信心；② 使积郁得到宣泄，并可重塑自我形象；③ 使学生得到社会性发展的经验；④ 体验到自己在同伴中有所作为，可以和别人成功地进行交往，因而增加了安全感；⑤ 在不能确定自己应持的态度行为时，可以倾听并综合大家的意见，以得到最大的收获。

还要说明的是，“不重书面活动”不是不可以进行书面活动。有些游戏或有些测验、行动计划、自我描述，是必须动笔的。不过从实践经验来看，动笔不可过多，时间不可过长，否则团体氛围立刻就被冲淡了。另外，也不要动不动就让学生“静思默想”，以为学生只要一想，问题就解决了，这实际上还是文化课上用思考求得认知性答案的习惯做法，不可生搬硬套到心理辅导课上来。

（4）重目标，不重手段。班级辅导活动最重要的是把握好辅导理念和辅导目标，如果只考虑形式和手段的新鲜花哨，就很可能会导致舍本求末。

现代化教学手段的辅助可以为心理辅导课增添不少生机和便利，但这种手段的使用一定要服从于辅导目标的需要，不要只是为了变换一下形式。事实证明，在条件简陋的农村中小学，如果教师吃透了辅导理念和辅导目标，活动设计又比较贴近学生实际，那么，虽然未能采用现代化教学手段，却同样可以开出效果较好的班级心理辅导活动课。

（5）重真话，不重有无错话。信任使人感到安全，信任才能敞开心扉。说真话难免会有错话，但对学生在成长过程中出现的错话持一种宽容而积极的态度，可强化学生自我向善的意向与努力。

罗杰斯曾经提出，指导者必须具备三种基本态度，那就是共情、真诚、无条件关注。团体辅导者的基本任务是确定良好的气氛，一种对团体成员接纳与信任的气氛，可以使每个成员不必防卫及隐藏自己，自由自在地表达自己，这样才能使团体咨询产生效果，并促使当事人的改变和成长。所以，在班级心理辅导课上，教师要努力培植一种讲真话、讲实话、不讲套话的风气，形成一种团体内的规范。但是作为成长中的青少年学生，一遇宽松环境就难免讲出一些分寸不当的话来，而且许多时候，他们讲出一些在成人看来是糊涂的甚至是错误的话，其实是出自对教师和团体的真诚的信赖。每遇此时，辅导教师一定要放下严肃的德育标准，给学生以真心诚意的宽容和谅解，使每个学生可以不必担心批评指责，不必小小年纪就学会戴上一副假面具,而这对于他们人格的健康发展是极为有益的。

（6）重氛围，不重理性探讨的完美。班级辅导是建立在成员之间相互信任、关心、了解、接纳的氛围中的一种互动的人际交往过程，每个成员的心扉就是在这种人际氛围中打开的。因此，催化出温暖、安全的团体氛围远比完美的理性探讨重要得多。

班级团体辅导的有效性主要依赖于通过辅导教师的行为所建立起来的班级社会氛围，这一氛围可以引发学生积极的回应，并导致学生认知和行为的变化。所以，营造坦诚、信任的团体氛围，消除学生对自由沟通和交流的防卫心理，是辅导教师最重要的责任、最主要的任务、最高超的技能，也是班级团体辅导活动最基本的环节。

班级心理辅导活动课的实践证明，是辅导教师和学生的共同行为创造了辅导的氛围，而氛围一旦形成，又可以反过来改变学生的行为，有时甚至会改变教师的行为。所以，辅导教师要十分精心地致力于辅导氛围的营造和维护，不要急于求得辅导活动的完整结论而去终止讨论，草草收兵。事实上，要追求一个完美的理性结论是容易做到的，万不得已时教师只需使用投影或口述将正确的意见加以呈现就可以了。但是这种完美的理性结论，远远比不上学生积极参与、十分投入地沟通交流，甚至面红耳赤争论不休时所产生的那种心灵震撼力和对人的启迪来得深刻、来得重要。

（7）重应变，不重原定设计。班级辅导活动面对的是充满动感的学生个体和交互影响的班级群体，辅导现场的社会心态是千变万化的，教师必须灵活把握辅导活动的发展势头，不可刻板依照原定设计行事。

重视和落实预定的教学设计方案是一种好的教学作风和习惯，但是班级心理辅导课却有它自身的一些特点，使我们难以完全做到这一点。因为班级心理辅导课的实施过程是充满动感的，它的发展和推进往往是随机的、高度动态的。在师生双边多向和多种形式的交互作用下，学生的潜在能力会随时随地被激发出来，各种奇思妙想、各种生动的生活经历，会在瞬间奔涌而出，学生往往会妙语连珠、才思横溢，整个现场会变得生机勃勃，充满智慧的挑战、充满童稚与青春的生命活力，每个学生都会真切地感受到自己生命的意义和价值。这时，辅导者也将被辅导，教育者也将受到教育。这样的活动过程是任何周密的设计都难以事先预料的。

因此，必须随机应变，随机引导，不要死守原定的活动设计方案。特别是当有的学生涉及多数同学关心的共性问题时，教师一定要及时抓住，充分展开。

(8) 重自我升华，不重教师概括总结。领悟是学生克服心理不适应、促进自身发展的关键，它往往伴有深刻的认识飞跃。即使学生的自我升华还比较幼稚，教师也不可越俎代庖。

班级辅导活动课的结束部分，应该是学生借助自己的内省、同学的回馈和辅导教师的建议等，对自己的认知体系进行整理和重建的重要环节，这个环节也应该让学生主动参与来完成。比如学习心理与学习方法的辅导，在总结记忆的规律和方法时，是不是一定要辅导教师来加以概括？可不可以让每个小组讨论评出两三条最佳的记忆方法，汇总起来交给学生排排队、筛选一下，然后由辅导教师再适当补充一两条呢？

当然，“不重教师概括总结”也不是说教师就一定不能概括总结了。例如，“学会拒绝”，是一个人的社会化发展进程中比较高级的要求，学生很难一下子抽象出“拒绝”的若干种巧妙而得体的方法。此时，教师如果采取打开“锦囊妙计”的方法，让学生了解到“拒绝”时可以：① 共同推想后果；② 延迟决定；③ 找借口；④ 用建议替代；⑤ 转移话题等。这样就能比较直接地帮助学生较好地完成认知上的飞跃。

（三）班级辅导活动模式四种偏误的防止

(1) 防止学科化倾向。辅导是师生之间的平等商讨，并着重于感觉、情绪的体验与表达，不是心理学理论知识的传授。

防止学科化倾向在操作上要注意以下几点:

① 在一般情况不要去解释心理学的概念术语，基本态度是“不绝对禁止，不正面提倡”。有些心理学概念是应该讲而且是必须讲的，如“艾宾浩斯遗忘曲线”。可是如果放手让教师去讲心理学概念术语，那就很容易走到学科知识传授的老路上去，因为这对于教师而言实在是轻车熟路的事,但学生却会因此而感到寡淡无味。

② 不要多写板书，不要追求文化课上那种学科知识的系统化、条理化。投影的使用也主要是为了呈现情景材料，而不是为了诠释概念。

③ 在活动课上不要用大块时间去读教材，或齐读投影片上的语句，或者在教材上划杠杠、标重点；不要老是习惯于用文化课的模式去提问，如“是不是这样”“对不对”；不要按照文化课的模式去追求一种正确的、标准的答案；在小结或总结时也不要套用文化课的习惯用语，如“我们这堂课主要学习了什么”“我今天就讲这么多”，等等。

④ 从课堂组织形式看，要改变文化课“传授—接受”的教学模式，就要尽可能地改变插秧式的座位排列方式，千万不要怕麻烦，也不要以为这是形式主义而采取无所谓的态度。因为传统的座位排列方式要求全班学生整整齐齐地面对教师，使教室的空间截然分成了两大板块，这实际上是“教师中心”授课模式的反映。这种“空间阻隔”扩大了师生之间的“心理阻隔”，是传统教学中教师的极大权威性和学生的极大被动性的重要生成因素之一，不利于心理辅导活动课师生交往、生生交往的需要。

(2) 防止带有政治课色彩。辅导是人性由内向外的自我张扬，不是政治思想观念由外向内的影响或灌输。

在实施班级心理辅导课的初始阶段，教师很容易按照德育课的模式去操作，尤其在小学，很多教师分不清两种课之间有什么区别。实际上，心理辅导课和政治课、思想品德课在某些方面虽有交叉，但有区别。从课程功能上看，政治课、思想品德课主要是解决学生的世界观、人生观、方法论问题，解决政治立场、观点、方向问题，解决法制意识、道德意识、社会规范等问题，而心理辅导课则要解决学生的个性发展、人格完善及社会适应性问题，预防学生在日常学习、生活中可能出现的心理不适应或心理困扰问题；从实施形式上看，政治课、思想品德课侧重由外而内的理论灌输和教育（尽管它也有榜样的感染与熏陶，并要求认知、情感的内化），而心理辅导课则侧重由内而外的体验、感悟和个性的张扬。作为辅导教师，应该细心地去领悟和把握这两者之间的差异。

防止心理辅导课带有一般德育课色彩，在操作上要注意的是：不要用习惯的政治概念、术语来替代心理辅导的有关术语，比如用"我的理想"来替代"我的未来"。同时，还要注意避免用德育的教导模式替代心育的辅导来解决学生的心理发展问题。

（3）防止主题班会化。辅导是人格的袒露与升华，不是解决班级的具体事务问题，它以团体辅导的形式运作，却指向每个学生个性发展的需要。

如果从心理辅导课与主题班会课的实施过程来看，两者似乎都可以采用某些相同的活动形式来组织，例如都可以采用小品、讨论、辩论、游戏等，但从实质上去分析，这些活动载体的内涵是完全不同的。因为主题班会课重在解决班集体的建设问题，如班风班纪、班级形象、达标创优、维护集体利益等，或者是组织一些有时代色彩、政治意义的主题活动，如学雷锋做好事、绿化祖国、纪念香港回归及其他爱国主义、革命英雄主义、革命传统教育活动等，它重在发挥德育的灌输和教育作用；而心理辅导课则重在解决同一年龄段学生共同关心的自身成长的问题，它注重的是个体的人格发展问题。

要防止辅导过程的主题班会化倾向，在操作上就要注意以下几点：一是班主任习以为常的管教训导的面孔必须改变，要真正转换自己的角色。做到这一点很不容易，因为班主任总要处理一些令人心烦的琐碎事务，有时忍不住就唱起了"黑脸"。在这种情况下，心态的转换就需要一定的环境氛围。所以我们建议班主任分工合作，各自备好几个辅导专题，然后交叉上课，也许对这种情况能有所弥补。但一味回避也终究不是办法，说到底还是要在转变观念上做文章。二是班主任不要长时间地讲道理。若是班主任照背事先准备的台词，学生中就会出现“接受教育”时的恭敬神情，不过其精神的专注与情感的投入却不如主动参与时的状态，而且还冲淡了他们介入后续活动环节的气氛。三是注意不要动辄联系班级内部的具体事务，以为今天机会难得，氛围又比较好，可以抓住时机联系实际一番。心理辅导课联系实际是应该的，但这种“实际”应该是个人成长的实际，不是要解决班级的具体问题。

（4）防止刻意模仿“实话实说”等媒体谈话节目。辅导主要是同龄人之间的交流与沟通，是学生与学生之间的“助人自助”；辅导不能以教师为中心，教师不要去刻意模仿节目主持人。

一些教师初涉班级心理辅导，往往会有一种误解，以为辅导教师应该像一个主持人那样，善于调度场面，长于调节气氛，因此就去模仿一些媒体节目主持人的主持风格和语言方式。应该肯定的是，辅导教师的确需要有驾驭团体的能力和一定的幽默感，也可以学习优秀主持人的某些技巧,但辅导教师的角色定位不同于节目主持人，提倡说真话的心理辅导课也不同于“实话实说”等媒体谈话节目。其原因首先是“实话实说”等谈话节目涵盖的内容常常是社会热点或焦点问题，圈内人士通常是站在旁观立场上发表自己的看法，一般情况下不必深窥或袒露自己的内心世界；而心理辅导课涵盖的内容却是青少年学生的成长发展问题，有时候也会是比较敏感、比较脆弱的心灵深处的问题。其次，“实话实说”等谈话节目是以主持人为中心来调度控制谈话主题、内容和时间的，来宾的年龄层次包括老中青少童；而心理辅导课主要是同龄人与同龄人之间的横向交流和多向交流，他们之间的共同语言要比跨年龄、跨文化层次的社会人士多得多。再次，媒体主持人是谈话节目的中心，是聚光灯下多姿多彩的明星，而辅导教师在心理辅导课上只能是“配角”和“辅助者”，不应该取代学生的中心地位。最后，从现场氛围看，媒体主持人为了调节谈话节目易出现的沉闷气氛，常常用幽默和调侃来打破僵局；而心理辅导课刻意追求的辅导氛围应该是“真诚”

和“理解”，对幽默和调侃只能偶尔为之，不可形成风气。否则，年龄尚小的中小学生蜂起效仿，就难以把握分寸，甚至会开出一些庸俗的玩笑来，那就破坏了辅导活动必须具备的真诚、尊重和开放自我的现场氛围。

第三节　班级心理辅导实施过程中的注意事项

要有效地开好班级心理辅导，必须在实施过程中注意六个方面的问题。

1．班级辅导必须让学生“动”起来

为什么班级心理辅导一定要“动”起来？因为只有活动才能有效地调动学生的主体参与性，改变学生的意识和情绪状态，使他们专注于辅导主题的展开，从而降低心理防御水平，更好地敞开自我的内心世界。同时，也只有活动才能打破课堂环境中长期以来存在的“知识本位”“教师中心”“灌输为主”的固有模式，建立民主、平等的师生关系，构建以学生为中心、以学生自主活动为基础的辅导过程，并增强班级团体辅导的开放性与实践性。所以，活动是构成辅导的基本环节，精心设计好活动形式是辅导成功的关键。

在操作上，要注意将它与一般的心理健康教育讲座加以区分。从某种意义上说，开设一次心理知识讲座比设计与组织一节班级心理辅导课要容易得多。有些教师，在时间紧迫又缺少经验的情况下，很容易以“讲”代“动”，因为这是最省事的“捷径”。当然，讲座是一种必要的心理健康教育形式，但讲座不能代替团体辅导。作为团体辅导的一种形式，班级心理辅导课必须精心设计好一个又一个基本的活动板块，在辅导过程的每一个环节上真正让学生动起来。

2．班级辅导必须从情境体验开始

按照皮亚杰的观点，任何学习都应从情境开始。班级辅导活动也是这样，活动为辅导主题提供了模拟的生活场景，而提供动态的生活经验又是所有的团体辅导的基本原理。人的心理活动或心理问题都是在特定的社会环境中发生发展的，所以，把来自社会环境和人际交往中的问题放回到类似的环境中去再认识，重新进行调整，这既有它的针对性，又有它的实际效果。它有助于学生澄清问题的实质性情境，体谅当事人的情感，发现建设性的解决问题的办法，并可以使学生直观地筛选出令人满意的行为模仿标准。

在操作上，体现“情境性”要考虑模拟生活场景的设计必须符合学生的年龄特点和生活实际，能引起学生的同感；要注意具体而不是抽象地呈现问题；角色扮演或小品要有情节及适当的道具，要尽可能生动有趣，使学生兴味盎然，专注投入。

3．班级辅导必须促成主体自我发展

人本主义心理学家罗杰斯认为，每个人都有一种内在的需求和动机，用以促进自己的成长和提高，而且每个人都有一种解决自身问题的潜在能力，即使是心理适应不良的人也同样如此。班级辅导活动的目的不是为了治疗，而是为了唤醒学生内在的这种需求，激发学生改变自我的动机和潜在能力，以促进每个学生的自我发展，包括使每个学生了解自我、寻找自信、建立和谐的人际关系，促进个人的成长和自我实现。因此，在辅导活动全过程中，教师必须面向每一个学生，关注每一个学生包括后进学生，引导学生自己来改变认知模式和行为方式，而不要由教师代替学生做出决定。

在操作上则应注意以下几点：

一是要确保每个学生都被辅导教师注意到了，并关心每一个学生的发言是否都被大家听清了。当辅导教师因种种原因未能听清时，有必要委婉地追问：“你的意思是说……是吗？”以表示自己对该学生的关注与尊重。同时，教师还要引导全体学生注意倾听每一位同学的发言，因为只有当每一个学生都切身体验到自己是被团体高度重视和注意着的时候，他的主体意识和主动精神才会焕发出光彩。

二是辅导教师不要讲得太多，不要喧宾夺主。但目前我们常见的情况往往是教师动不动就要接学生的话茬，接过来后就滔滔不绝，一直说到学生两眼发直为止。所以，教师一定要改变“讲课”的老习惯，把注意力集中在引导学生之间的相互沟通上。

三是要把学生主动参与的积极性调动好，如果调动不好，没有氛围，学生沉闷不语，老师就只好点名回答问题，那还有什么主体性可言？而氛围的创设又和教师的精神状态是否振奋有直接的关系。如果教师心不在焉，或应付任务，或居高临下，那么学生就不可能出现主体参与的积极氛围。

4．班级辅导必须注重团体内部的交流互动

班级心理辅导是一种互动的“团体的过程”，这个过程会产生影响团体成员及整个团体的力量，此即所谓的“团体动力”。在这种团体的辅导过程中，每个成员认知的矫正或重建、情感的体验或迁移、行为方式的改变或强化，都依赖于成员间的交流和互动，这种班级社会环境的互动强化作用往往比个别的辅导帮助更有成效。大量的实践经验表明，当学生身处班级中接受团体心理辅导时，他的情感体验和心灵上受到的震撼力是他在个别辅导、主题班会、课堂教学及心理健康理论讲座等场合下所无法想象的。因此，我国台湾一些学者认为，参与团体互动的经验具有重大的意义。团体提供给学生一个现实的社会的缩影，使他能把在团体互动中所获得的感受同日常生活经验相联系，并在安全、信任的气氛中尝试着去学习或改变行为。

在操作上，体现这种“互动性”的前提是参与。班级心理辅导必须促成一种气氛，让每一个学生都有话说，让每一个学生都想说话。其基本方法是改变座位的排列组合，采用小组合作学习形式。座位一变，四目相对，心灵的窗户就立即打开了。当然，班级心理辅导中的小组合作互动方式与真正的小组辅导是有区别的，但它是一种促进学生在辅导过程中互动互助的有效形式。正如奥地利心理学家阿德勒所说，它可以“使儿童学会与别人合作，共同完成任务”。

小组组织形式以 4～6 人为宜。两人小组形不成多向交流的气氛，讨论也不可能深入持续；3 人小组容易出现其中两人滔滔不绝、另一人被冷落的尴尬局面；8 人小组则因人数较多而难以控制，或者因人数较多而互相等待甚至是相互推诿。但在特殊情况下，分组可不受人数的限制。

小组的座位排列方式也大有讲究。一般情况下，教师为图方便，习惯于让前后两排座位的四位学生组成小组，其实从学生的角度考虑，反反复复转身太麻烦，一次次扭头又很吃力，结果往往是草率结束，使讨论无法收到应有的效果。还有的教师虽然撤去了课桌，但将 4 人小组一字排开，全班学生的面孔都朝向教师，或者是让全班围成方阵，即主题班会常用的那种座位排列方式，尽管教师也将这种方阵划分了小组，但同样也是不利于学生进行交流的。

小组座位应该以 4 人弧形排列、4 人圆形排列、6 人马蹄形排列为主要形式，再以这些小组为单位，组合成全班的圆形、方形、扇形、弧形、梅花形、散点式、对抗式、鱼缸（内外两圈）式等人际交流互动模式。

在我国台湾的班级辅导活动中，甚至还注意到小组组合的方式应该是随机的，例如采用数字抽签分组、动物抽签分组、拼图分组、诗句分组、英文字母分组、扑克牌分组、以组长为核心自由分组等。他们花费这么多精力去研究分组技巧，其目的就在于让每个学生在每次活动中都可以结交到新的伙伴，以便将团体的互动功能发挥到极致，而不是怎么省事怎么分，结果使学生每次活动时见到的都是几张老面孔，很难在彼此间碰撞出新思想的火花。

布鲁纳非常主张使小组讨论成为学生学习活动中表达思想感情的工具。因为在这样的互动合作的活动中，学生能倾听别人的意见，能对别人的意见做出评价，并能通过集思广益形成自己的观点，既不钻牛角尖，也不人云亦云。这样一种能与他人和集体合作共事的人格特质，就是通过自由的没有压力的小组讨论逐渐形成的。

有的教师问：“班级辅导活动经常使用小组讨论的方式，是不是多了一点？”产生这种看法的原因主要有两个：① 不了解讨论是任何团体辅导的主要活动方式。不管在团体辅导中采用何种多姿多彩的活动形式，但只要进入到实质性阶段时，就必然会使用讨论的方式，否则便无法使成员之间充分沟通，并使他们达到统整合作。②受传统的教育观念的影响。许多教师习惯于自己“一言堂”，从来不去质疑自己是否讲得太多了。即使偶尔组织小组讨论，也只是作为一种点缀和陪衬，在内心深处说不定还有一种“做戏”的感觉，所以总是觉得心虚、不舒服。

还有的教师问:“小组讨论在小学低年级能行得通吗？”这要看我们从哪个角度来做判断。如果用我们成人的标准去衡量，小学低年级的学生的确讲不出什么惊人的大道理；但我们若是深入到这些孩子的中间去观察，就不难发现在他们之间自有他们的认知标准和沟通方式，有他们更容易接受的游戏规则和共同语言，他们对自己感兴趣的事情会有说不完的知心话的。

促成小组互动还有一个操作点,就是讨论话题必须是学生能力范围所能及的，同时又是有一定复杂性和不确定性的，也就是说，应该有一定的思维力度。毫无争议性的问题不可能激发起互动的氛围。

5．班级辅导必须创设一种平等、和谐的气氛

班级心理辅导是师生真情的流露、心灵的交融。因此，教师要转换自己“教育者”的角色,使学生尽量少受心理防御机制的阻碍，尽可能展露自己最核心的情感，揭示一个真实的自我，以便使自己能被大家如实地看待和评价,并从他人那里得到肯定或否定的反馈。这样，学生才能更好地认识自我，改变自己适应不良的行为方式，体会学习、生活的美好内涵。而这一切，都有赖于一种彼此信任、和谐的气氛。这也就是林孟平博士所说的,辅导是一种和谐的人际关系。这种关系能给被辅导者一种安全感，使其可以从容地开放自己。

在操作上，体现这种和谐关系的核心问题是辅导教师的三种人格特质：真诚、关注、共情。

（1）真诚。指辅导教师是一个真实的自我，没有虚假的外表，愿意和学生一起表达真实的情感和态度。而教师的这种真诚，也必定会换来学生的真实的自我。

（2）关注。指无条件的积极的关注与接纳，不对学生的思想、

情感、行为的好坏强加评估，使学生得以自由地表达情感体验，而不必担心失去教师的信任和接纳。但这里要强调指出：所谓无条件接纳是指尊重学生抒发感情、发表观点的权利，而并非同意他所有的看法或行为。因为教师若是在表情言语的反应上略有好恶之感的流露，学生就会立即设置心理防卫，那么人格的改变也就不可能发生了。

（3）共情。指辅导教师设身处地地理解对方，能感受到学生的情感，包括感受到学生不明显、不清晰的情感，如同感受到自己的情感一样。但教师的共情不等于情感的迷失，不等于和学生有同样强度的情感表达。

如果不满足这三个条件，师生之间就有了心理距离，又称为师生“心理阻隔”。只要有“心理阻隔”存在，师生间的“空间阻隔”就破除不了。即使在形式上撤去讲台，让教师和学生坐在一起，师生之间仍有一种无形的排拒力和约束力，和谐的辅导氛围依然不能形成。所以，根本的问题在于转变教师的教育观念和教育角色。

除此以外，教师还要特别注意自己的体态语言，因为口头语言是可以刻意筛选的，而体态语言却往往会不由自主地流露出潜意识中的情感倾向。有的教师在辅导课上，师生之间相处自然亲切，这既是教师平时的师德修养及工作作风的真实流露，同时也和教师的体态语言密切相关。这些教师的眼神、手势、身体倾斜的幅度、偏头的姿态等，处处透出一种发自内心的真诚与亲切，这是教育与辅导的功夫，更是教师人格魅力的闪光。而有的教师尽管语气温和，但表情却刻板冷淡，即体态语言失当，那么辅导中的和谐氛围也就无法形成。

6．班级辅导必须拒绝对学生作否定性的评价

团体辅导有一个基本原则，就是要使学生能在不受到伤害的状态下学习成长。因此，在辅导过程中，教师始终要保持一种随和、宽容、接纳的态度，支持、鼓励学生在团体中自由发表意见，充分与同伴沟通。即使学生中出现了一些较为偏激或是明显错误的看法，

教师也不要简单否定，而应采取温和的态度，把问题反馈给学生小组进行讨论，并让有错误观点的学生参与其中，教师也可以特地加入该组讨论，通过组内交流来澄清该生的错误认知或态度，然后在全班重提旧话，请这个学生自己再来谈谈新的认识。这样，就避免了教师的否定性评价。为了避免学生受到伤害，教师还应引导学生遵守团体活动规范和“游戏规则”。

此外，教师还要注意克服自己在平时的教育教学工作中习以为常的一些习惯性语言，力避使用一些刺激性的、带有负面色彩的词汇。所以从某种意义上说，班级心理辅导也在促进教师自身的成长与发展，启发教师反思和改变旧有的一些教育观念和教育方法。

第八章　学生常见心理问题及其表现

“播下一个行动，你将收获一种习惯；播下一种习惯，你将收获一种性格；播下一种性格，你将收获一种命运。”

——威廉·詹姆士

【导读】

“没有规矩，不成方圆”，您怎样培养幼儿的规则意识？

“好的习惯会影响孩子一生”，怎样培养小学生形成良好的习惯？

中学生即将走向社会，怎样成为一个社会人？健全人格的塑造，您怎么办？

第一节　幼儿期常见心理及表现问题

“知道什么时候可以做什么，不可以做什么，应该怎样做，不应该怎样做，这就是规则。”

——题记

幼儿（主要指在入学以前的时期，下同）心理健康对人的一生发展影响很大，一个人健全的心理要从小培养。精神分析学派十分强调早期经验对个体一生发展的重要性，如弗洛伊德、埃里克森等都对这一问题作过深入研究。幼儿期是儿童个性和社会性发展的重要时期，主要表现为幼儿的自我意识迅速发展，个性特征逐步形成，各种社会性需要及行为迅速发展。幼儿期儿童个性和社会性的正常发展是儿童心理健康的基础和保证。同时，儿童心理的健康发展也能促进儿童健康个性的形成及社会交往的正常发展。

由于我国社会正处于急剧变化之中，家庭结构、养育方式的改变以及生活节奏的加快，不同程度地增加了儿童成长过程中的紧张因素，这导致儿童的心理问题较以前明显增多。据上海市精神卫生中心等对全国22个城市24 000名4～16岁儿童进行全面调查，现今中国儿童心理问题的发生率为10.2%～14.5%。就上海市而言，上海市精神卫生中心对上海市3 000名4～6岁幼儿的心理健康的调查表明，8.8%的幼儿有不良行为，11%的幼儿情绪抑郁、自卑，8.5%的幼儿忧虑、紧张。因此，我国幼儿心理健康的现状不容乐观。事实上，在我国，幼儿心理健康教育一直是较为薄弱和被忽视的。

幼儿心理健康问题主要是指幼儿在身心发展过程中，由于其生理机能失调、环境适应不良或心理冲突等导致的心理方面的障碍及不适应行为，是幼儿在身心发展过程中特有的问题和障碍。随着幼儿年龄的增长，有些问题会自行消失，有些问题却会日益严重，最终造成严重后果。

（一）幼儿期常见心理问题

幼儿期常见心理问题主要是成长过程中的一些问题，主要有儿童多动症；社会行为问题，包括爱发脾气、好打架、争吵、说谎、嫉妒、以强欺弱、恶作剧、不能和别的儿童友好相处、破坏行为、偷窃等；性格和情绪问题，包括任性、自私、固执、娇气、胆怯、退缩、易哭泣、懒惰、自卑、过分敏感、过度幻想等；神经功能障碍，包括排泄机能障碍、言语障碍、睡眠障碍、强迫行为、神经紧张等；不良习惯，包括吸吮手指、咬指甲、眨眼、皱额、挖鼻孔、耸肩、咬衣服、玩弄生殖器等；学习上的问题，包括注意力不易集中、反应迟钝、厌学等。这些问题对幼儿的健康成长会产生严重的负面影响，它们严重地阻碍着幼儿潜能的发挥，阻碍着幼儿健康个性品质的形成以及社会交往的正常发展，给家庭、社会带来沉重的负担。下面主要介绍分离焦虑障碍和儿童忧郁症。

1．分离焦虑障碍

（1）分离焦虑障碍的界定。只有当焦虑发生在儿童早期并且对与依恋对象离别的恐惧构成焦虑情绪的中心内容时，才成为儿童期分离焦虑障碍。

分离性焦虑障碍的患儿在与父母分离或离家时，表现出不恰当的过度的影响功能的焦虑。年龄较小的孩子可能重复做被绑架、被伤害或父母死亡的噩梦；年龄大的孩子则可能产生亲人离开后自己会发生危险、发生意外的事故、会有大祸临头使自己与亲人失散、或自己被拐骗等幻想。因此表现出不愿意离开亲人，不去幼儿园或拒绝上学。即使被勉强送去，也表现出哭闹、挣扎，出现自主神经系统功能紊乱症状（如呕吐、腹痛等）。病程可持续数月至数年。

分离性焦虑障碍较早的起病年龄为7～8岁，如果它与正常发展中的分离性焦虑一起出现则为早发性的分离性焦虑障碍。分离性焦虑障碍通常缓慢起病，也有急性起病的。可能在一定诱因下起病，如搬迁、转学、亲人生病或去世等。症状一般从轻度发展为重度。比如，刚开始早晨上学时，感到身体不适或偶尔不去上学，发展至每天上学时发脾气或出现躯体症状甚至完全拒绝上学。

分离性焦虑障碍的患儿常常还共患其他形式的焦虑障碍和抑郁，最常见的是与广泛性焦虑障碍共患。在学龄儿童中不愿上学和拒绝上学的现象十分常见。值得一提的是，虽然不愿上学和拒绝上学在分离性焦虑障碍的儿童中十分普遍，但导致不愿上学和拒绝上学的原因多种多样，不全是因为分离性焦虑而产生的。

（2）分离焦虑障碍的原因。① 欲望得不到满足：按照弗洛伊德理论，潜意识中出现心理冲突时则会表现为焦虑，是人格结构中“自我”与“本我”斗争的结果。② 遗传因素：焦虑症患儿父母和同胞中约15%也有焦虑表现，单卵双生的焦虑患病率可达50%。③ 亲子关系不良：亲子关系不良时表现为一方面对子女态度冷淡、要求苛刻，另一方面又让子女依附于自己，使子女处于一种无所适从的矛盾境地。④ 生活事件：在出现“分离”焦虑之前，往往会有生活事件作为诱因，常见的生活事件有与父母分离。

（3）分离焦虑障碍临床表现。

多发生在6岁以前，当与所依恋的人离别时产生过度焦虑，主要表现在：

过分的忧虑主要依恋者可能会遭到伤害,或害怕他们一去不回；担心会与主要依恋者分离；因害怕分离而不愿或拒绝上幼儿园、学校；没有主要依恋者在，患儿往往不愿或拒不就寝；持久而不恰当地害怕独处，没有依恋者的陪伴就害怕待在家里；反复出现与离别有关的噩梦；当预料即将与依恋者分离时，马上会出现过度的、反复发作的苦恼，以及各种躯体症状。

根据患儿发病有关因素和特征，可采取心理，包括行为疗法、游戏疗法和暗示疗法等。教育引导患儿克制情绪上的障碍，树立勇敢、坚强、健全的心理，鼓励积极参加集体活动，改善情绪，增进交往，使更好地适应环境。同时要教育改善家庭环境，以减少对患儿心理的不良影响。

2．儿童忧郁症

（1）儿童忧郁症通常可分为急性忧郁、慢性忧郁、隐匿性忧郁三种。

急性忧郁：这一类儿童发病前常有明显的精神诱因，如父母突然死亡、遭受意外灾害或因病住院而离开父母等。这类儿童病前精神正常，发病时忧郁症状明显，如整天流泪、动作迟缓、声音低、食欲不振、乏力、失眠、噩梦、日渐消瘦，常常独进独出，不与其他儿童交往，有时流露出绝望感。

慢性忧郁：这一类儿童过去常有与父母多次分离的经历，或有其他精神创伤的病史，但并无重大的突然的诱因。病前适应能力差，忧郁症状逐渐加重，表现为胆小、害羞异、容易受惊、不合群、学习成绩下降、睡眠少而浅。检查时可发现其行为退缩、表情淡漠，并有厌世观念和自杀企图等。

隐匿性忧郁：这一类儿童的忧郁症状常常相当隐匿，多表现为其他方面的问题，如不听话、多动、执拗、反抗、攻击、不守纪律、学习困难、冲动捣乱或其他不良行为。也可出现头痛、呕吐、腹痛、腹泻、厌食、过食、大小便失禁等身心问题。多数儿童忧郁不明显，但有的儿童可周期性地出现忧郁症状。

（2）导致儿童忧郁症的原因主要有以下几点。① 大多数患忧郁症的儿童，从小在家庭中受到歧视或虐待，心情压抑，使幼儿的心灵受到创伤。② 有些孩子由于家长对他们期望过高、管教过严，超过了他们力所能及的程度，孩子无法承受，从而情绪不佳。③ 有些孩子由于生活十分单调，缺乏与其他孩子交往的机会，思想闭塞，情绪压抑，忧伤、喜悦、痛苦或欢乐都无法充分发泄。④ 有些孩子由于身体关系，家庭不幸，学习成绩差，从而心理上承受沉重负担，认为这一切无法挽回，因而意志消沉。

（3）家长应如何对待有忧郁状态的儿童。① 要改变对孩子的不正确的态度。要多关心他们，更重要的是要理解他们，对他们多加开导，避免专制的家长作风，让孩子把自己心中的积郁倾吐出来，想办法解决或合理地解释，使孩子满意。让孩子能从内心深处感到父母是他最亲近的人，是世上最疼爱他的人。这样，孩子的忧郁心境就会得到改善。② 不要对孩子管得太多、太厉害。因为孩子大了，有自己的思想，有自己的权利和自由，他们喜欢在同代人中寻找欢乐，寻求共处。他们往往对父母过多的干涉表示反感，家长们应充分认识到这一点。 ③ 要努力为他们创造一个愉快的环境，尽量安排他们参加集体活动，增进他们与同龄儿童的交往，丰富他们的精神生活，开阔他们的心理境界。④ 症状明显的忧郁症儿童，应在心理医生的指导下服用抗忧郁药物。目前常用的药物有多虑平、阿米替林、氯丙咪嗪及麦普替林。其中，以麦普替林疗效最好，副作用最小，深受家长欢迎，唯价格较高。对于有强迫症状的儿童忧郁症，则以氯丙咪嗪效果最佳。近年，国外已研制出许多高效、副作用小的新型抗忧郁药，如速维多（Sarector）等。⑤ 儿童忧郁症有时伴有危及生命的消极行为，尤其是对于已有自杀企图或有过自杀行为的儿童，家长必须高度警惕，严密监护，以防其自杀。

必须强调，尽管抗忧郁药物效果良好，但是服药后一般要在两周后才出现明显的疗效，约一个月才能控制症状。因此，在服药的最初阶段，仍需家长对患儿进行严密监护。此外，凡有自杀倾向的儿童，必须请儿童心理医生作较长期的心理治疗。

（二）幼儿游戏

人类社会从古到今，任何社会、任何民族的儿童都喜爱游戏。游戏是幼儿的主导活动,在幼儿的身心发展中起着非常重要的作用。关于游戏的理论主要有以下几种:

1．早期的传统理论

19 世纪和 20 世纪初交友影响的游戏理论主要有：霍尔的复演说，认为游戏是远古时代人类祖先的生活特征在儿童身上的重演，不同年龄的儿童以不同形式重演祖先的本能特征。席勒—斯宾塞的精力过剩说,把游戏看做是儿童借以发泄体内过剩精力的一种方式。彪勒的机能快乐说,强调游戏是儿童从行动中获得机体愉快的手段。格勒斯的生活准备说,把游戏看做是儿童对未来生活无意识的准备,是一种本能的联系活动。拉扎勒斯—帕特瑞克的娱乐放松说，则认为游戏不是源于精力过剩，而是来自于放松的需要。博伊千介克的成熟说，反游戏的三种欲望是：排除环境障碍获得自由，发展个体主动性的欲望；适应环境与环境一致的欲望；重复纤细的欲望。游戏的特点与童年的情绪性、模仿性、易变性、幼稚性相近。由于有童年，才会有游戏。

2．当代的游戏理论

(1) 精神分析理论。

弗洛伊德认为游戏也有潜意识成分，游戏是补偿现实生活中不能满足的愿望和克服创伤性事件的手段。游戏使儿童能逃脱现实的强制和约束，发泄在现实中不被接受的危险冲动，缓和心理紧张，发展自我力量以应付现实的环境。埃里克森从新精神分析的角度解释游戏，认为游戏是情感和思想的一种健康的发泄方式。在游戏中，儿童可以复活他们的快乐经验，也能修复自己的精神。这一理论已被用于投射技术和心理治疗。

（2）认知动力说。

皮亚杰认为游戏是儿童认识新的复杂客体和事件的方法，是巩固和扩大概念、机能的方法，是使思维和行动结合起来的方法。儿童在游戏时并不发展认知结构，而是努力使自己的经验适合于先前存在的结构，即同化。他还认为儿童认知发展的阶段性决定了儿童特定时期的游戏方式。在感知运动阶段，儿童通过身体动作和摆弄、操作具体物体来进行游戏，称为练习游戏。在前运算阶段，儿童发展了象征性功能（语词和表象）就可以进行象征性游戏，他能把根本不存在的东西假想为存在的。以后，可以进行简单的有规则的游戏。真正的有规则游戏出现在具体运算阶段。

（3）学习理论。

桑代克认为游戏也是一种学习行为，遵循效果律和练习律，受到社会文化和教育要求的影响。各种文化和亚文化对不同类型行为的重视和奖励，其差别将反映在不同文化社会的儿童游戏中。

中国的心理学家认为，游戏是适合于幼儿特点的一种独特的活动方法，也是促进幼儿心理发展的一种最好的活动方式。

首先，游戏具有社会性，它是人的社会活动的一种初级模拟形式，反映了儿童周围的社会生活。儿童在与成人的交往中，渴望参与成人的一些活动，可是又受到身心发展水平的限制，游戏恰恰解决了这一矛盾。其次，游戏是想象与现实生活的一处独特的结合，它不是社会生活简单的翻版。儿童在游戏中既能利用假想情境自由地从事自己向往的各种活动（如过家家、打针等），又不受真实生活中许多条件的限制（如体力、机能、工具等）；既可以充分展开想象的翅膀，又能真正再现和体验成人生活中的感受及人际关系。此外，游戏是儿童主动参与的，伴有愉悦体验的活动，它既不像劳动那样要求创造财富，又不像学习那样具有强制义务性，因而深受儿童喜爱。

儿童在游戏中学习，在游戏中成长。通过各种游戏活动，幼儿不但练习各种基本动作，使运动器官得到很好的发展，而且认知和社会交往能力也能够更快、更好地发展起来。游戏还帮助儿童学会表达和控制情绪，学会处理焦虑和内心冲突，对培养良好的个性品质同样有重要的作用。

当然，游戏对儿童身心发展的促进作用不是自然实现的，需要教师和家长积极组织和正确引导。游戏不仅仅是幼儿的主导活动，也是幼儿教育的重要手段。

（三）培养规则意识，从幼儿开始

1. 通过问卷调查分析幼儿遵守规则的现状

通过对家长问卷调查发现幼儿的规则意识较淡薄，分析原因。

(1) 幼儿已有初步的规则意识，但执行规则不够理想，需要成人的提醒或督促。

(2) 已出现自律规则的萌芽，不过尚未成型，还需要教师的引导和启发。

(3) 在游戏中幼儿的规则意识及执行规则的能力胜过其他活动，但在玩需要等待的游戏时，还缺乏一定的耐心。

(4) 学习中执行规则能力容易受幼儿兴趣和情绪的影响，部分幼儿还不容易控制自己的言行，易插嘴。

(5) 操作中规则基本形成，多数已养成听指令操作的习惯，并能整理玩具，但仍需进一步巩固。

(6) 生活环节上，基本能遵守规则，但如果不在成人视线范围内，就容易出现不守规则的现象。

2. 具体措施

针对以上的分析，幼儿园可以采取一些措施，具体做法如下:

(1) 日常生活的渗透，深化幼儿的规则意识。

规则教育在幼儿园的一日生活中处处都有体现，规则意识的培养可以帮助幼儿养成良好的情绪、卫生、行为习惯，我们把一日生活规则制作成课件和图片的形式展示给幼儿，提示幼儿做出相应的行为反应。活动前和幼儿商讨工作规则和游戏规则，让幼儿懂得违反规则的后果，学会自我控制。引导幼儿用相机拍摄下生活中发现的规则，深化规则意识。

（2）班级公约的制定，完成了规则意识的内化过程。

蒙特梭利强调：把握好规则和自由的尺度为幼儿的发展提供了充足的空间和可能，我们把制定规则的主动权交给幼儿，让幼儿自己制定班级公约，在教师的引导和督促下孩子们从被动遵守规则向自觉遵守规则转变，完成了规则意识的内化过程。

（3）开设友谊角，创设一个“隐形”的规则教学环境。

幼儿长时期生活在一个大集体中，难免会产生矛盾冲突，许多教师都会担当起“法官”的角色。可是自进行蒙氏教育之后，我们把解决问题的权利全部交给了幼儿，在活动室里专门设立了“友谊角”。孩子们在这个角中自行解决矛盾，学会解决问题的方法，促进其社会性交往。

[案例 1] “家规”“园规”要一致

小花妈妈常抱怨，小花是个“两面派”：在幼儿园里，自己吃饭、穿衣，按时睡觉，和小朋友们友好相处；可一回家就完全变了个样儿，任性耍赖，胡搅蛮缠。这不，一个寒假下来，家里都闹翻天了，明天总算要开园了，妈妈想着一定要好好嘱咐老师治治这个小家伙。

为什么孩子在家里天不怕地不怕，在幼儿园却能如此乖巧顺从呢？这个原因其实很大程度上在于幼儿园有“园规”，而家里没“家规”所导致的“家”“园”教育不一致。

幼儿园里一个老师同时面对一些孩子，很多事情都需要孩子自己单独完成，也因此对孩子有统一且具体的常规要求，比如，吃饭、午睡时不能说话，上课要认真听老师讲话等。但是在家中，往往是很多家长对一个孩子，家长总是在不自觉中帮助孩子做了许多事情，使原来孩子在幼儿园守的规矩在家中被打破了。另外，家长自身行为缺乏榜样作用、家长之间态度的不一致、“家规”不能长期坚持也让孩子在家无规矩可言。

[案例 2]　立规矩，养习惯

宇宇每次在睡觉之前都很折腾，又想吃东西，又想听故事，还想和妈妈一起玩玩具……反正一天一个新想法，这也导致宇宇每次睡觉的时间都不确定。妈妈为此很苦恼，决定和宇宇立个规矩，让宇宇自己选择睡觉前只能做的一件事情，宇宇倒没有反对，选择了听故事。现在一到晚上九点，宇宇就会很自觉地叫妈妈："讲故事时间到了！"

其实宇宇对于睡觉前做什么自己也不确定，但一旦立下了听故事的规矩，宇宇就很明确自己应该干什么了，而且很乐意遵守。

制定一些日常家规，并不会让孩子觉得被束缚或者不自由，相反，大多数孩子喜欢遵守这样的规矩，因为规矩给他们安全感、目标感和秩序感。"家规"并不是要限制孩子的自由发展，而是为了更好地帮助孩子有序地生活、工作、学习和游戏，使孩子产生自律行为，提高自我控制能力，养成良好的生活习惯。

[案例 3]　立规矩，少冲突

3 岁的盼盼很喜欢涂涂画画，经常在家里的墙上随意留下大作。爱干净的妈妈却无法忍受，经常在盼盼画得正高兴的时候将盼盼拉到一旁，拿下画笔，一脸严肃地教训盼盼不要再在这里画了。盼盼可不吃这一套，小嘴一撇，就开始哇哇大哭起来……

家庭中，因为所谓的"不听话"受到父母指责而哇哇大哭或是打闹撒泼的孩子不在少数，家长对这种后果往往束手无策。如果早点立下规矩，孩子不守规矩时大人可以心平气和地跟盼盼提起约定好的规矩，提醒盼盼自觉遵守，就不用单方面地强制和训斥盼盼了。

日常家规一旦确立，孩子们就会顺从，父母再也不必不停地发号施令。比如去超市最多只能买一件玩具，去亲戚家不能中途吵着要回家等。这些规矩在做这些事情之前就确立好，就能提醒孩子应该做什么不应该做什么。让孩子自主地遵守这些规矩，孩子和家长之间的关系也会更轻松、更自由，早日达成共识定下规矩，会大大减少孩子和家长之间的争执。

3．针对幼儿特点，注重辅导方法

对父母来说，没有一种完全适用的方法让顽皮的幼儿规矩些。父母们也许会发现越依赖单一的方法，那个方法就越没有效果。不妨尝试下面这些方法，把更多的注意力放在你孩子的行为上。要尽可能地前后一致，当你选择的方法不再有效时，记得保持灵活变通。

（1）改变方向。

改变方向，就是重新调整幼儿的精力到更积极的事情上去。如果你的孩子在喊叫吵闹，你可以说，“不能在屋内大声喊叫，但是我们可以到外面去喊叫。”或者你可以允许让你的孩子在他们房间里放点音乐并鼓励他们大声歌唱。如果你的孩子在操场上扔沙子，把他带离沙池并给他一个球玩。对孩子的要求不要直接说“不”，而应态度委婉地试图改变方向。

（2）分散注意力。

把注意力分散有点类似于改变方向，就是要用另一样活动取代孩子正在关注的活动。选择的活动是与你孩子显示出的行为不相关的或者相对的。例如，如果你的孩子在一个没有充足设施保护孩子的朋友家里，重复地尝试到水槽下面去，无论你正在做什么都应该去阻止他，去找一个安全的活动像一本新书或者让他坐在高椅子上玩揉面团。如果你刚刚打扫完起居室，将要接待客人，而此时你的孩子一进来就开始倾倒一桶桶的玩具，你可以马上给孩子一个任务（请你去拿毛刷让我可以修理小马的尾巴好吗？），这个请求能让她离开那间屋子。

（3）故意忽视。

忽视是很难做到的，但是这却非常的有效。许多时候当有害的行为引起注意时，会使之变得更糟糕。例如，当你碰到脚趾时说“真该死。”你的孩子会马上重复你说的话。如果这是第一次或者第二次发生，不要理会。这可能不会再发生除非你一再地说这种话。或者如果兄弟姐妹正在争吵而又没有人受伤，只要他们不互相殴打，就让他们自己解决，学习社交问题的解决技能。当你孩子发现你不再注意这些许多脾气暴躁的孩子会很快结束。确保他是安全的然后就不要理会了。

（4）接受自己的后果。

笔者不确定如今的父母从哪里知道童年时期应该尽可能的轻松舒适这个观点的。适当的一点点麻烦和不适可以成为一个非常有效的老师。然而如果你有常识的话这是不会被滥用的。无论什么时候都可以让你的孩子体验他行为的后果。不必分享你孩子的每一分难过或者试图让事情变得太容易。仔细观察这些有教育意义的时刻，许多时候你甚至不用使用一个手指去让事情运转，只是口头上补充说“我好几次让你收好你的玩具但你不听，所以现在玩具都放在奶奶家直到你下次听话。”

（5）不要太强求效果。

不必太强求效果，但是必须小心呵护。确保你的孩子正在开始第一次努力把玩具都放好，一些父母不喜欢这种方法因为这感觉像是惩罚。我更把它看做是得到一张开快车的罚单，如果我不遵守那条规则我就必须付罚款甚至失去驾驶的权利。小孩子并不需要花很多时间去学习这个，只是要公平和前后如一。

使用“如果-那么”的表达方式。“如果你从兄弟那里拿走他的玩具那么就不能在游乐场玩。”或是“如果你一直朝着窗户扔石头那么我们就回屋里去。”如果这刺激你的孩子那么就取消他玩的权利或者玩具。“如果你今天不自己穿好衣服那么就不能看 CD。”

（6）暂停惩戒。

暂停通常用于惩罚。笔者更喜欢把这个方法作为一种帮助孩童自我重新组建的途径。你不需要循循善诱他们有一种羞耻感，而是建立一种放松环境给孩子学习自我控制。暂停惩罚在学习这种复杂能力的时候提供了许多实践机会。当你的孩子在表现出生气或者失去控制的时候使用这种方法，对他（她）说：“当你在喊叫的时候我不能够明白你的意思。”或者“我知道你在生气，但是你需要冷静下来。”然后把孩子带去一个地方并计算时间，不要增加时间限制，但是当他（她）恢复理智的时候就要让他（她）重新加入你们。如果你的孩子正在破坏花园，伤害人、动物或自己，就赶快把他从原处带到另一个地方冷静下来。

（四）案例分析

[案例 4] 小明（假名）是中班的小朋友，最近常出现说谎现象。有一次早餐过后，她忽然趴在桌子上大哭不止，还一边揉她的肚子，老师走过去询问，她说肚子好痛，我看了一下，她的肚子已经被揉得通红。问她是不是想上厕所，她说不是，仍继续哭，问了好久也没问出原因。老师打电话叫来她父亲带她去医院检查，没过多久她父亲又把她带来幼儿园，说检查过了没问题，小明自己也说不痛了，可她父亲离开幼儿园时她两眼泪汪汪的。此后每隔一星期都要发生类似的事情。还有一次，小明妈妈带着小明气冲冲地来到幼儿园，说昨晚上发现小明没穿内裤，内裤全放在书包里揉成一团，问她，她哭着说是有一个小男孩把她内裤脱了，还把全班小女孩的裤子都脱了。老师一听，吓了一跳，没这回事呀！老师说在幼儿园决不会发生这种事情，是不是小明因为尿湿了，不好意思跟老师和父母说，才编了谎话，一问果真如此。

后来，老师和小明谈心，小明泪汪汪地说爸爸妈妈有了小弟弟，不理她了。我明白了。原来她们家添了一个小弟弟，父母忙着照顾小弟弟，忽略了对女儿的关爱。于是老师建议她父母多关心她，同时及时纠正她的说谎行为。在幼儿园里老师鼓励她多与小朋友交往。经过一段时间的家园配合教育，孩子得到了来自父母、老师、小朋友的关爱，性格也开朗，活泼了，说谎现象也少了。

分析：幼小的孩子是天真无邪、诚实坦白的，但有时也会发现孩子不说实话，对此需作具体分析。孩子说谎的原因有二：一种是由于孩子的心理发展特点造成的。例如，4 岁的东东在电视上看到小哥哥在大海里游泳很羡慕，第二天就告诉老师说他去大海里玩了。这种情况从表面上看是孩子在说谎，事实上是孩子心理发展尚未成熟的表现。一般来说，随着孩子年龄的增长，记忆、思维等能力的增强，这种“说谎”现象是会逐渐消除的。另一种是孩子为了达到个人的某种愿望而有意识的说谎,欺骗成人和隐瞒事实或嫁祸于人,出现这种情况是由周围环境不良造成的。如该案例小明的父母因为有了小弟弟而忽视了对小明的关爱，小明为了得到大人的关注就编了谎话。对于这种有意说谎，成人应给予充分的注意，因为说谎这种行为幼时不教，长大后就难以纠正了。

[案例 5]　小林（化名）是刚到中班来的一位小男孩，是个非常任性、倔强、霸道的孩子。他刚来的时候不守纪律，做错事老师批评还打老师踢老师；上课时到处乱跑搞破坏，摔凳子，踢门，撕课本等，而且只要他想要的东西都必须得到才行。有一次，小朋友吃完午点准备去上课，这时他发现桌子上还剩一块饼干，马上爬到桌子上去拿。老师把饼干收起来不给他，结果他又踢桌子，又摔凳子，还打老师，闹得天翻地覆，直到他踢累了才停下来，连连几天都如此，没有改观。于是老师找其家长了解情况，他们都认为他是个坏孩子，乡下的父母管不了才送到城里和叔叔婶婶一块住。因为他非常调皮、不听话、乱捣蛋，所以大家都不喜欢他，婶婶还经常打他。

分析：这是个自我控制能力发展比较慢，攻击性行为较多的孩子。这类孩子一般活动多而杂乱，缺乏组织性和目的性，注意力不集中，情绪不易控制，行动冲动，不考虑后果，有不良行为如好打架、好顶嘴、执拗、霸道，纪律性差等不良行为，可能是俗称的“多动症”，可以采用行为治疗法。行为治疗主要采用合适的认知活动来改善孩子的注意力，并通过合适的训练程序，减少孩子的过多活动和不良行为：一是在游戏中培养孩子的自控能力。通过让幼儿在游戏中扮演各种社会角色，承担责任，学习行为规范和准则，学习建立和维护秩序，学习轮流、等待、合作等社会技能，提高幼儿的自控能力。二是“及时评价”，当孩子能安静或较少搞小动作时给予表扬，记个红星；反之，出现乱跑，乱打乱闹等行为则记个黑叉，累积一定数量的红星后可换取某种权利或达到某种要求。逐步改善多动、冲动的行为。

[案例 6]　一天，一位老奶奶和一位小女孩来到幼儿园，希望能到这个幼儿园上学。据了解，这个小女孩的父母都到外地打工了，

她跟爷爷奶奶住在家里，他们家住在六楼，很少有小朋友跟她一起玩，她不爱说话，爱爬高，攻击性行为很强。奶奶每天送她来幼儿园，她不哭也不闹，自己走进教室，奶奶走的时候，她只看一眼，也不跟奶奶说早点来接之类的话。每天，她都一个人玩玩具，坐滑梯，她自己拿自己想要的东西，拿不到就抢别的小朋友的，如果抢不到的话，就打别的小朋友。喝水的时候，她从来不说要，如果倒水给她，她口渴就喝，不渴的话，她就不理你，走到一边去玩。她从来不与老师小朋友们说话，总是一个人。老师试图去接触她，和她一起玩玩具，可她会走开。上课的时候，她从来不坐到自己的位子上，把她安排到位子上，老师一转身，她又离开位子了。奶奶告诉老师，她一直都是这个样子，小的时候，以为她还小，语言发展得慢，后来到 2 岁还不会说话，也不学说话。到医院检查，医生说她有多动症，要注意她的饮食安排及户外活动，建议多带她跟别的小朋友一起玩。培养她的表达能力。可是经过一段时间观察，老师发现她并不是语言发展问题，认知发育迟缓只是缺乏与外界交往的能力，且在家也很少和奶奶说话。后来，老师经常对她微笑，摸摸他的头，问问她，你早餐吃什么啊？你今天的衣服好漂亮你喜欢吃饼干吗？经过这些接触，她已经有一点接受老师了，但对别的小朋友好像没有什么改变。

分析：这个孩子的情绪情感较为冷漠，对周围任何事物都没有任何反应。这类孩子似乎没有快乐，也没有悲伤，始终以一种冷漠的眼光看周围的世界，情绪不稳。造成此现象的原因大致有三点：一是生理缺陷。脑是心理发生与发展的物质基础，如果脑发生器质性或功能性病变，可能会阻碍幼儿心理的正常发展，出现智力落后，语言发展迟缓，无法控制自己的行为与情感等，进而导致某些问题行为的产生。从老师的诉说来看，似乎这孩子不是由此原因引起。二是心理缺陷。一般的心理过程如注意力、记忆、语言、情感、个性等方面发展，如果存在一定的缺陷也可能导致问题行为的发生。在这个案例中，这个小女孩性格比较孤僻，内向，不大与其他孩子交往，可能是缺乏与他人交往的技能、技巧，这会影响其认知等方面的发展。三是家庭教育不当。对这些孩子，老师、家长应该多关怀一点他们，经常和他们聊聊天，谈谈心，了解他们的内心世界，了解他们的需要，而不要因为他们性格怪僻而忽视他们。孩子是具有可塑性的，只要教育得当是可以改变的。

[案例 7] 每天早上来幼儿园，小黑小朋友从不像别的小朋友那样高高兴兴地走到老师面前问好。每次不是搂着妈妈的脖子就是拽着妈妈的衣服不放并且大声的哭闹着。有时妈妈就再带他出去玩一会再回来，但他还是不肯走到自己的座位上，哭闹着不肯走进活动室。每次都要老师和家长费很大的工夫才让他的妈妈离开，然后他就一言不发了。

小黑今年5岁，是从小托班直接上的中班。他大大的眼睛，胖乎乎的小脸，是一个惹人喜爱的小男孩，每一个见到他的人都会忍不住去逗逗他，但是，一会儿人们就会失望地走开。他多少有点“自以为是”，他不能与别人进行正常的语言交流，对别人的话从来都是“听而不闻”，不看不睬不反应，对老师及小朋友的问话不予理会，双眼无神地对着一个地方发呆，沉默寡言，什么事也提不起精神。

小黑不喜欢和小朋友一起玩，也许说别的小朋友不喜欢和他一起玩更准确。每次区域活动，小朋友们都兴高采烈的到自己喜欢的区角去玩，而他自己呆在属于自己的角落里，一言不发，咬着他的手指头。户外活动时，小朋友们都在自己喜欢的玩具前尽情地玩耍，只有他一个人站着或是坐在一个地方咬他的手指头，这好像成了他的一种习惯。他对所有的东西好像都不感兴趣，也没有想着去玩一会的欲望，只是呆在自己的世界里。

分析：幼儿出现心理压抑问题是有原因的。一是活动空间的减少，与同伴交往机会减少，意味着在一定程度上限制了幼儿从事内外活动的机会。这不仅使幼儿失去一个释放因心理压抑而引发一些不良情绪的有效途径，而且也不能满足幼儿好玩的天性，使幼儿产生一种能量得不到释放的压抑感。因为住楼房，幼儿与外界的接触与小朋友交往的机会大大减少，活动乃是幼儿心理健康发展的基础，失去这一基础，幼儿心理健康从何谈起呢？现实社会中的都市幼儿好动好玩的天性受到了压抑，孤独感、压抑感产生，甚至形成孤僻、不合群的不良性格。二是成人对幼儿心理健康问题的忽视和不正确的教养态度以及幼儿抗挫折能力的普遍偏低是幼儿心理压抑问题产生的主要原因。

[案例 8]　××，男，上幼儿园大班。××刚入园时适应能力较差，总是默默地哭，但是口齿清楚，没有口吃的现象。可最近一段时间突然结巴起来了，而且越来越严重。说话时一个字要重复好几次才能接着说下去。在课堂上回答问题时尤其严重，在着急或兴奋时也有结巴的现象。老师叫他慢慢说，或深呼吸后再说，都没有用。

询问其父母，了解到××在家的表现。妈妈是幼儿园老师，爸爸在卫生局工作。他从小跟奶奶、爸爸、妈妈长大，是全家人的焦点。出生时一切正常，一岁左右开始说话，发音正常，一岁一个月就会说三十字了。在四岁之后，突然说话有些结巴，之后越来越结巴了。开始时第一个字难发，后来在中间也会出现结巴的现象。孩子现在已经六岁，上大班了。性格有些内向，不太和他人交往，非常胆小，从来没有独自做过一件事情。在三岁半时，孩子学了一段小提琴，每次练琴都必须是妈妈大打出手，要求十分严格，孩子每次都会哭着练琴，更严重的是孩子一看到妈妈瞪眼都会哭而且显出很害怕的样子，之后就发生口吃了。据了解，孩子的父亲也有口吃的现象，但不是很严重，基本情况下都能控制自己的发音。

分析：口吃是一种言语表达的障碍，是一种心理行为障碍。表现为说话时音节、单词的重复延长，或者由于经常发生独特的犹豫和暂停，以致中断有节律的语流。口吃按不同的症状可以分为难发性、连发性、中阻性、往复性、伴随性等类型。有研究者认为，美国和英国儿童口吃的发病率约占儿童总数的 4%。我国心理学工作者在上海市某小学调查结果是，口吃发生率为 6%，多发生于 3～4 岁年龄段，男孩子口吃发病率比女孩高 4 倍左右。其中常见的原因有以下几种：

(1) 父母对初学语言的孩子过分关注常常是导致儿童口吃原因之一。儿童在开始学说话时，父母操之过急，过分地去纠正孩子的讲话，甚至经常加以批评指责，这样会导致儿童的紧张情绪，引起口吃；儿童越觉得自己讲话不流利，就越紧张，最后口吃就形成习惯了。××口吃的养成可能与其母的管教有关。

(2) 模仿。据调查，多数口吃患儿的父母、亲属都有或多或少的口吃现象。儿童在学习语言的时候，不知不觉之中受到影响。有的孩子则完全是因为看见别人结巴，觉得好玩，就进行模仿，结果自己也变成了结巴。本案例中的某某也可能因此而结巴的。

(3) 心理社会因素。儿童受惊吓、被严厉的斥责或惩罚、环境剧烈的变化、父母丧亡或离异、家庭横遭灾难、父母关系不和睦等情况，会引起儿童的恐惧、焦虑、愤怒、仇恨等不良情绪，继而导致口吃发生。必须注意的是儿童口吃初期，父母的斥责、打骂等不正确的方式常常加速口吃的形成，因为斥责、打骂的结果加重了儿童的紧张情绪，使其越来越口吃。本案例中的××是在学小提琴的时候出现的口吃，据了解，开始时家长并没有引起足够的重视，而是继续让他练琴，并且每次都对孩子发脾气，孩子都要哭一顿，这样无疑加重了孩子的紧张情绪，从而使口吃现象更加严重。

如果发现孩子有口吃现象：① 从解除幼儿紧张心理入手，避免孩子被嘲笑和模仿。② 家长不要当众议论幼儿异常行为，更不要强迫他们把话说完整，对孩子进行过分矫正。这样，反而加重心理障碍。③ 家长和老师要树立幼儿自信心，以平和轻柔、从容缓慢的语调感染幼儿，使其在放松的状态下与人交流。④ 可以多练习朗诵唱歌，让幼儿不去注意自己是否又“结巴”了。

[案例 9]　小可今年 3 岁，聪明漂亮、活泼爱动。最近，老师和妈妈都发现她在睡觉之前时有一些异常行为：两腿交叉摩擦会阴部，扯着被角在两腿之间来回蹭，一会儿满头大汗，呼吸加快，全身特别是大腿、小腿肌肉及双脚绷紧，之后呼吸变慢，放松下来，脸上浮现舒适和轻松的表情。妈妈发现了并屡次纠正，可是，小可的异常行为仍时有发生，真让人难为情。

分析：幼儿习惯性会阴部摩擦动作，不应视为“手淫”。它和“吮吸手指”等同属于一种儿童心理行为障碍，医学上称作“儿童擦腿综合征”。此症多见于儿童，男童女童皆有，常发生在入睡前、睡醒后或独自玩耍时，发作时伴有快感。习惯性会阴部摩擦动作在儿童中虽然并不普遍，但占有一定的比例，如果不及时纠正，对孩子今后的生理、心理发育会造成诸多不良影响，严重的在成年后会导致性心理障碍，必须引起老师和家长的高度重视。

① 老师和家长对幼儿要冷静对待，不能简单地视孩子为“不正经”。发现孩子正在动作时，最好以其他有趣的事情分散其注意力，立即予以终止、纠正，切记不可对孩子责怪、打骂、羞辱、讥讽，以免使其精神更紧张。② 查明生理心理诱因，给予治疗，便于根除不良习惯。如：女童外阴黏膜轻微损伤、外阴湿疹引起瘙痒，男童包茎、包皮炎，以及幼儿患蛲虫病引起的瘙痒或由于情绪过度紧张、焦虑等。③ 衣裤、被褥不可太厚、太紧，每晚睡觉前安排体力活动，使之疲劳后易入睡，睡醒后立即穿衣起床，避免发作。④ 培养幼儿良好的卫生习惯，定时清洁阴部，保持阴部清洁、干燥。⑤ 习惯性会阴部摩擦动作一旦养成，往往难以纠正，重要的是预防：合理安排幼儿的生活，使其生活丰富多彩，以免幼儿因寂寞而去玩弄自己的生殖器，特别是大人对男孩不应抚弄其生殖器逗乐。

[案例 10]　清晨，小米呆坐在床上，床单湿了一片。爸爸皱着眉说：“又尿床了，你今年都 6 岁了，怎么办啊！”

分析：5 岁以上的孩子仍不能自已控制排尿，夜间经常尿湿床铺，白天有时也尿湿裤子，称为“遗尿症”。因疾病引起的遗尿症称“器质性遗尿症”，这是需要就医的。而大多幼儿由于大脑皮质功能失调所致或因精神障碍引起遗尿，称之为“功能性遗尿症”，约占遗尿症的 90%。对于“功能性遗尿症”可从以下方面着手：① 掌握幼儿夜间遗尿的时间，提前唤醒他起床排尿，让孩子形成条件反射，能在排尿前醒来。白天可在幼儿遗尿时段前提醒其排尿。② 建立合理的生活制度，避免过度疲劳和睡前过度兴奋。③ 晚餐后控制饮水，减少幼儿入睡后尿量。④ 不耻笑、不指责幼儿。老师、家长积极配合，消除幼儿不安因素以及因遗尿带来的心理压力。

附：规则意识从零岁开始

研究表明，0～3 岁是人生发展最重要的时期。但我们大多数的父母因为只有一个孩子，生怕养不好，为此就格外爱护，全家注意力集中在孩子一人身上。孩子要什么，给什么，百依百顺，孩子自己会做的事也代他做，以至于长大以后，什么该做，什么不该做，该怎么做都不清楚。说穿了就是没有建立规则，幼儿规则意识的形成要从小开始。

0～6 个月宝宝规则意识培养要点：

父母应给予宝宝理性的爱(要留些爱在心里)。可以在小床周围挂些美观、发声的玩具，室内放些悦耳的儿歌、音乐。

（1）吃：根据婴儿特点，定时喂乳，不要一哭就喂。

（2）睡：到睡眠时间即放在单独的小床上，可以唱些催眠曲等哄宝宝入睡。

（3）抱：只在哺乳、喂食时抱，不宜抱得太多或一哭就抱。

（4）哭：了解哭的原因，是否哪儿不舒服，如尿湿等。宝宝哭闹的原因解决了，自然就不哭了。

（5）运动：婴儿衣服被褥宜宽松，以便活动，可谓宝宝做皮肤按摩或逗引他发音和练抓、握等动作。

（6）注意：每天有一定时间爱抚和注意婴儿，但不宜注意太多。

（7）音乐：经常为宝宝放轻音乐。

7～12 个月宝宝规则意识培养要点：

（1）鼓励婴儿独自玩耍，给孩子能摇、抓的简单玩具。经常给婴儿听轻音乐。

（2）经常对婴儿说话，话语要清晰、简短，要有丰富的表情、配合相应的手势。给宝宝看简单的图画，指图说话。

（3）让婴儿接触各种形状和质地的物品，同他一起玩积木，撕纸、折纸、各种小器皿都可给他玩，但必须清洁无害，因婴儿易把东西放到嘴里去。

（4）训练社交。每天抱他外出或串门，同别的小朋友一起玩。

1～2 岁宝宝规则意识培养要点:

（1）培养儿童独立性、交往能力及检查、判断、解决问题的能力。

（2）吃、睡、抱、哭，大小便方面原则大体同前。

（3）训练孩子走路、说话的能力。

（4）以和蔼态度对待孩子，避免训斥。

（5）训练孩子独自进食、穿衣戴帽的能力，不要包办代替，不吃零食。

（6）鼓励孩子拿出自己的玩具和小朋友一起玩，把自己的食物分给小朋友。

（7）给孩子能拆的玩具，如玩积木、沙、布等。

（8）养成早晚刷牙和饭前、睡前、便后洗手的习惯。

（9）注意第一次。“无论什么事，第一次做好，第二次就容易做好；第一次做错，第二次就容易做错。”

（10）培养社交能力，见人主动打招呼，得到别人帮助时，别忘了说：谢谢！

2～3 岁宝宝规则意识培养要点:

（1）培养合作精神、自我克制能力。

（2）利用身教、言教训练婴儿独立性、自制力，避免过分迁就。

（3）讲故事、听音乐、唱儿歌。

（4）鼓励自己穿衣、进食，帮着做点简单的事，做好后适当表扬，避免训斥。

（5）父母对待孩子的态度要一致，不在孩子面前争论。

（6）运动训练，如上下楼梯、独脚跳等。

（7）逐渐让孩子接触一些复杂的玩具，让他画图、捏泥、折纸、装卸玩具。

（8）儿童都喜欢大人注意他，有时孩子淘气，做坏事是为了引起大人的注意，因此对儿童不宜注意太多。

第二节　小学生心理及其辅导

"对小学生重点是规范其基本言行，培养良好习惯。"

——题记

"如果人们已经忘记了他们在学校里所学的一切,那么所留下的就是教育。让我们想一想，什么是一个人忘不掉的呢？显然，习惯是忘不掉的，因为习惯是一种相对稳定的、自动化了的行为。"

——爱因斯坦

6、7 岁至 12、13 岁是儿童开始进入小学学习的时期。这是儿童心理发展的一个重要转折期。在小学低年级，儿童还具有明显的学前儿童的心理特点，而小学高年级儿童则随着生理年龄的变化，逐渐步入青春发育期。这个时期往往被称之为前青春发育期。在教育的影响下，小学儿童的认知能力、个性特点都在不断地发展变化，其发展过程表现出明显的协调性和过渡性的特点。

（一）小学生心理发展特征

1．感知觉有了充分发展

在入学之初，小学生的感知觉已经有了充分的发展，他们的听觉和视觉十分敏锐，能够比较准确地辨别事物的颜色形状等。他们的味觉、嗅觉和触觉也已经比较发达。这些都为他们进行学习活动提供了基础和保证。在整个小学阶段，小学生的感知觉发展很快，其准确性、系统性都能够不断地提高。特别应当指出的是，在教师指导下的观察活动，对小学生感知觉的发展具有十分重要的作用。

2．注意水平有限

刚刚进入学校，小学生注意的目的性还很低，只能够注意自己感兴趣的对象。随着学习活动的进行，他们的注意能够很快地得到发展。在课堂上可以根据学习活动和教师的要求将注意指向学习对象，注意的持久稳定性和范围都不断地发展。但一般来说，小学生的注意水平仍然是有限的，需要教师通过专门的努力引起并且给予指导。

3．不随意记忆占主要地位

在小学低年级，不随意记忆占有比较主要的地位。随着年级的升高，小学生的随意记忆明显得到发展。但在整个小学阶段，他们的不随意记忆始终占主要地位。

4．想象力丰富，但想象与现实之间没有明确界限

小学低年级学生，想象力十分丰富。在他们的头脑中，现实与想象之间往往没有明确的界限。有时候，他们会由于想象与现实的同一化，导致行为和言语的“不合情理”。如果没有考虑到儿童想象发展的这种特征，在成人眼中会经常被当做“说谎”“欺骗”。对此，教师要有充分的理解。想象力是十分宝贵的，是创造意识和创造能力的萌芽，教师应当着力保护和慎重对待。

5．以形象思维为主

在小学阶段，学生的思维有很大的发展。开始时，思维依赖于具体的对象和情境，只能孤立地认识事物的个别特征和表面现象。随着年龄增长和学习活动的深入，他们开始能够了解事物之间的联系，根据种属关系对事物进行分类，进行简单的分析概括，甚至掌握一些抽象的概念等。但从总体而言，小学生以形象思维为主。

6．情绪情感较稳定且比较单纯

与学前儿童和青春期学生相比，小学生的情绪情感都比较稳定，并且能够在一定程度上控制自己的情绪，有时甚至能够将真实的情绪隐蔽起来。在整个小学阶段，学生的情绪情感是比较单纯的。

7．自我意识更加明确

与学前儿童相比，小学生的自我意识更加自觉，更加明确地意识到自己作为独立个体的存在。与中学生相比，他们的自我意识更

多地依赖他人对自己的评价，尤其是权威人物的评价——主要是教师和家长。他们十分渴望得到教师和家长的肯定，而对于同学的意见则不太在乎。从总体上说，小学生自我意识的社会化程度有了较大提高，但是仍然不够客观、全面，带有明显的主观色彩。

（二）小学生常见心理问题

1. 入学适应问题

儿童从幼儿园进入小学，有一个逐渐适应校园生活新环境的问题。对小学一年级的新生来说，从校园的自然环境到教师同学这样一种人际关系环境都是陌生的，还有学习的压力，校规校纪的约束等，这一切都构成了新入学儿童心理适应的严峻挑战。对于部分心理发展迅速的学生，以及在幼儿园受过入学准备教育的儿童，他们能很快适应新的学习生活环境,但部分儿童则会出现适应不良现象。这种适应不良大多表现在：产生情绪障碍，如焦虑、不安、抑郁、害怕等；注意力不够集中，而后对学习失去兴趣；不能约束自己，总是违反纪律等。一般经过几周的自我调节能够逐渐适应，少数学生可能会持续数月之久。通常个性内向、胆小、谨小慎微、急躁和情绪不稳定的学生容易出现入学适应不良。

2. 学习方面的问题

生理心理学研究表明，学习是一项艰苦的脑力劳动。由于学生学习竞争加剧，学习负担过重，同时学校、教师、家长又过分看重分数，给小学生造成严重的生理和心理压力。据辽宁教育研究院的一份统计资料显示，1995 年辽宁省中小学生课外作业量高于国家教委规定标准 60% ，而许多家长还给子女开“小灶”，使学生夜读时间越来越长,多数城市有近 70% 的中小学生睡眠时间不足 9 小时。加之现有的教学内容偏难，如此重压下，学生身心受到了极大损害。儿童年龄越小，学习过程中越容易产生疲劳，如果学生的学习持续时间过长，很容易造成学习疲劳，若学生长期处于疲劳状态，会使其视力下降、食欲不振、面色苍白、大脑供血不足、瞌睡、失眠、头热、脚冷等。在心理方面则会产生抑郁、烦躁、信心不足、记忆力减退、注意力难以集中、思维迟缓等现象。

3．厌学与逃学问题

据调查，有厌学情绪的小学生占总数的 5%～10% 。这些小学生主要是对学习缺乏兴趣，学习比较吃力，导致长期跟不上进度，又缺乏赶上去的勇气和毅力，教师也没能及时地给予鼓励，挫伤了学生学习的积极性。因此，他们或者在课堂上东张西望，神不守舍；或者在下面偷偷看动画书或玩玩具；要么就在课堂上打瞌睡；或者干脆逃学、旷课，到处游玩。有些农村的孩子厌学情绪还得到家长的支持，干脆辍学在家，帮父母干活，做生意等。还有一些优等生，由于心理承受能力较差，一旦别人超过自己或自己的目标未达到，就容易产生厌学情绪。

4．人际交往方面的问题

人作为社会人，都有与人交往的需要，通过正常的人际交往、沟通，人就能获得正确合理的社会知识经验，同时获得生活学习的知心朋友，获得困难时的支持帮助者。而如果缺乏正常交往，就会使人无法满足依恋感，内心苦闷而无法宣泄和排除，影响儿童正常的人际交往与心理需求，对小学生的心理健康是有害的。由于目前的小学生绝大多数为独生子女，他们在家庭交往的对象多为成人，在这种不协调的交往中，孩子常常是在“以自我为中心”的“顺境”下生活的。因此，学生普遍存在着较任性、固执、依赖性强的特点。当他们进入一个新的集体后，仍然以自我为中心去与人交往，因而在与他人交往中常常是唯我独尊，不能善解人意；遇到困难不能克服，也不想克服，缺乏自信心，从而致使小学生不能也不会与人正常交往。在与他人接触中常出现过重的恐惧感，过强的防范心理，其结果是封闭自己。而且教师教育方法不当，忽视对学生人际交往技能的培养。小学时期，教师是学生理想的目标，公正的代表，他们希望得到教师的关心、理解与爱，教师如不能以热情的态度给予指导帮助，反而横加指责，学生则会感到失望，会有一种压抑感，产生消极情绪，导致师生关系淡漠。这种以学生失败而告终的交往还会在小学生与他人交往中迁移、泛化，加重人际交往的焦虑感。

5．意志障碍

这类小学生主要表现为意志薄弱，缺乏行动的目的性和一致性。做事容易半途而废，容易上当受骗，爱说谎话，不能经受学校和生活带来的正常竞争，不能正确地面对挫折，行动放任自流。中国的家长历来很重视孩子的安全问题，对他们百般呵护甚至溺爱，因此造成孩子如同温室里的花朵，经不起任何风吹雨打，意志力非常薄弱。当面对困难和挫折的时候，就会无所适从，甚至采取消极的逃避方式，这种消极的挫折适应方式一旦习惯化、稳固化，在一定的情境中挫折状态即使有所改变，其行为却仍以习惯化的适应方式如影随形地出现。于是消极的挫折适应方式也就转化为较严重的、需要长期耐心教育的心理问题了。

6．问题行为

问题行为是指扰乱他人或给个人身心造成妨碍的行为，主要表现为攻击、逃避、自暴自弃等。按性质划分，问题行为可以分为过失型和品德不良型。前者是指个体行为对组织纪律和社会一般生活准则的触犯或违背，这种问题行为常常是由不恰当的需要、好奇、好动、试探、畏惧、缺乏经验和认识力不足等因素所引起的；品德不良型问题行为，是指个体行为对一定的社会道德规范、对集体利益与他人利益的违背或侵害。这种问题行为一般是由错误的意识倾向或个性特点所造成的，因此表现出经常型、倾向性和有意性等特点。

7．人格障碍

人格障碍指小学生人格的发展不协调。主要表现为心胸狭窄、嫉妒心强、异常固执、我行我素，人际关系紧张。

8．依赖心理

由于小学生自身的特点，还没有自立生活的能力，只能长期生活在父母和他人的关心和爱护下，因此形成了小学生较强的依赖心理。首先表现为对环境的依赖，如天气的变化不能适应，不知道添减衣服，需要老师或家长的提醒才行，否则很容易感冒。其次表现为自责倾向。这一现象在小学生中较多，危及着他们的心理健康。自责倾向是指当发生不如意的事情时，经常认为自己不好，对自己所做的事抱有恐惧心理。自责倾向的根源是对失去别人的爱的不安。当学生感受到被父母、教师、朋友抛弃时，往往形成自责倾向，如父母、教师对儿童过分严厉、专制，挫伤了儿童自尊心，儿童感觉不到来自权威人物的爱，从而出现自责心理；当对别人的爱渴求过强时，一点小过失就会使小学生感受到自己不再被爱了，这样的儿童往往有很强的依赖心理。

9．考试怯场的恐惧心理

由于考试和升学的压力，部分小学生临考时处于紧张而又恐惧的情绪状态。尤其是毕业班的学生，面对排名次和决定人生前途的升学考试，大部分学生感到精神紧张，压力很大，他们渴望成功，也担心遭到失败。有的学生平时成绩不错，稍有一次失败了，就怀疑自己的能力，过分自责，产生焦虑心理，导致对下次考试的担忧，总怕自己考不好，甚至一到考场就心烦意乱，身体颤抖，本来应该答上的问题在脑中毫无印象，发挥失常。严重者还会出现生理异常反应，不能正常参加考试。长期这样，会造成其心理变态，性格怪僻和行为异常。

（三）关于小学生习惯的养成

经典故事——爹，转弯啦！

父子俩住山上，每天都要赶牛车下山卖柴。老父较有经验，坐镇驾车，山路崎岖，弯道特多，儿子眼神较好，总是在要转弯时提醒道："爹，转弯啦！"有一次父亲因病没有下山，儿子一人驾车。到了弯道，牛怎么也不肯转弯，儿子用尽各种方法，下车又推又拉，用青草诱之，牛一动不动。到底是怎么回事？儿子百思不得其解。最后只有一个办法了，他左右看看无人，贴近牛的耳朵大声叫道：

“爹，转弯啦！”牛应声而动。

这个故事告诉我们：牛用条件反射的方式活着，而人则以习惯生活。有一位哲人曾经说过，一个人走入社会以后，将大学学到的知识都忘记了，最后剩下的最有用的就是习惯。一个成功的人晓得如何培养好的习惯来代替坏的习惯，当好的习惯积累多了，自然会有一个好的人生。

1．什么是习惯

我国儿童心理学家朱智贤主编的《心理学大词典》中对习惯的解释是：“人在一定情境下自动化地去进行某种动作的需要或特殊倾向。”对“习惯形成”的解释是：“长期养成的不易改变的行为方式。习惯形成是学习的结果，是条件反射建立、巩固并臻于熟练化甚至自动化的结果。”从以上解释可以看出，习惯是人经过长期练习和反复实践而养成的自动化的稳定的行为方式。它也是一种与需要相联系的稳定的行为方式。小学语文课程标准要求：“重视提高学生的品德修养和审美的情趣，使他们逐步形成良好的个性和健全的人格，促进德、智、体、美的和谐发展。”要达到这个标准，应从培养小学生良好的行为习惯开始。对于小学生而言，中小学教育阶段是青少年儿童长身体、长知识的时期，是对他们进行道德情操、心理品质和行为习惯养成的教育最佳时期。一个人从小养成的行为习惯会长远地起作用，甚至会影响一生。对于低年级小学生来说，从一入学，就培养他们形成良好的学习行为习惯是很重要的。如果培养得法，尽早形成良好习惯，不但有利于当前的学习，还将使学生终身受益。因此，培养小学生良好的行为习惯是小学德育的重要内容和途径。

依据习惯对人的价值和作用，习惯可以分为良好习惯和不良习惯。按照习惯的性质和层次水平，习惯可以分为动作性习惯和智慧性习惯（前者偏重于行为方式；后者偏重于思维方式，但最终也要表现为行为方式）。依照人们日常活动的领域，习惯还可以分为生活习惯、学习习惯、工作习惯、交往习惯等。

2．为什么要培养小学生的良好行为习惯

（1）古今中外的思想家、教育家，都十分重视少年儿童良好行为习惯的培养。孔子说："少成若天性，习惯如自然。"著名教育家叶圣陶说："教育就是培养习惯。"美国心理学家威廉·詹姆士说："播下一个行动，收获一种习惯；播下一种习惯，收获一种性格；播下一种性格，收获一种命运。"18 世纪俄罗斯教育家乌申斯基打过一个比方，他说，好习惯是在人的神经系统中存放的一大笔钱，一个人毕生可以享用它的利息；而坏习惯则是道德上无法偿清的债务，它以不断增长的利息折磨人，使他最好的创举失败，并把他引到道德破产的地步。

（2）少年儿童时期是养成良好行为习惯的黄金时期。少年儿童正处在发育成长时期，行为方式还没有定型，喜欢模仿，可塑性很强，正所谓"近朱者赤，近墨者黑"。因此，在教育者的正确引导和培养下，少年儿童养成良好的行为习惯不仅是必要的，而且在机不可失的黄金时期也是相对容易的，正所谓"过了这个村，就没了这个店了"。我国著名儿童教育家陈鹤琴说过："教育一个人要从小就注意起的，讲话怎样讲，批评怎样批评，做人的态度，对人的礼貌，以及一切的一切都要从小养成。外国有句话说：'开始做得好，一半做到了。'中国的先哲也有'慎始'的教训，一种习惯之养成，莫不由'渐'而来。做人是很难的，一定要从小就加以训练，养成种种优良的习惯和态度，在小孩子时代已经受了良好的教育，到青年的时候，自然可以减少许多问题。'慎始则善终'，这是必然的结果。"

（3）把未成年人的思想道德教育落在实处。我国的学校教育存在着重智育轻德育的倾向；在现有的德育中，存在着重道德认知、轻道德实践与道德行为的倾向。因此，德育的实效性不强，小学生中知行脱节的现象比较普遍。2004 年发布的《中共中央国务院关于进一步加强和改进未成年人思想道德建设的若干意见》(中发〔2004〕8 号）中指出，思想道德教育要"坚持知与行相统一的原则"，要"从规范行为习惯做起"，还特别指出"对小学生重点是规范其基本言行，培养良好习惯”。培养小学生的良好行为习惯，是落实中发〔2004〕8号文件的需要，也是少年儿童自身发展的需要。

（4）促进儿童健康成长。国家实施素质教育的目的是对受教育者的行为发生影响。培养小学生良好的行为习惯对促进儿童健康成长有着重要的意义，它是对儿童进行德育的有力手段，同时在具体的培养中渗透着政治思想品德教育。养成教育是培养合格的社会主义新人的关键环节，只有抓好这一环节，从实际出发，灵活机动地培养学生各种良好行为习惯，才能使他们健康、快乐地成长。

3．培养小学生良好行为习惯的几点建议

（1）培养习惯要科学安排，由易到难，逐步积累，注重差异。

少年儿童良好行为习惯的形成和发展是一个循序渐进的过程，是一个从细致的量变到比较明显的质变的过程。在教育教学工作的实践中，我们主要从“训练”、“督促”和“素质养成”几方面去培养。

① 训练。

“习惯”要“习”才能“惯”，任何一种习惯都是在教师严格的训练，学生有意识地反复训练中养成的。为此，根据学生的实际，可充分利用晨会、班会加强对学生行为的训练，如：行队礼的训练，礼貌待客的训练，整理书包的训练，读写姿势的训练……为了加强训练效果，有时还采用表演的方式，学生编小品、相声，利用教材编成课本剧，通过这些生动活泼，学生喜闻乐见的形式，将行为习惯的养成落到实处。

② 督促。

良好习惯的养成不是一朝一夕的，在养成良好习惯的过程中，往往会出现反复现象，这样，教师平时的督促就是显得更为重要，要通过经常性的督促检查，使学生在不断的实践中养成自觉的习惯。因此，在集队、集会中，发现做得不够好的学生，及时指出，帮助他纠正，久而久之，使学生化外来的强制性为内在的自觉行为习惯。

③ 素质。

全面培养学生的优良素质，一定要摒弃“应试教育”中忽视学生素质全面提高的陈旧观念。教育家布鲁姆说:“有效的教学，始于期望达到的目标。学生开始就知道教师期望他们做什么，那么他们便能更好地组织学习。”所以在实施教育的过程中应注意实施素质教育，切实提高学生的综合素质。在素质教育中应把德育工作放在首要位置，并贯穿于教育教学的各个环节。培养学生养成良好的行为习惯，提高学生健全的心理素质和人格素质。学生要以德修身，通过接受教育和自身的体验、践行，把“爱国守法、明礼诚信、团结友善、勤俭自强、敬业奉献”的公民基本道德规范，内化为自身的道德信念和行为准则。同时，应充分利用学校的板报、橱窗，创造浓郁的文化氛围。学校的每一块墙壁，每一张课桌，每一寸土地都能说话，都能陶冶学生的情操，增长学生的知识，丰富学生的情趣，达到“随风潜入夜，润物细无声”的境界。

乌申斯基在《论习惯的培养》一文中说:“起先应当让孩子习惯于服从 2～3 项容易达到的要求,别因要求太多和难度太大而限制他的独立性；这样，你才会有把握地相信，孩子会更容易服从你的新的决定。如果一下子用大量的规则去要求孩子，那你就是迫使他去违反它们中间的这一个或那一个规则，因而你想使他养成的习惯也就不可能在他身上扎下根来……”因此，在一个时期内（如一个学期），只能重点培养一两个习惯。

例如，培养小学生的学习习惯，一年级入学初，应该从“明日学具，准备齐全”（每天晚上按第二天课表准备齐学具）“读书写字，姿势正确”（一尺一拳一寸和执笔姿势）等动作性习惯入手培养；一些智慧性习惯，如“读书看报，查找资料”、“学有目标，学有计划”，则应在五六年级重点培养。

培养习惯还要注重学生的个体差异，如学生甲的主要问题是不能按时完成作业，当务之急是培养他“当天任务，当天完成”的好习惯；学生乙的主要问题是不能改正作业和卷面上的错误，那么培养他“发现错误，及时改正”的习惯，就具有很强的针对性。

（2）培养习惯要注重讲道理，激发学生的热情和主动性。

学生是养成习惯的主体，没有主体的热情和主动性，习惯很难养成。培养习惯不能排除提高学生对习惯的认知水平，一定的认知水平是养成良好行为习惯的基础和动力。

学生的教师和家长，最好用自己的人生经历和体验，通俗易懂、具体生动地向学生或孩子讲述什么是习惯，为什么要养成良好的习惯；还可以通过讲科学家、艺术家、模范人物、先进工作者等人的故事，讲清好习惯与事业有成、工作出色的关系。

学校少先队组织要开展以队员为主体的探究式活动，如搜集有关习惯的格言、有关习惯的故事、访问名人了解他们有关习惯的事例、组织有关习惯的演讲会座谈会辩论会等，使学生通过活动自己去探究、体验和感悟养成好习惯的必要性，从而激发学生的热情和主动性。

（3）习惯是“练”出来的，要加强行为的练习与指导。

正如前文所说，“习惯是人经过长期练习和反复实践而养成的自动化的稳定的行为方式”，习惯不是说出来的，而是“练”出来的。

乌申斯基说：“我们应当对这种行为方式经过周密的思考，并把它用简单明了而又尽可能扼要的规则表达出来，然后要求学生坚定不移地去执行这些规则。”一般而言，一个习惯不是一个简单的动作，而是一连串的一组动作，从而构成一个特定的行为方式。因此，学生要经过长期练习和反复实践才能熟练并养成习惯。

小学生年龄小，是儿童，不是解放军，不是运动员，不能像军人和运动员那样训练，在训练中要强调“反复”“严格”四个字，不怕麻烦。如：要求学生集合站队做到“快、静、齐”，教师要经过多次严格训练，反反复复，不厌其烦才能达到目的要求。集合站队的口令发出后，教师数三下，学生要做到“声落、动止、队形成”。慢了，提出问题，解散重做。做好了要表扬，再经过反复训练形成定势。如有做小动作的要进行单独训练，经过强化让他们加以改正。光有“苦练”还不行，要把“苦练”与“趣练”结合起来，学生毕竟年龄还小，如果一味单调训练他们就会厌烦，因此在训练中要把激发兴趣与严格训练相结合，采用“快乐练习法”，例如通过模仿活动、游戏活动、表演活动、比赛活动等方式进行，让学生在活动中获得快乐，获得体验，并建立和巩固某种行为方式。

在练习过程中，教师和家长的指导是必不可少的。经验表明，采用“教——扶——放”的指导模式是有效的。在练习初期，教师和家长要通过行为示范让学生或孩子模仿，并进行“手把手”的指导，比如在训练学生正确的五姿(坐姿、立姿、写字姿势、举手姿势、读书姿势)时，可以采取趣味训练。在班上找小榜样，开展“请你像他这样做”的有趣活动，在课前或课中适当的时间，请小榜样做出一个正确的姿势并说：“请你像我这样做。”同学们立刻学做，并说：“我就像你这样做。”反反复复，经常不断，学生很有兴趣。为了进一步调动学生的积极性，还应注重及时更换小榜样，使学生进一步在有趣的活动中强化训练，养成坐姿端正的好习惯。在学生或孩子初步掌握行为要领时，让他们自己去做，教师或家长要经常在一旁观察，并做必要的指导；当学生或孩子已经建立了某种行为方式时，应放手让他们独立去做，教师或家长只是做偶尔的监督和检查。

著名教育家曼恩说：“习惯仿佛一根缆绳，我们每天给它缠上一股绳索，要不了多久，它就会变得牢不可破。”这个比喻非常形象、智慧。它把习惯比喻为一根绳索，每次行为的重复，就相当于又为它缠上了一股绳索。很显然，每天缠，不断缠，缆绳会越来越粗，终于有一天，会粗到牢不可破。从这个意义上讲，好习惯如果开了头，每做一次，缆绳就粗了一些，好习惯自然养成了，孩子也会受用终生。

(4) 采用多种激励的方法，强化学生的良好行为。

行为主义心理学的理论认为，每当学生出现良好行为的时候，教育者若能及时给予肯定或奖励，那么他发生这种行为的几率就会大大增强，这就是所谓“正强化”。对学生的激励可以有很多“强化物”，如社会性强化物（微笑、抚摸、夸奖、奖状等）；消费性强化物（糖果、饮料、巧克力等一次性消费物品）；活动性强化物（看影视、去公园、踢足球等）；操作性强化物（玩具汽车、变形金刚、组合玩具等）；拥有性强化物（文具盒、图书、光盘、小提琴等）。

在培养学生或孩子良好行为习惯时，可用以下方法：

代币制。如培养儿童“早晚刷牙漱口的习惯”，哪天做到了，就奖励一朵用纸做的“小红花”，没做则不奖；积累了5朵“小红花”，就可换一颗用纸做的“金五星”；积累了5颗“金五星”，就兑现事先约定的奖励。这个方法适合小学一二年级的学生，应注意所定的行为要具体、单一、可行；最终的“强化物”要对儿童有吸引力；每天的行为检查、“花”与“星”的交换要认真细致。

表 7.1　影响力黄金表

学校：　　　　　　　　班级：　　　　　　　　姓名：

我要养成的习惯：

星期 / 周次	一	二	三	四	五	六	七
第一周							
第二周							
第三周							
第四周							
第五周							
体　验							

注：做到打√；没做到打×。

影响力黄金表（见表7.1）。先制表让儿童填写学校、班级、姓名和我要养成的习惯。哪天做到了，就由儿童自己在表中相应的格子里打“√”，没做则打“×”；以5周为一个单元，单元结束后，儿童在“我的体验”中写简短的体会，把表交给教师或家长；如果35天都做到了得一等奖，30天做到了得二等奖，25天做到了得三等奖，奖的办法要事先约定，一、二、三等奖要有区别。这个方法适合小学三四五年级的学生，应注意单元时间不可过长，行为要求不可太复杂，教育儿童以诚实的态度填写。

行为契约。由父或母与儿童签订（亲子契约），也可由教师与学生签订（师生契约）；儿童为甲方，成人为乙方，双方都要承诺要做到的行为；做到了有奖励办法，做不到有惩罚办法；还要规定契约的有效时期；以上内容要形成文字，并张贴在室内显著位置。这个方法适合小学六年级学生，应注意成人与儿童要保持平等地位；承诺的行为要具体、可观察，项目各以 1 至 3 个为宜；有效时期不可太长，以 1 个月左右为宜；惩罚办法要有针对性，要讲究适度，要讲究巧妙（如某母子的契约，因为家住 12 楼和两人都肥胖，他们的惩罚办法是：今天没做到，明天一天不许坐电梯）。

（5）深化学生的主体体验，促进良好行为“由被动到主动再到自动”。

研究表明，儿童良好行为习惯的养成，一般要经过“由被动到主动再到自动”的过程。这是一个“服从于外在教育——在练习和实践中逐步体验和内化——养成自动的稳定的行为方式”的渐进过程。如前所述的提要求、讲道理、重练习、多激励都是来自于外在的刺激，这些外在的刺激是怎样转化为学生内在的自身的需求，使良好行为转化为自动的稳定的行为方式呢？在这样的转化中，关键的因素是什么呢？我们认为，它是学生的“主体体验”——学生发自内心的感受、体会和形成的认知。因此，教育者在培养儿童良好行为习惯的过程中，要特别注重深化学生的主体体验——体验因良好行为尝到的甜头（获得的快乐、赞赏、进步、成功），因不良行为吃到的苦头（产生的烦恼、批评、退步、失败）。这样对比的感受越具体越深切，学生的主体体验则越真实越深刻。

深化学生的主体体验有许多方法。如让他们“说一说”，在班级的小组或少先队的小队里，大家一起说说各自的感受和体会，变个体的体验为集体的精神财富，在相互交流中深化主体体验；“写一写”，鼓励学生把自己的感受和体会写成日记、作文，使点滴的体验组织化、系统化；“演一演”，组织学生自编、自导、自演有关习惯的小品，再现具体而生动的情景，让学生在演与看的过程中加深印象，深化主体体验。

（6）培养良好行为习惯要与矫正不良行为习惯相结合。

我们常常听小学一年级教师抱怨幼儿园没有把儿童的行为习惯培养好，也常常听到幼儿园小班教师说“幼儿从家庭里带来了不少坏习惯”，可见儿童入园入学时在习惯上绝不是一张白纸。这是因为不管你自觉不自觉，不管你愿意不愿意，儿童总是会在生活中养成这样或那样的行为方式，其中有良好的，也有不良的。因此，我们在培养学生良好行为习惯的同时，必须注意下力气矫正学生已有的不良行为习惯。

乌申斯基说："教育者不仅常常有必要使一些习惯牢固地扎下根来，而且也常常有必要去根除一些已经形成的习惯。”“它的根除或者是由于缺乏养料，即不再进行这一习惯所引起的那些活动；或者是由于形成了另一种与之相对立的习惯。”

矫正不良的行为习惯有以下方法：

① 消除原因。即找到不良行为习惯形成的原因，把这个原因消除，不良行为习惯就可以逐渐消退。如某学生有特别爱吃零食的不良习惯，其重要原因是家长给他的零花钱过多，如果家长不给或很少给零花钱，不良习惯将逐渐消退。

② 以优替差。即培养一个与之对立的良好习惯，替代一个不良习惯。如某学生有张口骂人的不良习惯，就培养他使用文明用语的良好习惯，用良好习惯替代不良习惯。

③ 区别强化。有些不良习惯很难一下子改过来，如果要求过急，容易引起儿童的消极反应，如抵触、对抗等。教育者可以在一定时间、一定范围内“容忍”儿童的不适宜行为，但要求他逐步减少这一不适宜行为，最终控制在可接受的范围内。如某儿童特别贪玩，一天要玩 3 小时，教育者可要求他：第一周玩 2.5 小时，第二周玩 2 小时，第三周玩 1.5 小时，第四周控制在 1 小时内。

以上的②、③方法，在矫正过程中，也可使用“代币制”“影响力黄金表”和“行为契约”，把培养好习惯改为矫正不良习惯，把“做到什么”改为“不做什么”。

④ 贵在预防。即敏锐地发现不良行为的苗头，及时进行教育，不容其向不良习惯发展，这就是“防微杜渐”。这就要狠抓不良行为的“第一次”，如第一次撒谎、第一次不完成作业、第一次考试作弊等。

（7）加强与家长的联系沟通和共同教育中促进学生文明行为习惯的养成。

小学生的一半时间在学校度过，还有一半的时间是在家里度过的。家庭的传统习惯、生活作风、品德等，对孩子的个性、习惯和品德的形成同样有很大的影响。孩子是否诚实、文明、谦虚，等等，无不与家庭的熏陶和父母的潜移默化有关。因此，教师应加强与家庭的联系，发挥家长的作用。家庭作为人生的第一课堂，培养青少年遵纪守法的意识和良好的行为习惯至关重要。

家庭教育对于孩子文明行为习惯的养成至关重要，通过家访、召开家长座谈会等形式，切实加强教师与家长之间的交流与沟通，特别要重视与后进生家长的联系，取得家长的支持和理解，充分调动家长参与学校教育、促进学生文明行为习惯养成教育的积极性，督促家长创造一个良好的环境，让孩子在良好的精神环境中去模仿，去学习，以形成良好的行为习惯。

家长要时时处处以身作则，做出表率，为孩子树立一个讲文明、懂礼貌、守纪律、助人为乐的榜样。“身教胜于言教”，不论哪个方面，凡是要求孩子做到的，父母一定要做到。比如说：要培养孩子讲文明有礼貌，父母就应率先示范，早上见到孩子就应先问早、问好；让小孩取东西，要说声“谢谢”；有时有做错或做得不周到的事，就要说“对不起”……这样，久而久之，孩子自然就会养成有礼貌、讲文明的好习惯。

同时，家长要不断提高自己的礼仪意识，如果自身不重视礼仪，就无法教育培养孩子。礼仪表现在平时的生活之中，只要父母重视，以身作则，随时说明要求，并按要求去坚持训练，发现孩子有不讲文明礼仪的行为，及时指出并改正，这样就能逐步培养起孩子的文明礼仪习惯。

日本明治时期著名的教育家福泽谕吉说：“……教育就像植树者的工作一样。如果置之不理任其自然，庭院里的松树也会横生枝杈，园中的牡丹也会尽失富贵之相，有时它们也难免因虫害而枯萎凋零。只有经过植树者矫枝培根，四季勤劳，才能使其生机盎然，枝繁叶茂，色香宜人。”愿我们的教师和家长都成为优秀的园丁！

（四）案例分析

[案例 1] 石某，父亲是煤矿工人，母亲没有固定职业，从小深受父母宠爱。上课无精打采，经常迟到、早退、旷课，缺交作业。学习成绩偏差，无心向学。一拿起书就觉得头晕，并逐渐变得抑郁、自卑、厌学，甚至装病逃学。他越厌学就越学不好、成绩越差，成绩越差就越厌学，形成了恶性循环，完全失去了自信心，最后索性破罐子破摔，逃避学习。

这种情况属于小学生学习心理障碍，它是指在学习过程中心理活动受埂塞，心理调节和适应机制不良，从而导致不健康的心理表现和行为倾向。其原因是学生在学习活动中遇到这样或那样的挫折，学习达不到目标，需要得不到满足，困难又无法克服。由于受挫折后引发的不同反应，于是就形成了不同的学习心理障碍。针对这种情况，我们可以采取以下方法：

（1）个别面谈。常与石某作个别面谈，以全面了解其心理状况，问题行为产生的心理原因。在谈话中了解到，其实石某也想完成作业，只是因为上课管不住自己，没有认真听课，不懂就不会写了。碍于自尊，他又不愿接受同学的帮助。

（2）与家长沟通与协调。① 通过家访，电话联系，家长到校面谈等多种方式，了解石某的家庭情况及其在家的表现。② 对家长的教育态度表示理解，同时指出这样的教育方式不但得不到效果，反而会令孩子产生逆反心理。要求家庭多给石某温暖，共同做好转化工作。③ 指导家庭对策。如定期检查孩子的作业；指导学习，帮助孩子解决学习中的困难；多抽时间与孩子交流，对孩子的进步给予及时的鼓励。

（3）与石某共同制订计划，对他作出一些具体要求。① 要求石某不论是否完成作业，都要坚持到校上课，认真听讲。② 给两个星期作为适应期。在这两个星期里，别人一次做完的作业，允许石某分两次做，但一定要做完。③ 给一个星期作为过渡期。在这个星期里，要求石某跟别人一样，每次作业都要一次完成。考虑到石某基础较差，允许他当天要交的作业最迟不能超过放学前交。④ 巩固期。要求石某不仅每次作业能一次完成，还要和同学们一样，按时交作业，并且准确率要有提高。

（4）创造良好的环境。指导石某与同学交往的技巧，并安排石某参加集体活动，担任一定的角色，加深与同学们的友谊。

（5）给予鼓励，重建自信心。① 当石某能坚持来校上课，对他的行为给予肯定，并鼓励他，既然能做到坚持来校上课，相信他在课堂上也能管好自己。② 无论是在适应期、过渡期，还是在巩固期，只要他能达到预定的目标，都给予表扬，以肯定他的能力。③ 当石某在课堂上能较认真地听课时，适当提一些浅显的问题让他回答，并给予鼓励，让他获得成功的体验，提高学习积极性。

辅导效果：通过辅导，石某不再旷课了，作业也能按时完成了，和同学的关系也有了改善，在他的努力和同学们的帮助下，期末考试有了明显提高。

[案例 2]　马琴，女，四年级学生，性格较内向，学习成绩优秀。

主要问题概述：

该学生在四年级第一学期开学时，情绪有些反常，莫名其妙地在课堂上哭泣，影响正常的学习。

背景资料：

该学生在三年级时上课认真，学习积极，学习成绩优秀，和同学之间的关系良好。在四年级 2 月 23 日开学时，老师发现她的情绪和以前不同，变得沉默寡言。每天早上父母送到学校后，总会在学校门口哭，要父母和老师百般劝说后才能进入教室学习。两周后，不肯进教室学习的情况越来越严重，甚至要父母陪在教室外，她才能正常学习。其父有几天请假在教室外候着，生怕她出现什么状况。

教师通过和学生交谈，据其自己叙述是因为母亲最近上夜班，晚上回家见不到母亲，所以不由自主地想哭泣，自己也不知道为什么，要看到父母在其身边才放心。在课堂上，教师发现一个现象：当她在认真听课和做作业时，似乎一切正常，但是因为她做作业的速度比其他同学快，只要在她没有事情可做的时候，就会不可控制地哭泣。不但影响自己的情绪，还扰乱了教学的秩序。

初步分析：

该孩子虽然是四年级的学生，但是经过一个暑假和家人的不分离，形成了比较深的依恋。而且暑假的时间比较长，暑假中又几乎没有参加任何集体活动，也没有走出家门和人任意交流的习惯，所以她对家庭的依恋比较深，对暑假结束回到学校上学产生不适应症状。

刚开学又遇上母亲上夜班，促使她更加不适应，因而产生情绪困扰，表现出比较严重的焦虑情绪，在课堂上不由自主地哭泣，在早上不愿意上学。

辅导策略：

(1) 加强教师和学生的日常交往的密度，形成更加良性的互动，加深师生情感联系。

(2) 了解其内心的特殊需要，帮助她发泄情绪，让全班的学生伸出友爱之手，帮助其更深地融入班集体。

(3) 因为其喜欢绘画，运用绘画的方法，在其潜意识中处理分离焦虑。

辅导措施的实施：

(1) 教师的鼓励和同学的帮助关心。

教师在每天的课堂上尽量多和她发生互动，让她觉得备受重视。在每节课上各科老师对其的情绪加以关注，即时做出良性的反应。教师多用鼓励和赞扬的语言，让她尽量产生愉悦的情绪，使她有学习的成就感。

因为其爱好绘画，在其做完作业时，允许其在自己画本上任意涂画，让她在多余的时间有事可做，分散注意力。

在课间安排几个孩子根据她的爱好和她玩，让她在课间加强和其他学生的互动，产生良好的情绪反应，加深感情。

在学习座位的安排上，征求其意见，让她和自己比较要好的学生做同桌。

(2) 家长对其安全感的承诺。

通过和家长的协商，让家长在放学时按时来接，不要迟到，如果妈妈上夜班也要用电话和女儿联系让她感到家长时时在身边。在她有良好表现的时候，及时表扬，形成正性强化。

（3）教师定期和其交流。

由于该学生喜欢绘画，教师定期和她交流绘画的内容，让她在绘画中释放焦虑情绪，又在和教师的互动交流中处理焦虑情绪，使其慢慢适应新学期的学习。在她不愿意就绘画的内容进行交流时，不强迫，顺其自然，等待时机，让她自然处理内心的情绪困扰。

[案例 3]　美丽的日子。

（1）家庭背景。

小王，男，六年级的学生。父亲管得非常严厉，简单粗暴，缺少与孩子交流，母亲能注意孩子想法，尊重孩子，孩子跟不敢父亲说话。

（2）平时表现。

王某入小学后，不适应学校的规章制度的约束，纪律差。同学之间的互不相让更是让他无法接受。他想当干部，因表现不好，未能如愿；他自尊心强，又好表现，可因人际关系差，没人听他的指挥。老师、同学也常向其家长反映，家长对他的批评也逐渐增多，事事不顺心，引起他对老师与同学不满，也对家长不满，滋长了报复心理和攻击性行为，经常无理取闹，惹是生非，甚至有时还暴跳如雷。王某聪明，脑子灵活，也想进步。有时上课较专心，对老师提出的问题能积极大胆地发言，好表现自己，总希望能在大家面前露一手，得到夸奖，因为管不住自己，常常在课堂上做小动作，得不到老师和同学的信任，反过来又挫伤了自尊心。

（3）具体事例。

① 喜欢管闲事，喜欢惹人家，因而大家都不喜欢他。他也经常受到众人的嘲笑，感到自尊心受到损害，就喋喋不休地骂骂同学，一旦家长批评，他会发脾气，对家长提出的要求总是讨价还价讲条件。

② 一次课间，他又去戏弄别的同学，同学把这事告诉老师，老师当着全班同学的面批评了他，他马上情绪激动，暴跳如雷，大

声嚷嚷起来，还冲着老师同学骂骂咧咧，直到老师让全班同学评理，他渐渐冷静下来。事后，老师把这事告诉他家长时，他还要在一旁争辩。

③ 王某经常下课大玩特玩，到了上课时间却要求去小便。进教室后不能认真听课，吵得大家不能上课。

(4) 心理探因。

王某不良的家庭教育环境使他养成了“以我为中心”的心理和自由散漫的个性。进入小学后，因行为习惯不好，与同学们不能友好相处而经常受到批评指责，产生了逆反心理，并形成了心理障碍。他感情容易冲动，自控能力差，只要有一件不如意的事就会使他忘记场合、忘记对象大闹一番，以发泄心中的不满。另一方面他思维方式偏激，心胸狭隘，敏感多疑，不能正视自己的缺点，总认为是别人和他过不去，对老师、同学与家长的批评极为反感，老是怀疑人家说他的坏话。

(5) 矫正措施。

① 加强家校联系：经常打电话或直接与家长交谈，让家长及时了解刘某在校的表现，共同制定教育策略，并严格执行。

② 讲究辅导方式：用尊重、平等、商讨问题的方式与其沟通，并逐步培养他有话好好说，心平气和地与他人交流的习惯。

③ 多表扬鼓励：全面分析王某的优缺点，及时发现他的闪光点，多给他一些机会参加集体竞赛活动，满足他的自尊需求。

④ 帮助王某制订阶段目标，并督促其实现。如有进步，马上给予表扬，推动他改正自己的不良行为习惯。王某在老师、家长的特别关怀下有了一点儿进步。上课专心时，情绪特别高涨，能积极举手发言，回答问题声音特别响亮。有时他不守纪律，被老师批评也能虚心接受，表示要改正。与同学之间的摩擦也减少了。当然，王某的许多毛病不是一下子都能改过来的，经常还会反复，需要我们耐心帮助。相信在老师、家长的密切配合下，随着年龄的增长，他的心理问题会得到疏解，他的不良行为会得到矫正。

附：培养孩子良好习惯的六大步骤

步骤 1：要认识习惯的重要性，我们可以通过讲故事、让孩子分析案例等各种方式来进行，使他们切身感受到习惯的重要性。

步骤 2：与孩子一起讨论制定行为规范。定家规，定班规，制订习惯培养目标，一定要发动学生父母以及老师都参与。要让孩子自己说：习惯这么重要，我特别需要形成一个什么什么习惯。要一个一个地定培养目标，甚至两个月培养一个习惯，一个新习惯。

步骤 3：进行榜样教育。用各种教育行动进行榜样教育，各种各样的杰出人物都有好习惯。大家都知道李嘉诚很守时，为什么他能守时？他的表都是拨快十分钟的。

步骤 4：需要持久的训练。习惯培养有很多技术手段，你们可以尝试，但是有一条，一个行为的出现一定要训练一个月以上。但是这训练不是天天正步走，而是要进行分析、评估、引导、训练等，这是不可缺少的环节。

步骤 5：要及时评估，要表扬，用各种方式表扬、引导，对小孩一定要及时的表扬。

步骤 6：要形成良好的集体风气，谁出现了好的行为，在班里得到鼓励、支持、欣赏；谁有不良的行为出现了，大家会鄙视、反对，这对一个人好习惯培养发展是非常有意义的。

第三节　中学生心理及其辅导

“培养健全人格是教育的当务之急。”

——题记

中学生正处于可塑性最强的年龄阶段，是形成人格及人的基本素质的关键时期。一个人能否成才，首先取决于他是否具有足够的辨别客观事物真善美的能力，是否有良好的道德行为习惯及性格。

作为一个人内在特质的总和，人格包括了知、情、意、行几个方面。培养学生良好的人格，就要在丰富学生的科学文化知识的同时，对学生心理结构进行改造、重组、升华。

（一）中学生的八大心理矛盾

1．依赖与独立的矛盾

青春期是人生的第二反抗期，独立性是青少年的重要心理特征。他们试图摆脱父母、老师的控制，自己处理自己的事务，希望独立地大胆地尝试一切。但由于他们还未成年，在经济上、生活上、情感上、学习上还得依赖父母和老师，因而往往不能自由支配自己的时间、行为和生活，不能自由选择自己的兴趣、目标和理想，这就产生了依赖与独立的心理矛盾。由于现代社会父母对孩子的过分呵护，教师对学生的过度控制和青少年独立意识的增强，这种矛盾显得越来越突出。由此导致中学生在人格上容易发展为两个极端：一是过分依赖别人，缺乏自主性、能动性和创造性；一是过分独立，不善于合作，刚愎自用。教育工作者应当引导中学生认识自己的这种心理特征，协调两者的关系，明白依赖与独立的范围和方式，把握两者的合理平衡。

2．理智与冲动的矛盾

随着知识的增加，理性思维的发展，中学生的理智大大增强。绝大多数情况下，他们已经能够冷静地分析处理问题，对待自己的情感，应付突发事件。但这时期的青少年仍然不够成熟，加之他们情感丰富、精力旺盛、意志不强，受到的外界诱惑越来越多，因而他们的语言、情感和行为常常带有冲动性，甚至丧失理智。事实上，中学生情感和行为上出现这样那样的问题，冲动型占相当比例。解决这一矛盾的关键是教育中学生善于用理智驾驭冲动，学会自我控制、自我监督，凡事“三思而后行”，使自己的言行举止合乎理性，合乎道德。当然，对于一些有价值的“冲动”（如积极的激情）则要加以引导和利用。

3．理想与现实的矛盾

这种心理矛盾表现为两种情况：一种情况是，中学生的理想是丰富多彩的，而现行学校教育却过于僵化，强调统一性，家庭教育也缺乏活力和个性。这就限制了中学生个性的发展，阻碍了理想的实现；另一种情况是，中学生在学校接受的都是正面的、理想化的教育，而社会现实却有许多阴暗面和不尽如人意的地方。这一心理矛盾会使中学生感到无奈、失落、迷茫，甚至情绪抑郁、社会适应不良。对于前者，关键在于引导中学生处理好个人理想与现实条件的关系，力求在立足现实的基础上生动活泼地发展自己；对于后者，关键在于帮助中学生客观地、辩证地认识社会，调整理想状态与现实社会之间的落差。

4．活泼好奇与紧张压抑的矛盾

中学生正值精力旺盛、活泼好动的年龄，他们对外部世界、成人社会和新事物有着强烈的好奇心和探究欲。但当今时代，中学生无疑也是负担最重，最苦最累的人群。父母的期望、学校的高压、学业的竞争以及紧张忙碌的生活使他们不得不压抑自己的好奇心，掩蔽自己活泼的天性，“我想唱歌却不能唱”（曾经流行过的歌词），这就形成了活泼好奇与紧张压抑的矛盾。一些同学因为不能正确处理两者关系，有的过于紧张压抑，失去了青少年应有的生动鲜明的个性，变得僵化、呆板、机械，严重的导致焦虑、神经衰弱和轻度强迫症状；有的物极致反，放纵自己，产生厌学、逃学、贪玩、出走、沉溺网络和游戏机室等行为问题，也有少数同学因一时好奇犯了错误，背上沉重的思想负担。对此，家庭和学校首先应切实减轻学生负担，为他们创造轻松自由的成长环境；其次，要引导学生把握活泼好奇与紧张压抑的“度”，把两者控制在合理范围内；再次，学校要开展丰富多彩的活动，让他们在活动中调节身心，满足好奇心与求知欲。

5．困惑与求解的矛盾

随着知识的增加，思维的发展，兴趣的扩大，中学生对社会、人生和自身的困惑也越来越多。然而，当今学校教育和家庭教育只关心学生的学习成绩和升学问题，无意解答他们的诸多疑问。这种困惑不解与求解无门的矛盾使一部分同学始终摆脱不了各种困惑的干扰和纠缠，影响了学习和生活，特别是有一些内向的同学通过同伴间的口耳相传、地摊书籍、影视文化等不正常的途径来获得解答，极易产生认识上的误区（例如，据调查，70%以上的中学生性知识是通过言情小说、同伴甚至黄色书刊获得的）。因此，学校有责任为中学生开辟一条解疑答难的正确途径，满足他们的认识需要。

6. 愿望与能力的矛盾

中学生大都对未来具有崇高的理想与远大的抱负，希望将来能干一番事业。但就现实而言，他们的实际能力却和他们要达到的目标之间存在着相当大的差距，而且他们往往对自己的评价比较高，容易夸大自己的能力，这样就形成了愿望与能力的矛盾。不少同学做许多事情常有一种心有余而力不足的感觉，易产生挫折感和失落感，对于一部分意志薄弱的中学生来说，容易自暴自弃，转向自卑。因此，教师应该帮助中学生正确地认识自我、评价自我，帮助他们确立适当的目标和理想，并教育他们踏踏实实，一步一个脚印去实现自己的愿望。

中学生有一个看天和看地的问题，研究员也有这个问题，每个人都有。当然小孩子更容易看天看地，中学生或者再小一点都有哲学思想。朱熹在三岁以前就问他的父亲，何为天？父亲就指着上面说，这就是天，然而朱熹和别人不一样的地方在于他没有停止追问。他又问，天上面是什么？他的父亲就回答不出来了。小孩子可以问这些问题，因为地上的那些事情他爸爸妈妈都管到了，到大了还要管很多地上的事情，管着管着就忘了天上的天空了。

其实，看天和看地是连在一起的。举一个例子：三个工人都在砌墙，你问他们在干什么。第一个工人说我在砌墙。第二个工人说我在造房子，第三个工人说我在建设我们的城市。要说什么呢？同一件事情，参照系不一样，意义也就不一样了。诸如打扫班级的卫生，完成规定作业，帮助同学克服困难。这些事情本身可能比较小，但意义是相对的，在不同的参照系当中有不同的意义。看天有一种理想和抱负，而看地要脚踏实地，千里之行始于足下，每走一步要从脚下做起。但是不要忘了你有千里的目标，看一下天，这样才走得更好，这样才是有意义的事。

7．平等意识与不平等待遇之间的矛盾

平等意识是心理断乳期中学生的重要心理倾向。随着人格的逐渐成熟，他们有了强烈的自尊感和被人尊重的需要，希望人们对他们平等相待，不再把他们看成不谙世事的孩子，希望参与家庭事务和集体事务。然而，老师和家长往往缺乏民主平等的思想，他们常常独断专行，习惯于控制中学生，包办代办中学生自己的事（例如家长无端干涉孩子的私事，随便打骂挖苦孩子，阻止孩子干家务，教师常常居高临下地训斥学生等）。这就形成了平等意识与不平等待遇之间的矛盾。中学生常常为此苦恼、压抑以至产生逆反心理，出现逃学、离家出走，甚至自杀、杀人等行为问题。作为心理辅导老师，应该做好心理疏导工作，帮助中学生理解老师和家长，促进双方之间的沟通，同时更重要的是要设法端正教师和家长的教育观念，使之理解孩子，尊重孩子，平等地对待孩子。

8．封闭与开放的矛盾

闭锁心理是正值青春期的中学生特有的心理现象。他们常常关闭心灵之窗，不愿向别人敞开心扉，尤其对老师和家长。但他们内心里却渴望与人交流，渴望被人理解，这就构成了封闭与开放的心理矛盾。这种矛盾一方面可能使学生形成孤僻、抑郁的消极性格，使师生关系、亲子关系、同学关系变得冷漠、淡薄；另一方面使部分同学倾向于寻求“安全”的开放渠道，向陌生人、异性、网友、笔友袒露心迹，容易误入歧途。对于这种矛盾，学校和老师首先要重视培养中学生积极开朗、乐观向上的性格；其次重视班级内良好人际关系的建立，教师要努力成为中学生的良师益友，满足他们交往、倾诉和被理解的内在需要。事实上，中学生情感和行为上出现这样那样的问题，冲动型占相当比例。解决这一矛盾的关键是教育中学生善于用理智驾驭冲动，学会自我控制、自我监督，凡事“三思而后行”，使自己的言行举止合乎理性，合乎道德。当然，对于一些有价值的“冲动”（如积极的激情）则要加以引导和利用。

（二）中学生常见心理问题

青春期既是人生黄金时代开端的关键时期，又是人生最脆弱的时期，同时也是心理问题的高发时期。过去人们多重视学生的生理卫生和身体健康，认为身体没病就是健康，这种观点显然是片面的。

1．心理问题

（1）青春期烦恼。

① 白日梦。中学时代是一个多梦的时代，年轻的中学生对未来充满了憧憬和向往。他们常常通过丰富的想象，在脑海里架设一座由现实到达理想的桥梁，在想象中实现自己的梦想。白日梦有多种类型，有想象成为各个领域强人的“英雄型”，有想象成为百万富翁的“富贵型”，有想象得到白马王子和灰姑娘的“情爱型”，等等。白日梦是一种心理防卫机制，偶尔出现是正常的，但如果以幻想代替现实，整天沉湎于其中就会成为一种心理障碍。不少中学生从白日梦中醒来，梦中的理想自我与现实的客观自我发生剧烈冲突，内心失衡而无法正常地学习和生活。

② 体相烦恼。爱美之心人皆有之，更何况充满朝气的中学生。中学生有了强烈的自尊自爱需要，珍视自己在他人心目中的位置，开始关注自己的形象，但是，往往事与愿违。这一年龄阶段，正是生理发展的“拔节抽条”期，四肢的生长快于躯干的生长，身材比例总不那么匀称。因此，许多中学生不是嫌自己长得太胖就是嫌自己长得太瘦；不是嫌自己长得太矮就是嫌自己长得太丑；有的甚至因脸上的“青春痘”茶饭不思，暗自流泪。许多人自备镜子天天端详数次，几乎人人在体相上均有本难念的经，这种状况如果走向极端就会引起很大的问题。如某校一女生因面部长得较丑而几次轻生。

另一女生因长得较胖而强制自己连续几个月节食，引起神经性厌食症，最终死于弥散性血管凝血症。

③ 性心理问题。青春期是开始性成熟的时期。我国青少年到16岁时，男性性成熟者已达93%，女性性成熟者已达96.8%。性成熟，又必然会使学生产生一系列的性心理问题。例如，对女生的月经、男生的遗精等正常生理现象，不少中学生产生惊恐、疑惑、羞涩、精神恍惚、焦虑不安，又并存着神秘感和好奇心理，渴望了解异性，探索异性的“奥秘”。同时，一旦产生这样的想法便又感到羞耻和不安，有“罪恶感”“负疚感”，这与性教育、社会化教育落后于中学生正常生理成熟以及大多数中学生缺乏必要的性生理知识有关。这种性心理问题，不可避免地导致中学生产生种种心理卫生方面的问题。有的产生性过错，甚至出现青少年违法犯罪。因此，学校、家庭、社会对中学生的性心理矛盾和障碍应予以足够重视。

青春期的烦恼是中学生心理问题的一个大问题。困扰当今中学生的另一个大问题是社会适应问题，其中最突出的是学习心理问题和社交心理问题。

（2）学习心理问题。

学生的主要任务是学习，这是他们承担社会义务的起点。中学生是否得到社会成员与自身的肯定，在很大程度上取决于自己“学生”角色（首先是学习者）扮演得如何，一旦在此方面存在问题，就尤其不安和焦虑。学习心理问题主要有以下几种：

① 厌学。厌学是学生回避或厌恶学习的内在反应。这类学生学习自信心不足，对学习提不起兴趣。他们读不进书又不得不读书，既因为成绩差产生自卑，又自尊极强，怕人嘲笑，在家瞒父母，在校应付老师，有一种摆脱不掉的心理压力。

② 考试焦虑。一位女中学生说，“为什么我在考试时会紧张得把准备好的东西忘得一干二净？”另一位男生说，父母对他期望过高，造成应试恐惧，考试前、考试中都会出现心悸、头晕，有时伴有腹泻，记忆内容的再现和回忆困难，见到试题，头脑中一片空白，无法抑制紧张情绪。

③ 作弊。作弊是一种心理不健康的表现。作弊者为了考试成绩铤而走险，一段时间心理处于紧张状态，作弊之后心理上产生强烈的自责和内疚感，从而导致心理失衡。有个学生说：“我有个隐私，无法诉说，思想负担很重，我曾在初二期中考试中作弊，无人知晓，但以后我心中始终放不下，一到考试就有一种说不出的羞愧，好像做了什么见不得人的坏事抬不起头来。”

（3）代际冲突。

在人类历史的长河中，代际冲突是一种必然的现象，只不过会因时代变化而表现得或强或弱。从心理学的角度讲，人在10岁之前是对父母的崇拜期，20岁之前是对父母的轻视期，30岁以前对父母又变为理解期，40岁以前则是对父母的深爱期，直到50岁才会真正了解、认识自己的父母。在现代社会，这种代际冲突表现得极为明显、剧烈，代沟双方心理承受力都异常脆弱，互相指责对方不理解自己。有个中学生这样说“有人说人生的最大痛苦莫过于成长，现在，我开始渐渐地理解了这句话。令我喜悦的是，我已经长大了，不再是一个无知的毛孩子了，我拥有了独立的见解。令我忧伤的是父母仍然认为我什么也不懂，事事处处都得由他们做主。”“我曾不止一次地幻想着跟父母作朋友式的交流，可那是多么困难啊！想尝试一下的冲动，每次都被内心的恐惧所吓退……”“我疲于争吵，每当他们的喉咙冲着我响起来的时候，我便沉默地用双眼看着，直到他们没有了侮辱我的话语。……即使上了床，我仍得聆听父母在被窝里发出的谆谆教诲。”另一位学生则说：“代沟是根本无法也没有必要去缩短和消除的，谁想这么做，简直是浪费精力。我们的最终生活目标是做一个自己心目中的人，而不是父母假定的模式，也不必希望父母以己为骄傲。”

（4）性格缺陷。

中学生性格发展常会出现一些不良偏向，主要有以下几方面：一是狭隘和抑郁。前者表现为经受不起委屈，常为一点小事而烦恼，耿耿于怀，不能自解，以致出现神经过敏，情绪不稳定或意志消沉等情况。后者表现为郁郁寡欢、心境悲闷、沉默寡言、消极颓废、食欲不振和失眠等状况。二是怯懦和自卑。有此性格的学生，常常认为自己什么事都做不好，害怕在别人面前讲话和做事，缺乏勇气、胆量和信心，担心别人耻笑自己。三是孤僻和离群。这类学生喜欢独处，往往与他人没有什么交往，人际关系不和谐，性格古怪。四是对立和破坏，表现为处处与人作对，恶作剧，无理取闹，破坏公物和公共秩序，逆反心理明显，常常让他向东他偏要向西，叫他打狗他偏要赶鸡。

2．心理疾病

中学生常见的心理疾病主要有：神经官能症、精神分裂症、躁狂抑郁症和人格异常等。

神经官能症，也称神经症，它是一种心因性疾病。个体神经系统并没有发生器质性病变，主要是功能的失调或降低。神经官能症的类别较多，中学生中常见的主要有以下几种：

（1）神经衰弱症。少年期神经衰弱的学生较少，而青年初期神经衰弱的中学生就逐渐增多。神经衰弱是中学生所患神经症中最常见的一种。大多数学生是由于学习负担过重，遭受挫折和打击，长期的心理矛盾造成压抑、烦闷、悲伤、恐惧等消极情绪的心理状态，引起大脑神经活动过度紧张，导致大脑的兴奋与抑制功能失调而产生的。中学生神经衰弱的一般表现是：精神不振，体力不支，注意力难以集中和持久，心烦意乱，容易疲劳，记忆力减退，并常伴有头痛、心悸等躯体不适感以及入睡困难、失眠等现象。一般患有此症的学生上课注意力不集中，学习成绩和效率下降。

恐怖症。这是以对某些客观现实、刺激有强烈、持久的恐惧并伴有普遍的焦虑情绪为特征的神经官能症。事实上，引起这种恐怖情绪的客观事物对患者不具有任何伤害或威胁的意义。如有的学生害怕猫、狗等动物；有的学生害怕登高、过桥、黑暗、打雷、闪电等；有的学生惧怕与生人打交道或在公众场合露面、发言（即社交恐怖症）等。恐怖症的产生可能与患者以往经历过的挫折和重大精神创伤等有关。

中学生容易患学校恐怖症（恐学症），常见的有这几种：上学恐怖，异常害怕上学，常以呕吐、头晕、腹痛为理由，逃避上学；学科恐怖，怕学某一学科，例如害怕上数学课，见到数学题就紧张得发抖；考试恐怖，异常害怕考试，常有“怯场”“晕场”现象发生；教师恐怖，学生对个别教师特别惧怕，常有恐怖反应，如哭、逃跑、呆若木鸡，这多半由于教师不适当的严格管教所造成。此外，学生的学习能力偏低，存在生理及心理缺陷，也容易造成恐怖反应。中学生的学校恐怖心理和行为，已日益受到广大学校教育工作者、学生家长的重视。

歇斯底里症。也叫癔病（症），发病的中学生中女生较多，这种病多发在青春期，一般都是由于承受不了心理上的创伤，神经系统、大脑皮层负担过重，功能失调造成的，其具体原因主要是遭受惊吓、人格受到侮辱、自尊心受到伤害或家庭不和睦、同学间纠纷、师生关系紧张等精神因素所致，大多与性格有直接关系。性格内向，情绪压抑，心胸狭窄，易受暗示，富于幻想，自我中心的中学生容易发病。癔病最为常见的症状是情感失调和意识障碍，常在精神受到刺激后即发病。发病时有强烈的外部表现，主观意识模糊，如大哭大闹、狂喊号叫、撕衣咬物、打滚、抽搐昏迷，也有的表现出器官功能障碍，如失明、耳聋、麻木、瘫痪等，这些现象无相应躯体器质性病变，病因一旦解除，症状便可消失。这种心理疾病，由于暗示作用，还易集体性发病，所以对青少年要加强教育引导，提高他们自我控制的能力。

强迫症，这是以重复出现患者并不愿意出现的某些观念、意向和行为作为特征的一种神经官能症，患者明知出现这些症状是没有必要的，但是无法加以克制、摆脱，因而感到焦虑和痛苦。中学生的强迫症主要表现在过于认真上，如写信后担心地址、姓名、落款是否写错，反复核实；作业完成后反复检查好多次；因怕脏、怕病菌传播，反复地不能自控地洗手，等等。这类中学生一般比较固执刻板，做事循规蹈矩，不善于应变和决断，对自己要求过高，但又缺乏自信。对学习、工作异常谨慎负责，但又十分拘泥，主动性差，常处于被动状态。

（2）精神分裂症。这是一组常伴有认知、情感、意志行为等方面的障碍，心理活动互不协调及与环境相脱离的重性精神病，其临床表现一般除无意识障碍和智能缺损外，其他各种异常心理均可发现，但以思维障碍最为重要。临床上通常将精神分裂症分为单纯型、紧张型、青春型、妄想型和未分化型。在中学生中最常见的是单纯型和青春型。

单纯型多发病于青少年期，该病进程缓慢，早期可有失眠、头昏、头痛、注意力涣散、全身不适、精神萎靡等症状，颇似神经衰弱。随后，性格发生改变，表现为孤僻、懒散、情感冷漠，不好与人交往，不修边幅，对任何事物都不感兴趣，厌学严重，学习成绩下降，进而出现思维贫乏，行为退缩，病情严重时与外界环境完全脱离，精神衰退也日益明显，因很少有幻觉、妄想和紧张症状，所以称之为单纯型。

青春型多发病于青春期，病人主要表现为言语增多，内容荒谬离奇，想入非非，思维紊乱，情感喜怒无常，变化莫测；表情做作，好扮鬼脸，常痴笑或不断照镜子；行为幼稚、愚蠢、古怪，常兴奋冲动，或赤身裸体，不知羞耻。此型症状明显，易被早期发现。

精神分裂症的病因十分复杂，至今医学上尚无定论。但大多数精神病学家认为这种精神病是遗传因素、精神因素、躯体因素和生化代谢因素等相互作用的结果。

（三）中学生人格塑造

随着应试教育向素质教育的转轨，学校心理辅导工作越来越受到广大教育工作者的关注。新世纪的到来，学校心理辅导正面临着现实与未来的双重挑战。从现实存在的问题看，市场经济大潮的冲击，价值观念的多元化变迁，升学压力的增大，离异家庭的增加，以及独生子女教育问题，使当今的中学生心理困扰比以往更为突出。从未来社会的发展趋势看，21世纪又对学校教育提出了更高的目标与要求，未来社会的公民不仅要聪颖智慧，道德高尚，而且要身心健康，具有良好的社会适应能力、自主发展的意识和勇于创新的精神。现实与未来对学校教育的期望归结为一点，就是学校如何帮助儿童、青少年认识自我，开发潜能，使他们具备健康的心理、健全的人格。健全的人格是个体身心顺利发展的重要保证，它不仅可以为学生掌握知识、技能创造良好的心理条件，而且可以为将来适应社会，保证知识技能的充分发挥提供心理基础，为他们的终身发展打下坚实的基础。

儿童和青少年正处于人格发展的形成期和塑造期，而学校教育主要是对他们身心的各个方面进行有目的、有计划的系统教育，因此人格的辅导和教育是学校教育的重要内容。素质教育的重要内容之一，就是要培养学生良好的人格素质。

1．健全人格

所谓人格，是指个体相对稳定和持久的，影响个人外显行为和内心状态的个性倾向和心理特征，涉及一个人的气质、性格、能力、动机、兴趣、人生观等诸方面，正是因为我们的人格，我们才有了与众不同的独特风格。健全的人格有三个衡量标准：体验标准、实践标准和发展标准。健全的人格应该是：以内心主观体验和感受来衡量，自己感到愉快和满意；通过观察在现实过程中的工作生活业绩为标准，评价为富有成效、业绩非凡；从时间纵向发展的可能来考虑，具有指向未来，拥有无限前景，充满发展的活力与可能。

对于健全的人格，许多心理学家作过探索，也得出了一些结论。人格心理学家阿尔波特认为健全的人格应该是各种心理机能和行为机能都比较完善的状况，包括如下基本特征：① 能够自我扩展：能够主动积极地参加各种广泛的活动，其实际活动（如工作与交往）和精神活动（包括理想、目标等）具有广泛的参与性；② 人际关系融洽：具备对别人表示同情、亲密和爱的能力，对任何人都能表现出温暖、理解和亲近；③ 情绪上的安全感和自我认可：能够接纳自己，不受个人的消极情绪支配，能耐受挫折、恐惧和不安全的情绪冲击；④ 具有现实的知觉：能够准确、客观地知觉现实，并且能实事求是地接受现实；⑤ 良好的自我意识：清楚自己的优缺点，能准确把握自己的现实自我与理想自我，并能调整其相互关系；⑥ 一致的人生哲学：具备个人专有的知识与技能，着眼于未来，有一致的定向，有长期的奋斗目标和工作计划，为一定的目的而生活，有自己的人生信念或人生哲学，以确保自己不迷失方向。

人本主义心理学家马斯洛，经过对许多事业成功、品行完善的历史人物进行深入研究，得出结论认为完善的人格状况应该包含如下内容：

① 全面和准确地知觉现实；
② 接纳自然、自己与他人；
③ 对人自发、坦率和真实；
④ 以问题为中心，而不以自我为中心；
⑤ 有超然于世和独处的需要；
⑥ 具有自主性，在环境和文化中能保持相对独立性；
⑦ 具有永不衰退的欣赏力；
⑧ 具有难以形容的高峰体验；
⑨ 对人充满爱心；
⑩ 具有深厚的友情；
⑪ 具备民主的精神；
⑫ 能区分手段与目的；
⑬ 富于创造性；
⑭ 处事幽默、风趣；
⑮ 不盲目遵从。

在马斯洛看来，保持独立思考和超然于世，不随波逐流、不盲目遵从是非常重要的，这是一个人成熟的标志，也是维持个人尊严所必需的；同时还应充满智慧、热爱工作，并且具有民主、友爱、自然、真实的胸怀。

诚然，以上两位心理学家的论说无疑具有非常重要的参考价值。然而在现代社会中充满竞争，注重实效，社会复杂多元，我们欲求完善自我，创造完满人生，还应特别强调以下几个方面：责任感、现实化、开放意识、勤勉精神、创新意识。

（1）责任感。对自己、对社会，坚定地担当起责任来。社会化的个体，都有着自己相应的社会角色，只有角色定位准确，并履行该角色所赋予的社会责任，才能真正获得社会的相应回报，从而改变自己的命运，创造多彩的人生。也唯有充满社会责任感和历史使命感，才能充分调动自己全部的智慧与才华，最大限度地开发和利用自身资源。当今社会有许多机遇，生存环境相对自由，每个人都有责任，去造福社会，获取个人成功，如果一味推诿与人，抱怨责备，只能贻误机会，咎由自取。

（2）现实态度。我们要有理想抱负，但最终都要立足于现实。国家有现实国情，个人有自己的具体情况。我们理应把注意力着眼于现实生活，坦然面对现实，理解接纳现实，进而努力去改变现实；而不能曲解现实、回避现实，空谈理想。如今疾病灾害、贫富差距、失业下岗这些都可能成为我们身边生活的一部分，我们只有积极关注现实，敢于直面现实，才有可能在真正理解接纳现实的基础上，积极进取，勇往直前，一步一个脚印，扎扎实实逐步去改变自己的现实，最后渐至理想境界。

（3）开放意识。科技日新月异，文化包罗万象，信息瞬息万变，我们如果依然因循守旧，固守自我，闭门造车，必然导致资源枯竭，思维僵化，最终必将被时代抛弃。要提倡以开放的心态、广阔的胸襟，对于外界事物虚心接受，以求广纳百川；我们应该走出去，拉进来，求大同，存小异，广泛合作共同发展，互求双赢；我们应该不断接受新知识、终生学习，不断充电；我们应当自我分析，开放心灵，不断完善，不断发展。现代社会活动越来越深化、复杂，信息化成了这个时代的重要特征，只有以开放的心灵，扩大活动空间，保持灵敏的信息感受能力，自觉掌握和利用各种信息，才能顺应时代潮流，作出骄人成绩。

（4）勤勉务实。理想固然可贵，然而总是提供可能性，只有兢兢业业，真抓实干，精益求精，才能把可能性付诸现实，创造真正的业绩。时代呼唤年轻化，时间成了最宝贵的财富，我们必须惜时进取，否则蹉跎岁月，最后“白了少年头，空悲切”。开放的社会，宽松的环境，给了我们无限的发展可能，然而机遇与挑战同在，希望与压力并存，我们只有通过自己的勤奋努力，以实际的行动，紧抓机遇，迎接挑战，克服压力，最后才能达到辉煌人生境界。

（5）创新意识。新技术革命浪潮正席卷世界范围内的每一个国家，创新能力成了一个国家、一个民族参与国际竞争最有效、最直接的有力武器。创新成了当今时代最强音，创新能力也就成了人类最为重要最为宝贵的能力。我们要积极培养自己的创新意识，工作生活中要敢于破除陈旧信条，突破常规；充满好奇，善于想象；兴趣广泛，善于思考。只有勇于探索，大胆创新，与时俱进，才能保持鲜活的创造力，让自己紧跟时代潮流，并力求走在时代的前列。

2．中学生人格缺陷列举

我们身边的某些学生，人格缺陷很严重。即使重点中学的一些学生，也不能不令人担忧。选取几个人格缺陷较多的学生进行分析，他们的表现如下：

① 不能战胜各种诱惑。尤其是迷恋网络，交友聊天，早恋，玩游戏，贪图享受，不思进取。有的同学趁家长不在家，经常整夜在网上；有的等父母睡着了通宵上网；有的迷恋武侠言情小说；有的迷恋卡通故事，等等，以致耽误学习。

② 自己成绩不好，埋怨老师，埋怨家长，埋怨中国的教育制度，埋怨……5 个人中有 3 个埋怨老师教得不好，有 3 个埋怨家长平时对自己关爱不够，经常把自己丢在家里不管。其中有 1 个同学埋怨宿舍条件太差，老师讲的她听不懂，要求家长在学校附近租房子，请家教。家长都给办到了，结果高考成绩全班最低，这个同学最后还是埋怨老师，哪科不懂，对哪科的老师埋怨就最厉害，以至家长还多次找到相关的老师，也埋怨老师。

③ 经常被一些杂事干扰，不能专心致志学习。比如一个住宿生脑子里困挠的经常是这样的问题：那个同学怎么不愿意和我说话？她从家带来的东西给张三吃了，怎么没给我，等等，鸡毛蒜皮的小事成天在脑子里转。

④ 自立能力差。父母不在家，宁可饿着，也不会自己去做饭。寒暑假这段时间，没有老师管着，很多同学根本就不读书。

⑤ 要求标准不高，不能吃苦，知足常乐，没有进取心（这部分同学城里的孩子多）。

⑥ 好面子，不能虚心向别人请教，不懂装懂。或者不求甚解，不懂的问题越来越多，对自己丧失信心，经常想放弃。

⑦ 不能团结互助，从各个方面嫉妒别人，害怕别人比自己强。

⑧ 心理素质差，耐挫能力差，禁不起失败的考验，情绪波动较大，特别敏感。老师表扬了另外一个同学，没表扬他；或者表扬了别人两句，表扬了他一句，他都会很生气，等等。我们可以推想这些同学的心理状态该是个什么样子。

⑨ 对自己的缺点不能进行自我批评，只爱听表扬的话，以自我为中心。有的学生，老师批评一次，他能记很多年，因此不愿意学这一科，不听这个老师的课，甚至拉上几个要好的同学不听这个老师的课，在评教的时候，几个同学联合起来说这个老师的坏话，或者背后骂老师。

⑩ 学习不认真细致，丢三落四等。

3．中学生人格心理问题及其辅导

（1）自控力差。

自控能力是一个人意志品质的表现之一。通俗地说，即为一个人在非常态情况下能否自我克制，在各种突发状况下能否保持清醒的头脑。行为的自控和理智对情绪的控制都是一种自控能力。这种能力是以理性和意志过程为基础的，反映着意志的中和调节职能，对行为目标的实现起着一种监护和保证作用。人有七情六欲，无论哪种情绪，如不加以控制，就如脱缰的野马，放荡不羁，于人于己都贻害无穷。另外，对于某些不感兴趣的事，我们必须经过意志努力，才能对它集中注意，而有些青少年自我约束差、自我控制力弱、注意力常常难以集中。还有，当受到心理创伤，或者某些躯体疾病时，可能造成生理性的意志薄弱，这时，自控能力下降，发怒、易激动、焦虑、抑郁等情绪便可脱离理性的控制而释放，甚至产生异常行为。在调查中，我们发现有很多学生多多少少都存在自控力差的现象。常见的诸如上课时总爱开小差，或在座位上神思遐想，或找其他同学说悄悄话，或手拿只笔不停地摇晃……；有的学生经常不按时完成作业；有的学生几乎每天上课都要迟到；有的学生总爱订计划，而又总是半途而废，实现不了；稍微严重一些，有的学生天天都要光顾游戏室、网吧，甚至由此旷课、逃学……更有甚者，脾气暴躁，稍微不如意，他的拳头就要落到同学身上，把同学打得鼻青脸肿……。可见，在青少年中，自控力差的现象是比较普遍的，教育矫治工作迫在眉睫。

其产生的主要原因有：① 在生理方面，青少年正处于身体发展的突增期，神经纤维髓鞘化还没有完善，情绪的兴奋多于控制，生理变化很大，体内各种激素分泌较为旺盛，导致心跳加快，呼吸加快，神经系统忽强忽弱，还没达到成熟水平，这一切决定了青少年处事容易感情用事，忍耐力差，容易激动，难以克制，甚至出现谩骂或暴力行为。② 在心理方面，青少年的年龄小，经验不足，而受的教育不够，心理变化很快，情绪变化激烈，一时难以适应新的社会需要和学校要求，容易产生挫折感。由于缺乏挫折教育，便不能形成良好的耐挫能力和自控能力。

针对这一现象，我们应该采取的辅导策略有：

①“心病还得心药治。”不能简单地把青少年的种种不良表现归结为道德品质差，而是应从其心理上给予更多的指导。增强自控能力的重要途径是坚持加强对青少年的意志教育。首先，教师要教育学生树立正确的人生观、学习观，让学生自觉把自己的学习目的、个人的价值观同社会主义的建设联系起来。有些学生的失控行为如迷恋网吧、游戏室都是以满足个人需要为目的，具有个人主义倾向，如果以满足社会需要为目的，就能使自己的行为向良性方面发展。其次，要有意识地进行心理素质方面的训练。心理训练，一开始主要是借助日常小事来进行。如一位住校生早锻炼总是迟到，班委、值周老师屡次批评，他也改不了。班主任就同他商量以后每天早上由班主任到寝室来把他叫醒，然后陪他一起早锻炼。开始几天，该

同学挺不好意思的，看着班主任这么大年纪，还要陪着自己早起锻炼，只好强打精神。过了半个月，有一次，班主任外出开会不来，该同学竟然也按时起床早锻炼了，后来班主任又对他进行社会道德感、责任感、荣誉感的教育，致使这位同学的道德水准、意志品质和自控能力都明显增强。

② 青少年要加强自控能力的培养。随着知识经济的到来，未来就业竞争的压力越来越大，学生也承担了更加沉重的心理压力。紧张繁忙的备考，高强度的模拟训练，都直接影响学生的心理状态。这都要求学生要有良好的自制力，不论遇到什么麻烦，都要“三思而后行”，冷静处理。有一个学生参加高考，因下雨路滑，骑车不慎，把头摔破，而考试时间马上就要到了，这时他并没有惊慌失措，而是很冷静地到卫生室包扎伤口，然后及时赶到考场考试，他在心中不断告诫自己：“没事的，一切都会好。”排除了干扰，沉着应战，发挥出了自己理想水平。他坦率地说：“这也许是人生对我的一个考验吧！事情发生了，我也没有办法，只能平静地面对它！”而另一考生，因准考证丢失，情绪受到干扰，在心中不断地埋怨、自责，结果成绩受到很大影响。可见青少年一定要努力用理智的方法来消除容易造成自己情绪冲动的环境刺激。比如，可用心理换位法（即将心比心）使自己冷静，用理智驱赶不良的偏激情绪；学会用“忍”“制怒”等座右铭及格言、谚语来提醒自己，进行自我排解、自我安慰，从而在情绪突发时迅速加以控制。

（2）自我中心。

在“中学生人格心理问题调查问卷”中，我们发现“以自我为中心”这个问题的发生率为 4.79%，在各种易发性心理问题的发生频率排名中位列第二，且有不断增大的趋势。

“以自我为中心”的同学做事情完全从自己角度、自身需要出发，而不去考虑他们的需要和感受，主要表现为自私和自负。

自私的同学往往考虑这件事对自己有没有利益，好处大不大；而从不关心同学碰到的困难、烦扰，以为集体的事情，也是与自己无关。比如自己正在做作业，有同学来问题，他就会感到厌烦，认为影响学习，然后推托自己也不会等加以拒绝。班里大扫除，他觉得是浪费时间，便借身体不适或其他借口加以逃脱。这样的同学往往感情冷漠，缺乏爱心。一般来说，他们都能独善其身，自己的学习和行为规范都不错，却很难兼济他人，和同学的人际关系也不大和谐。

自负的同学一般表现为自以为是，任性固执，听不进批评劝告，甚至蛮不讲理。他们总是以为自己是正确的，没有缺点，总觉得别人老是和自己过不去，和自己作对。

在我们的调查中，很多同学都觉得周围没人喜欢我，没人真心对我好。老师一有机会就对我批评。对和自己意见不同的同学，则认为他们是自私自利。因此对别人的批评要么沉默，过后就忘；要么大吵一番，发泄心头的不满。

“以自我为中心”和平常所说的“有个性”不同。“有个性”指的是一个人的自我认识、自我评价、自我控制能力得到比较充分的发展，胜出一般的同学，是个褒义的评价，而以自我为中心恰恰相反，它指的是这三者发展的不完善以至出现偏差，是个不良评价。

儿童及青少年时期是一个人的心理、个性逐渐发展并渐趋完善的过程。因此这一时期的所见所闻、所受的教育对一个人的今后发展至关重要。

有的家长自身素质不高，自私自利，爱贪小便宜，这对心灵幼小的小孩子产生了潜移默化的影响。比如有的小孩子第一次捡到钱包，有的家长会借机教育孩子不要贪不义之财，不要不劳而获，会鼓励孩子交给老师或警察；而有的家长却会觉得捡了便宜而高兴，还会夸奖小孩子“真乖，真聪明!”之类的话，这便给小孩子种下了自私自利的种子，长此以往，也难怪它长成苍天大树了。

有的家长，平时缺乏爱心教育，如孝敬长辈，关心他人，学会分享等，这也会使小孩子养成自私自利的不良习惯。大家都觉得现在的小孩子比以前自私多了，一点糖果零食怎么哄他都不肯分给其他小朋友吃，这跟家长的教育有关，也与如今独生子女没有兄弟姐妹的独处环境有关，没有了分享的意识，觉得什么都是自己的。

还有很多家长对自己的子女溺爱有加，对孩子表现出来的缺点不予批评，帮助改正，而是一味地袒护纵容，有的甚至不加辨别，不分是非一概予以表扬，这是造成小孩子自负的直接原因。

学校的老师也要承担部分责任。有的老师以成绩来评价好坏，许多同学因自小成绩优秀，老师便一直对他娇惯，对一些缺点错误总认为是小问题，睁只眼闭只眼，以致越来越严重，也越来越难纠正。

综上所述，要想对这类同学加以辅导，首先要从源头上加以根治。父母在教育子女时要特别注意爱心教育，要经常以身作则，培养良好习惯。比如可用类似的话语来教育子女，像"儿子，我们一起给爷爷捶捶背吧！""我们把饼干分点给小弟弟吃好吗？"等。

另外，老师和家长在评价孩子的行为时要一分为二，该表扬的表扬，该批评的批评，绝不可纵容，否则只会助长不良的习惯。

其次，在对中学生进行辅导教育时，可通过树立榜样，成立互帮互助小组，多参加公益活动等，并及时加以评价和表扬，让这些同学尝到帮助他人和被他人帮助的乐趣，认识到自己的不足和别人的长处，逐渐纠正这种"以自我为中心"的不良心理习惯。

（3）耐挫力低。

耐挫力低的表现：

因为学业事业不顺而丧失信心，轻则精神变异，重则轻生。如有一位非常优秀的女生既是班长又是学生会委员，学习认真，努力上进；待人热情、开朗，然而她没有经过艰苦环境的磨炼，活泼的外表下掩盖着一颗脆弱的心。她总觉得只有依偎在母亲身边，才是安全可靠的。母亲去世了，她悲痛欲绝，在日记中写道："恨不得随了母亲去。"

因环境不顺失去进取心。班中有位来自农村的男生，在初中时学习成绩很好，一直名列前茅，以500多分的高分考入本校，被视为那个村的骄傲。但进入高中后，因环境变化，没有找到适合自己的学习方法，学习成绩竟一落千丈，情绪无比沮丧，感到无脸见人，因而产生了退学的念头。但又念及家中父母头发花白，靠种地的微薄收入供其读书，实属不易。怕回家使父母伤心，所以内心非常痛苦。

不受同学喜欢而倍感挫折。班中有位女孩子，由于长得较胖加上满脸“青春痘”，同学给她起了“胖子”“麻脸”的外号，使她倍感难受。于是，上课经常开小差，成绩越来越差。再三找她谈话后，她写了一封信：“……我知道自己长得不怎么样，同学们叫我绰号，我很难过。为此不知偷偷地哭过几回。我怨上天为什么这么不公平，爸妈为什么把我生得这么难看。有时我真想一死了之。”

耐挫力低的成因：

可分内因和外因两种。外因又可分为历史的原因和具体的原因。为了抑制过分的人口膨胀，我国实行了计划生育，一对夫妇只允许生一个孩子，于是就出现了所谓三个家庭、六个大人围绕一个小孩子转的现象，孩子自打从娘胎里出来，外祖父母、祖父母、父母就把他当做宝贝，“含在嘴里怕化了，拿在手里怕摔了”，百般呵护。孩子过着衣来伸手、饭来张口的生活，父母即使再穷、再苦、再累、再难也绝不会在孩子面前表露出来，出现了“再苦也不能苦孩子”的现象。小孩的眼里从来没有“困难”二字。所以当孩子长大后，四处碰壁，就觉得忍受不了，没有一点忍受挫折的能力。具体的原因是指来自各界的干扰，即在目的任务实施过程中所遇到的客观阻力，如气候环境恶劣，学习条件的缺乏，习惯势力的束缚，他人的讽刺打击，等等。内因是指人在行动时有相反的要求和愿望的干扰，是来自主体内心的障碍，包括消极的情绪，懒惰的性格，畏难的态度，知识经验不足，能力水平偏低，身体状况不佳等。一般而言，外因需要通过内因而起作用。因此，敢于藐视和克服困难是锻炼人的意志、克服耐挫力低的必要途径。

辅导策略：

① 领悟和质疑：引导学生认识引起自身情绪困难的不合理观念，认清导致自身问题的哪些不合理观念，然后帮助学生向其不合理的观念提出质疑。

② 角色变换：角色变换是与不合理观念或不良认知进行理性辩论，目的是让学生学会对不合理观念进行质疑，从旁观者立场上比较客观地认清自己所持观念的不合理之处。

③ 最坏假设：此种方法旨在帮助学生认清自己的不合理推断，放弃不合理的认知方式。教师或班主任先让学生设想或想象他认为一定会出现的情绪困扰或实际问题最坏到何种程度，从而揭露其不合理的认知方式。同时，教师还要向学生说明，这是假设的最坏情况，实际上很少有发生最坏事件的可能。也就是说，实际情况往往比最坏假设要好得多，学生的主观臆断是站不住脚的，是违背现实规律的，从而帮助他从不合理观念中解脱出来，以合理观念解决现实问题。

④ 认知作业：仅靠教师一次心理指导改变学生的不良认知是比较困难的。教师需要指导学生对生活的不合理观念进行质疑及辩论的练习。可在纸上以逻辑推理的方式提出质疑，进行辩论，最后找出合理观念取而代之，长此以往，有助于形成一个合理的、客观的、符合逻辑的认知系统。例如，有一学生从被朋友冷淡忽视、被别人拒绝到考试失败，从而引起失望，甚至产生厌世情绪。在这里，教师应引导学生正确认识：一次失败，并不意味着永远的失败。任何事情都不是一成不变的，每个人都有遭遇失败的时候，古今中外，身处逆境遭受严重挫折而在事业上取得重大成就者不乏其人。例如诺贝尔、爱迪生、居里夫人等，居里夫人是世界唯一两次获得诺贝尔奖的女科学家。她在总结自己的成功之路时说过："在捷径道路上得到的东西决不会惊人。当你在经验和诀窍中碰得头破血流时，你就会知道：科学家在成名的道路上，流的不是汗水而是鲜血；他们的名字不是用笔而是用生命写成的。"司马迁在《报任安书》中写道："文王拘而演《周易》；仲尼厄而作《春秋》；屈原放逐，乃赋《离骚》；左丘失明，厥有《国语》；孙子膑脚，《兵法》修列；不韦迁蜀，世传《吕览》；韩非囚秦，《说难》、《孤愤》；诗三百篇，大抵圣贤发愤之所为也。"这说明古今中外凡成大事者必先遭遇许多挫折，只有经得住考验的人，才会有丰硕的成果。奥斯特洛夫斯基也曾说："人的生命似洪水在奔腾，不遇着岛屿和暗礁，难以激起美丽的浪花。"所以教师指导学生遇到"暗礁"和"岛屿"时，如何激起美丽的浪花，还可以做以下几个方面的工作：① 教育学生树立必胜的信心，

只有相信自己，才能激起进取的勇气，才能感受生活的欢乐。② 告诫学生决不能等待。③ 摒弃消极思想。④ 开口求助。鼓励学生鼓起勇气去找人谈一谈，把消极、颓丧的情绪化解。⑤与家庭配合。老师在平时故意给学生制造一些小小的障碍，使其遭遇一点小小的挫折。家长不能对孩子提出的任何要求都无条件地满足。在孩子遇到诸如来自学习、交友等问题上的挫折时，家长与教师应先帮助其找原因，并提出处理问题的建议。

(4) 自卑。

自卑心理是一种因过多的自我否定而产生的自惭形秽的情绪体验。其实，自卑感人人都有，只有当自卑达到一定程度，影响到正常学习和工作时，才归之为心理疾病。主要表现在以下几个方面:

① 对自己的能力品质等自身因素评价过低，总认为自己不如别人或赶不上别人。

② 心理承受能力脆弱，经不起较强的刺激。

③ 谨小慎微、多愁善感，常产生疑忌心理。

④ 行为畏缩，瞻前顾后，做事不果断。

⑤ 不敢和人交往，不敢在公共场合大胆表达自己的观点，甚至不敢正视别人。

自卑心理的产生，主要来源于心理上的消极和自我暗示。具体反映在以下四点:

① 因生理上的某些不足而引起消极的自我暗示。

由于先天或后天的原因，有些中学生身体有残疾或缺陷，或个子矮，或身体过胖，或五官不正，或脸上有疤痕等，这些学生因为这个而抑制了自己天性的发挥，抑制了自己的聪明才智，常常感到精神压力大，常常担心自己的缺陷会被别人耻笑，因而离群索居，独来独往，不敢主动交往或接受友谊，最终导致性格内向、孤僻。

② 因为对自我智力估计过低而带来的消极暗示。

有些中学生由于学习成绩平平，无出色表现而低估自己的才智水平，甚至导致对整个自我的认识消极，总是认为别人比自己强，自己处处不如别人，于是在交往中过于拘谨，放不开手脚，总是担心自己成为笑料或被人算计。

③ 交往中的自卑心理往往是现实交往受挫，产生消极反应的结果。

中学生在人际交往过程中常可能遇到不能克服的障碍，导致交往挫折感产生。如与好朋友闹别扭，友谊破裂，这常常会引起他较长时间的不良情绪反应。对待这种友谊挫折，有自卑倾向的人会难以忍受，把失败原因归结于自己的无能和倒霉的命运，因而灰心丧气，以致丧失交往的勇气和信心。

④ 因为对性格与气质自我评价带来的消极的自我暗示。

中学生尤其是自卑者，他们大多对自己的性格、气质特征有一定的了解。但他们对于自身存在的不利于交往、不利于张扬自己个性的性格特征，总表现出无能为力的态度，叹曰："江山易改，禀性难移。"比如那些自认为性格怯懦、抑郁低沉、反应迟缓者，大多不敢主动结交朋友，更不敢在公共场合表现自我，他们常常畏首畏尾，独来独往。

辅导策略：

① 利用课堂教学，开设心理健康教育课，并把心理健康教育内容与中学各科教学相结合，介绍防止、矫正自卑心理的知识。

我们要把心理辅导课作为心理健康教育的主要渠道，列入整个教学计划中，并以适当的方式评估教学效果。而且中学各科教学中都包含了一定的健康教育内容，所以，我们把心理辅导结合到平时的政治课、语文课、历史课、体育课、艺术课等学科中去，讲述比较系统的心理健康知识，教育学生要正确对待失败。通过课堂教学，让学生明白：由于知识、经验的不足，失败时往往找不到适当的方法排解自卑感、挫折感，结果出现恶性循环，失败导致自卑，自卑引起失败，这是很自然的。而在漫长的人生征途上，一帆风顺是不可能的，挫折失败是必然会发生的，对此持平常之心，就不会在感情上产生很大的波动了。吸取失败的教训，努力拼搏，定会成功，正所谓"失败乃成功之母"。

另外，教师要善于去发现、挖掘学生的优点，给学生创造条件使之能有所成功，让他有一定的成就感，这样学生就会对自己有一定的信心，一旦有自信心的种子，就会有奋斗的热情，自卑感也就会被慢慢克服了。所以，老师的课堂教学，引导与帮助，是调治学生自卑心理的一条重要渠道。

② 通过班会、队会、团日活动等形式，让自卑的学生参与集体活动，在活动中接受教育，在集体中得到帮助。

这是一条比较有效的教育途径，教师可以提供一定的指导建议，主要由学生自己来主持活动。教师应运用各种激励手段，使学生畅所欲言，互相帮助，以解决心理问题。如让学生开展一个主题为“寻找同学的优点”的班会，在这个班会上，让学生互相赞美对方的优点，寻找对方的长处。这样，可促使学生认识到自己的长处，对自己作出公正全面的评价，以矫正自卑心理。

③ 引导学生评价自我、认识自我、解剖自我，以达到心理教育的目的。

中学生正处于自我意识迅速发展的阶段，他们评价自我的兴趣比以往任何时期都浓。对于自己的学习成绩、学习能力、交往能力、专业特长以及风度气质、身材相貌，他们都十分关心。片面的自我评价，如夸大自己的缺点，忽视自己的优点，即可能引起自卑和讨厌自己等不良情绪，从而影响心理健康。而正确的自我评价对于发扬优点长处，改进缺点短处都是有积极的引导作用。因此，教师应通过各种途径引导学生用辩证的、全面的眼光来考察和解剖自己，既要看到缺点和缺陷，也要看到优点和长处，并且还应培养自我接纳的态度。个人的容貌、生理缺陷、籍贯、出生、父母职业等几乎是不可能改变的，如果在这些方面经常责怪自己、必然产生焦虑与痛苦。唯一的办法，就是拿出勇气承认现实，欣然接纳自己，扬长避短，这样才能享受生活的乐趣，成为心理健康、人格健全的人。

4．中学生健全人格的培养

(1) 自信、自强——拿起表扬的武器。

学生缺少自尊、自信、自强的意识的原因之一就是在他们的生活中缺乏表扬，无论是在家里还是在学校，围绕“学习成绩第一”

这个中心，他们时时处处都在顶着巨大的压力，为成绩而战，在战斗过程中，我们的老师对这些“战士”太吝啬了，吝啬得连一句表扬的话也舍不得说，这或许是一句很平常的话，对老师来讲是微不足道的，可它对一个学生，尤其对后进生来说，却是很大的鼓舞。

自尊才能自信，自信才能自强。教师对学生的每一次鼓励都会产生一种不可估量的教育能量，这种隐性的能量能够大大强化学生的自尊、自信、自强的意识，强化学生对完美道德的追求，达到他能够达到的卓越的人格境界。而这，正是学校心理辅导工作的永恒追求。

（2）尊重个性——变堵截、反对为提倡、诱导。

其实我们的德育工作习惯于站在成人的立场上，从成人的视角对孩子提出种种道德要求，设定道德发展目标，生硬灌输、呆板说教、强迫孩子接受，犹如预先做好了模子，不管学生的体形、身高统统塞到这个模子里，结果必然是要么铸造出畸形的人格；要么铸造出千人一面的丧失个性的木偶；要么伤害学生的心灵，形成终身难以弥合的伤痕……

蹲下来和孩子说说话吧，只要你蹲下来，试着从孩子的角度看问题，就会发现孩子眼里的世界不一样，你就能学会理解孩子。孩子们犯的错误，常常是“美丽的错误”，是成长中的必然。

（3）自我锻造——灵魂的搏斗。

飞机可以无人驾驶，那考试时可以无人监考吗？或许有人会认为这是一个荒谬的想法，你就不怕学生会作弊吗？有一次，有位老师尝试了一下，当她发完卷子后，转过身在黑板上写了一行字“今天你们是自己的主考官，我相信你们，请你们相信自己！”但考前老师还是秘派班长记录作弊者的名单。考完后，老师收到名单一看，5 人作弊。于是把他们叫到办公室，每人发一张纸，让他们在纸上回答这样一个问题“你作弊时想到了什么？”写好后，收上纸条一看，5 个人都谈到了作弊前后的内心挣扎，明知不可以，但是受不了无人监考的诱惑，最终作弊了。老师给他们留下了这样一句话：“希望下次好人能够战胜坏人。”

有人会觉得这种做法是失败的，对学生不可以如此相信，甚至放任自流，但这位老师认为，如果你把学生当小偷看，那他在老师眼里就是小偷，时时处处要有人看管；如果你把学生当“人”看，那他在你老师眼里就是一个真正的人。无人监考考的是学生的精神风貌，考的是学生的心理素质和自我斗争的内在灵魂，这样的考试对于尚未成熟的青少年学生来说无异于磨炼意志的“战场”——没有任何人的监督，作弊与否并没有人的注意，不经过一番“灵魂的搏斗”，就很难达到严格自律的境界！也正是在这种“灵魂的搏斗”中，学生内心在敌我双方之间徘徊，一个完整的自我教育过程正在悄然进行。

诸如无人监考这种自我锻造还有许多，如开架阅览、创办和组织以学生为主体的活动——文化艺术节、体育节、社团、刊物等。我们可以通过一系列的自我锻造工程变他律为自律，变被动接受教育为自我感悟，因而达到自我教育的目的。

（4）暗示效应——给自己写信、特殊演讲会。

批评与自我批评的方法在我们的学校心理辅导中是很有用处的，直接的批评是很难让人接受的，让一个人自己对自己批评会更困难。假如我们能够避免直面的批评，又能让自我批评在融洽的气氛中悄然进行，那该是最理想的教育方式了。其实这种方法是有的。

① 让学生给自己写信。学生犯了错误，老师作为“惩罚”的手段就是让犯错误的同学站在第三者的角度上给自己写信。这封信既要叙述犯错误的过程，又要剖析犯错误的原因，还要列举犯错的危害，同时要指出今后的路该怎么走……

这封信不是简简单单就能写好的，有时要几易其稿，反复修改。学生反省不到位，也决不允许老师尖锐批评，而是要和风细雨地指出问题的实质，帮助学生提高认知水平。

② 特殊演讲会。所谓特殊，一是演讲者的特殊，他们不是优秀生，也不是口才极佳的演讲家，而是身上带有不良习惯的学生；二是演讲内容的特殊，结合自身的行为谈不良习惯的养成和危害，以及改正方法；三是听众的特殊，邀请家长列席演讲会（目的是家校

二合一，帮助学生纠正不良习惯)。

在这里，没有喋喋不休的批评指责，也没有言辞谆谆的耳提面命，但学生在准备演讲的过程中，就已经自觉地开始了对不良习惯的纠正。重要的是，全班同学在听演讲的过程中也接受了同年龄人对他的教育。

学生犯错，有时并不是态度问题，而是对学校制定的行为规范中的条文不理解，这一点仅靠硬性要求——“理解的要执行，不理解的也要执行”——予以贯彻是很难收到实效的。只有让学生通过对照日常行为规范，认识自我、评价自我、完善自我，这种自我感悟形成的认识会深深地刻在他们心灵的底片上，最终形成自觉模仿的心灵图像，时时引导他们矫正前进的足迹，克服自身瑕癖，追求人生完美。

(5) 文化食粮——全面丰富学生的精神营养。

著名教育家李希贵认为“一个人在相应的年龄段不读相应的名著，势必造成知识和人格的残缺。要使同情心、责任感、使命感真正在学生的心灵深处扎根，离开了名著的陶冶单靠说教是难以完成的!”一个品位高雅的人，是在借助文化精品的永恒魅力和厚重内涵的基础上来提升自己的审美境界和人生追求的。为此我们可以开展“三好”活动，即看好电视、读好书、听好歌。电视可以无限地拓展学生的生活空间和时间，让学生漫游世界各地的风土人情，感受天地宇宙的神奇奥秘，这既增长了学生的见识，又激发起学生怀抱世界的豪情；好书可以陶冶学生的情操，提高学生的文化素养，激励学生追求高尚的人生；好歌能让一个人在音乐的世界里徜徉，感悟人生，培养人的高雅情趣。

在物质生活如此丰富的今天，千万不能让我们的学生产生精神空虚；在竞争如此激烈的今天，千万不能让我们的学生在竞争下折腰；在人类文明如此进步的今天，千万不能让我们的学生论为粗俗的庸人。毋庸置疑，中学时期是形成健全人格的关键时期，我们的教育应把发展学生的社会性和发展学生的独立人格完美地结合起来，努力寻找二者协调发展的规律。这是一个博大精深的问题，一个系统创造工程，需要教育者不断开拓，不断探索。

（五）案例分析

[案例 1]　自我概念失当引起自卑。

小 A，女，初二学生，家在农村，是寄读生，父母做小生意，常为钱的问题吵架。有个哥哥读高中，初一时为了保证哥哥的学费家里考虑让她退学，最后在父亲的支持下她才得以继续上学。长相平常，不出众，忧郁、敏感。初二上学期，一位同班的男生（长得帅）比较关心她，经常和她探讨学习、作业，放学时两人一起回家。这让缺少家庭温暖的小 A 初次感受到了来自异性的关心和爱护，她真切地渴望能得到这份爱。可是，同班女孩子经常在她面前夸那男生长得帅气。于是，她开始失去自信，经常照镜子。看着镜子里那个脸色黄黄、鼻梁塌塌、眼睛也不大的女孩就灰心丧气，原来和那位男生在一起时的快乐也消失了，只感觉周围有无数双眼睛在看着他们，议论他们："快看，这么难看的女孩。""两个人的外表怎么相差这么远？"小 A 开始整夜整夜地失眠，"我为什么长得这么丑，这么笨？"的想法像一块块砖头堵在胸口，压得她喘不过气来，从此失去了往日的笑声，主动退出和男孩的交往，可是，她却从此变得更加孤僻，在班级里几年没有朋友，同学叫她到家里玩或一起上街，她都不敢去，因为她觉得同学家庭条件比她好，很有钱。她不敢面对男生，觉得自己长得不漂亮，总是低着头，匆匆从别人旁边走过。小 A 感到无比的孤独与困惑，总觉得自己很渺小，与同学在一起，感到很痛苦，但是不与同学在一起，又觉得很孤独。她对于生活的挑战，不是想方设法去适应，而是躲在一角悲叹自己的"无能"与不幸。她觉得自己的家境太差，长相平常，于是认定周围的人都嫌弃她、鄙视她。青春期的情感萌动，一方面使她体味到了从家庭不可能得到的温暖和爱护、甜蜜和快乐，但随之而来的是对自己外貌和体形的严重不满，从而产生极度自卑，对自身优点视而不见，全面否定了个人的综合美丽，这是一个自我形象定位偏低的孩子。

在辅导策略中，我们可以采取同感、调整认知方向、"优点轰炸”等策略。

小A的问题主要是自我意识出现偏差引起的，自我意识是一个人对自己作为独特存在的个体的认识，是个体对自己的认识和态度以及对自己与外界关系的认识和态度（包括自我认识、自我体验和自我监控）。它是个性的核心，其发展水平既影响心理健康，又制约良好个性的最终形成。初中生在自我意识发展过程中会产生种种矛盾冲突：有自我认识的主观性与客观性的矛盾；物质、精神需要与实现可能性的矛盾；有社会期望与自我监控水平的矛盾。这些矛盾冲突如果处理不好，必将影响初中生的心理健康，妨碍他们良好个性的形成。初中生常见的自我意识偏差表现有：① 自我概念失当——高自我概念和低自我概念（小A）。高自我概念的学生盲目自负，自我期望超过现实可能性，因而时常处于心理不平衡之中；低自我概念者看不到自己的长处和潜力，时常自卑自怜、自暴自弃，妨碍了自己的正常发展，对心理健康也非常不利。② 厌弃形体自我。③ 过度自我中心。④ 沉湎于幻想自我。⑤ 自我监控困难。具体辅导时，可以从三个方面入手：

（1）帮助受导学生确立符合客观的自我概念。对于过分自卑的学生，应引导他们看到自己的长处和潜力，对一些无法改变的条件，如长相、能力不理想，家庭状况差于别人等，要能够自我悦纳，从而摆脱自怨自艾、情绪低落的心理状态。对于过分自负者则应帮助他们看清自身的不足，以找到通往理想的阶梯和与人和睦相处的办法。

（2）指导学生通过自我设计、自我评价、自我监控的具体操作，有效地在学习、生活实践中发展一个健康的自我，而不是终日耽于幻想或脚踩西瓜皮，滑到哪里算哪里。

（3）家长、科任教师等对受导学生有影响的人，要齐心协力共同创设一个有利于学生自我意识健康成长的环境，做到既不严厉苛求，施加过重的心理压力，也不宠爱、包办、剥夺孩子自然成长的权利，当然，更不能放弃教育，对孩子不闻不问。

[案例 2]　行为异常引发社会适应不良。

小 B，男，初一学生。小 B 行为反常，上课违纪（讲话、扔粉笔头、捉弄同学），课堂上大模大样地离开座位走出教室；作业基本不做，成绩全班最差；欺负同学，常与同学发生冲突；常离开学校，无故出走。由于他的干扰，班级的许多正常工作无法顺利开展。通过家访了解到，小 B 这些行为的出现始于小学五年级出车祸之后。小学五年级时，小 B 遇到车祸，昏迷十五天后终于醒来，他的父母激动万分，庆幸儿子拣回一条命，在日后的家庭教育中，这种侥幸感一直绵延不断。家长对小 B 不再有任何要求，哪怕是最起码的一点点学业任务，他们都认为太为难孩子了。因为车祸以后，家长明显觉得孩子的智力状况大不如前，完成老师布置的作业令他倍感吃力，情绪波动较大，常无故地发脾气、砸东西。为了照顾好小 B，父亲外出工作，母亲在家全天伺候他。在母亲的全心照顾下，小 B 脸色红润有光泽，身材高大、臃肿，步态笨拙。

在辅导策略中，我们可以采取倾听、寻找问题行为的原因，剖析行为后面掩盖着的情感因素，改善家庭和班级心理环境，引导小 B 正确处理与他人的关系等这样的辅导思路，使小 B 在今后情绪不再出现大起大落，不出现过激行为，能与同学交往，学业取得进步。

这是一个在家庭中受宠娇惯的孩子，父母以他们无原则的“爱”来弥补自己的歉意，而正是这种补偿心理严重限制了孩子的正常成长，使他变得与社会极其不适应。在家中，他一切以自我为中心，走出家庭，他的“自我中心”受到严重阻挠，他觉得新的环境带给他的是痛苦与不适，他不知道如何与他人打交道，如何与他人友好往来，甚至不知道如何向他人表示他的友好，他的有些行为与在社会规范下建立起来的班集体的行为规则格格不入，这导致了他的自卑。而自卑的人常常不愿意承认这一点，他们有时会用另一种极端的方式来引起老师和同学的关注与重视，于是环环相扣，事态向恶性发展。类似小 B 这样的学生在我们的现实生活中或多或少地存在着，从外在的行为表现看，他们学习差、行为习惯差，甚至思想品德差，可是，在这一系列表面现象下掩盖着的是当事者内心难以言表的隐痛。从某种意义上讲，心理辅导对类似小 B 这样成长受阻的学生来说，其所提供的心理支持（帮助）是其他学校教育形式无法取代的。

[案例 3]　性幻想导致白日梦。

小 C，男，初三学生，担任班长，品学兼优，不仅学习成绩优异，文体活动、智力竞赛样样都行，深得同学拥护，唯一不足的是女生认为他太孤傲，不愿和她们打交道。他的家里有爷爷、爸爸、母亲一直在外地工作，直到最近才调回来。近一段时间，他的成绩一直下降，据老师反映他上课注意力没有以前集中。

在辅导进程中，我们可以通过引导让小 C 尽情倾诉，从中把握信息；共同分析做白日梦的性质，打消小 C 的顾虑；探讨消除做白日梦对学习产生干扰的办法；巩固已有的进展，调整更深层次的非理性观念等方面进行辅导。

对于因性幻想而引发的心理问题的学生，老师要给予完全的接纳和真切的安慰。要让他们从老师的温和态度上感受到自己并不是犯了什么大错，做了什么羞耻的事情，进而能较快地消除紧张感和羞愧感。在谈话已能顺利进行时，可以对他们做一些性生理知识的介绍，使对方懂得性幻想是青春发育期青少年中发生相当普遍的现象，本身不需要引起紧张与自责。要让来访的学生从老师的态度和解说中得到宽慰，放下精神上不必要的负担。与此同时，对耽于性幻想而无力自控的受导学生,老师应当与对方商定具体的改进计划，计划内容可以是：① 把注意力从对性的过分关注上转移到其他方面；② 避免不良的性欲刺激；③ 进行自我控制的训练等。

[案例 4]　考试引发焦虑。

王××，女，15 岁，某校初中三年级学生。因临近中考，出现紧张不安，注意力不集中，学习效率差。该生出生于教师家庭，自幼受到父母严格的教育，倘若考试偶尔失误，就要受到严厉惩罚。从小学起，学习成绩一直名列前茅，特别是进入初中以后，综合成绩排名全年级前名，学校、家长对她寄予很大的希望。但近一个多月以来，紧张不安，心烦意乱，失眠，看书复习效率每况愈下，模拟考试成绩一次不如一次，老师和家长由关心到埋怨使她痛苦不已，最近经常啼哭或发脾气，并拒绝上学，拒绝参加中考。

某男生，上初中（非重点中学）时，该生的学习成绩很好，又是一班之长，并在学校的各种竞赛中经常获奖。考入重点高中，他非常兴奋和高兴，并对自己充满了信心。他想通过自己的勤奋和努力，取得比初中时更优异的成绩。但刚入学的摸底考试，就让他大失所望。在极度的痛苦之后，他又振作起来，更加勤奋和刻苦，但期中考试的成绩仍不理想。于是他开始怀疑自己，考试期间常常认为别人比自己强得多。他怀疑自己并不像原来那样聪明。考试之前，他常常缺乏信心，精神紧张，并伴有呕吐、恶心、小便频繁，睡不好觉等症状。

上述二个案例都属于考试焦虑，有着两个共同的特点：① 两位当事学生都有很强的自尊心，他们一心期望在考试中获得好成绩；② 两位当事学生在考试遇到挫折之后，均陷入极度的苦恼之中，并伴有不良躯体反应。一般来说，学习成绩较好、心理素质欠缺的学生常会出现这种情况。对这类焦虑者的辅导主要是为其减压，帮其卸掉沉重包袱，树立自信。一方面应帮助其对自己提出合乎实际的奋斗目标，另一方面应培养和锻炼他们的意志，训练其意志行为。

附录1　学校心理咨询室的建设

学校心理咨询室建设的总体要求是要符合心理咨询活动本身的特点，即让来访者感到舒适、放松、注意力集中，同时又能很好地满足心理咨询本身私密性的要求。

一、心理咨询室地址的选择

受我国传统观念以及社会习俗的影响，来访者一般都不愿意让同学或老师知道自己前往寻求心理咨询的事。因此心理咨询室应该避免设立在学校操场、教学区等人员流动较大的场所，更不能选择在学校办公区，这样由于受对学校领导的畏惧心理影响，学生更加不敢走进心理咨询室。如有条件应选择在比较安静同时又便于寻找的地址，如图书馆附近等地方。同时心理咨询室的隔音效果要比较好，一方面可以满足咨询活动本身私密性的要求，另一方面也有利于会谈双方将注意力集中在咨询过程中而不受外界因素的干扰。并且心理咨询室本身的通风、采光条件要比较良好，若在一个过于封闭，没有窗户的环境里的话，来访者往往会感到过于压抑，从而无法畅所欲言。

二、心理咨询室内部环境的布置

室内空间要恰到好处，使来访者既不会因为空间过大而产生空荡荡的感觉，也不会因为空间过小而感到压抑。可以在墙壁上挂一幅让人觉得赏心悦目的风景画，以免来访者因为看到空空的白墙而有一种进了医院的感觉。室内也可以放一两盆绿色植物，能够给人以生机勃勃的感觉，产生积极的心理暗示，以两盆左右为宜，过多则容易分散注意力。舒适的坐椅、茶几、书柜、电脑也都是心理咨询室必不可少的设备。

咨询所用的坐椅应避免使用教室里的学生用椅，以免学生由于认知的恒常性而产生拘谨的感觉。同时坐椅的摆放也有讲究，咨询者与来访者的座位应该呈 90° 直角摆放或是 180° 的平行摆放，这样在需要的时候,来访者可以避免咨访双方的目光对视而带来压力。人在住宿的时候都有这样的习惯，如果有可能，一般都会选择靠里面的床位，这是基于人安全需要的本能。同样的道理，来访者的坐椅也应该靠墙摆放，以便解除对于来自于身后可能存在威胁而带来的警惕感。

茶几上要具备纸巾盒，其作用是在来访者尽情宣泄精神压力的同时，能够很方便地擦去可能流出来的眼泪，于无声之处感受到咨询者的关怀。可以在咨询者坐椅所面对的墙壁上挂一个时钟，便于把握咨询时间，以免由于频繁看手表而给来访者造成一种咨询者已经不耐烦了的误解。

书柜中可以适当地摆放一些心理学方面的专业书籍。这会使来访者产生某种先入为主的积极暗示，觉得咨询者可信、可靠。在国外，咨询者一般会通过在墙上挂上自己的学位或专业证书来达到影响来访者的效果。此外书柜也可以存放一些心理档案和常用心理调查量表，以便需要时使用。

电脑的作用主要体现在三个方面：首先是在咨询过程中可以适当的播放一些轻柔的背景音乐（如肖邦的《小夜曲》《缓慢钢琴曲》等），有利于制造一种舒适、放松的氛围，解除来访者的警惕性；其次在做放松训练和想象疗法的时候也可以播放各种背景音乐；最后可以利用相关心理测验软件对来访者的心理状况进行分析，收集相关资料。电脑统计具有方便、快捷、准确率高的特点，能让咨询者在第一时间掌握来访者的相关资料。

心理咨询室的布置往往对于来访者有着巨大的暗示作用。精神分析大师弗洛伊德曾经说过："在这间房子里，任何一样东西都具有象征意义。"虽然每个人的审美观念各不相同，房间布置的风格也各不相同，但总的来说室内的布置要能给来访者一种干净、温馨、舒适、放松的感觉，只有这样，心理咨询室才能在学校心理健康教育中充分发挥其作用，更好地服务于学生。

三、心理咨询室的基本条件要求

（一）基本配置

(1) 个体咨询室布置。

基本配置包括：

① 两张舒适的软沙发；

② 一张圆形茶几，上面放有纸巾盒，小盆栽；

③ 一盏可调明暗（带灯罩）的立地灯；

④ 一台挂墙式空调；

⑤ 三组档案柜；

⑥ 有条件可配有录音机和摄像机等咨询安全监督设备；

⑦ 兼做咨询师办公室，可以放一台电脑和打印机；

⑧ 不出声的计时器（或挂钟）；

⑨ 一幅带有风景画的百叶窗。

(2) 团体辅导室（兼有放松室和出气室）布置。

基本配置包括：

① 一面单向玻璃墙（只安装上半墙身）；

② 一面随意涂鸦墙（即黑/白板）；

③ 一套投影（包括电脑）、电视、音像设备；

④ 一台挂墙式空调；

⑤ 可以移动的椅子和数个抱枕；

⑥ 一张躺椅或按摩椅；

⑦ 不出声的计时器（或挂钟）；

⑧ 70 张简易泡沫拼图；

⑨ 两幅窗帘（质地较厚、色调柔和）。

(3) 接待室和学生等候室（兼做心理档案室）布置。

基本配置包括：

① 两张办公桌，配一部电话和一台电脑和打印机；

② 两个书架，若干心理书籍和报刊；

③ 长条沙发和茶几；

④ 一台挂墙式空调。

（二）个体咨询室和团体辅导室的布置说明

（1）个体咨询室。

① 墙壁、地板和窗帘使用温和、平静的色调。例如苹果绿色调，具有安全、平和、凉爽的感觉，而米黄色，则显得温馨、亲切。

② 沙发要与墙壁形成对比，线条简洁，质地柔软舒适，两张沙发成90度摆放，避免咨访双方对视。

③ 采用突显灯具，可调节明暗。把灯具作为空间的视觉焦点，光线含蓄柔和，能令情绪平静，精力集中，不至于分散注意力。

④ 风景画要反映广阔、恬静的自然景观，能开拓遐想空间，令心境舒畅。

⑤ 绿色植物象征生命力，用作室内点缀令环境充满生机。

（2）团体咨询室。

① 墙壁、天花和地板采用冷色调，如浅蓝色，给人和谐、平静的感觉，有利于放松及宣泄。

② 投影/音响设备，播放专题影片和音乐，用于模仿学习和放松训练。

③ 单面镜，用于观察矫正不当行为。

④ 涂鸦墙，为不喜欢运动的学生提供宣泄空间。

⑤ 可移动椅子和抱枕要形状多样、色彩灿烂，令室内环境轻松、活泼。

⑥ 简易的音响设备，例如背投和DVD机，用于播放松弛音乐和指令。

附录 2　学生心理档案的建立与应用

一、学生心理档案是什么

所谓学生心理档案，是根据学生的身心发展阶段的特点，通过心理测评手段，从个人简介、家庭背景、学习表现、智力水平、个性特征、心理健康状况、学习动机和态度、思想品德和价值观等几个方面，对学生进行描述和评价，一方面，将结果分类保存，作为心理教育、心理咨询、因材施教的参考依据；另一方面，建立动态心理档案，将学生每一发展阶段的新信息不断存入档案，又可作为教育效果、教育改革和教育研究的主要参考依据。

二、为什么要建立学生心理档案

（一）有助于完善教育工作、提高教育质量

要了解学生、分析学生、帮助学生和教育学生，就必须掌握学生心理发展的规律。建立学生心理档案可以帮助教师了解学生的个性，使教师在教育教学工作中有的放矢，减少盲目性，提高针对性，从而提高教育质量。

（二）有助于开展学生心理素质教育工作

中学生一方面要求独立，另一方面又不能完全自立，不论生活或学习还需要成年人的指导和帮助。他们一方面要求自尊，但当主观企求过高，自尊过强而实际有差别时，又感到自卑，信心不足，情绪焦急。他们敏感而偏激。他们一方面要求开放，一方面每当有了小秘密，又为自己设置重重心理屏障，把自己闭锁起来。他们一方面在不断成熟，一方面在很多事情上又表现得幼稚。他们既可依靠，又使人不放心，一当受挫折就会消极失望，没有成熟的坚定性。

众多矛盾交织影响，构成了中学生复杂而斑斓的内心世界。众多的矛盾是中学生面临个人和社会，主观和客观差距的必然反映。中学生的成熟就是在矛盾交相影响推动下前进的。

（三）有助于促进学生心理素质的提高

学校教育的目标是育人。学校必须根据社会发展的需要，根据学生心理发展的需要，积极地按学生心理发展的规律和个性心理特点，有目的有计划地去施加影响，培养和提高学生的良好心理品质，预防心理偏差和心理障碍的产生；激发非智力因素，促进智力的发展；开发学生的潜能，保证学生个性得到充分的发展；启发学生的自我意识，增强学生社会适应能力。建立学生心理档案就能为学生个人心理发展提供重要的条件，也可揭示教师教学工作中存在的问题，揭示学生共性心理品质的问题，从而促进学校和教师端正教育思想，改变教育方法，促进学生心理的发展。

（四）有助于学校和教师对学生心理素质的研究

通过建立学生心理档案，可以了解到一定社会和教育条件下，不同年龄阶段学生的心理发展特点和共有的心理特征，找出心理问题产生的原因，从而提出适合青少年特点的教育方法。

建立学生心理档案有助于学校和教师对学生心理素质的研究，让心理学真正走进校园，让“多事之秋”的航船驶向平静的港湾，让“多事之秋”变成沉甸甸的“金色之秋”，让我们的校园成为青少年心灵的乐园。

（五）心理素质档案是学生了解自我，把握自我，挖掘自我潜能，完善自我的依据

心理素质档案的建立为学生自我教育创造了条件，找到了依据。通过心理老师对心理测试结果的解释和分析，学生从自己的档案里知道了自己的长处和不足，对“自我形象”有了较清楚的了解，从中悟出许多道理。大多数学生能自我调整，扬长避短，增进积极

的个性品质，产生自我完善的愿望。

（六）心理档案是老师了解学生、培养学生，科学育人的助手

当今的教育是为21世纪培养人才。这种人才不仅要身体没有疾病和缺陷，而且要具有刚毅的性格、拼搏的精神、强烈的进取心，稳定而乐观的情绪等良好的心理素质和社会适应能力。要培养出这样的品学兼优、身心健康的合格学生，就要了解学生，有的放矢。心理素质档案中收集的资料对了解学生，因材施教，科学育人起到了助手作用。

（七）心理档案是家长了解孩子，教子成才，教会生存的参谋

当代家长对子女期望值高，望子成龙心切，但我们发现不少家长不了解孩子的心态和个性特点，缺少教育子女的知识和办法，教育子女时，文不对题，话不投机，以成人的模式约束子女，个别家长简单粗暴，引起子女逆反，造成适得其反的结果。

（八）心理档案，为学校教育科学研究起到了桥梁作用

当前，我国教育改革的发展正在由“应试教育”向素质教育转变。教育要改革、教育要发展，就必须加强教育科学的研究，心理档案也给学校各级领导提供了不同层次学生整体心理素质情况，为领导决策学校教改方向，制定教改措施，更好地开展教育科研起到了桥梁作用。

心理档案重点可做以下工作：

（1）运用个性特征和气质类型分类指导、因材施教。

（2）考察学习归因，进行相关分析。

（3）及时发现问题，进行心理指导。

（4）提供各类数据，有助于开展教育科研。

（5）指导升学就业，进行合理分流。

（6）家教、师教、自教结合，形成教育合力。

（7）重视心理健康，开展心理咨询。

三、建立学生心理档案的原则

建立学生心理档案的原则就是学校心理辅导老师观察问题、处理问题的原则。能否遵循建立学生心理档案的原则是衡量学校心理辅导老师是否称职的标尺之一。

1．科学性原则

建立学生心理档案，首先要有科学的态度，要有实事求是、尊重客观事实的态度。量表的选择要有科学性。应该选择由有关方面专家编制或修订的量表，进行测验。那些没有详细的测验手册和说明书，没有讲清施测和计分方法，不能提供足够信息以使得人们能对测验本身作出评价，没有效度和信度的量表是不能用来建立学生心理档案的。

2．系统性原则

心理档案本身要有系统性。要全面系统地确定好档案的内容。测评工具的选择和使用方面前后测要一致，这样才有可比性，才有意义。心理档案本身有系统性才有可能进行长期系统地追踪研究和描绘学生发展变化的过程及其规律性。

3．发展性原则

不要把心理档案记录的内容看死了。要用发展的眼光看学生，以积极的态度指导和帮助学生。人的心理现象不是凝固的、静止的，要建立一个动态管理的心理档案。使用心理档案时，不仅要研究已形成的心理品质，而且要善于发现、研究和预测正在形成的良好品质；不仅要看到学生心理品质的现状，还要看到学生心理品质发展的前景。

4．保密性原则

要取得学生的信任，就要严格遵守保密性原则。学生心理档案的内容有的是学生的隐私，有的带有暗示效应，有的涉及人际关系，也有学生心理障碍和心理疾病的记录等。因此，只要学生不愿意公开、不利于学生心理健康发展的和违反心理咨询工作原则的心理档案内容，必须严格保密。

5．教育性原则

学校建立学生心理档案的目的是为了育人。在建立和使用心理档案的过程中不允许给学生留下任何心理创伤，一定要考虑这样做是否会给学生造成负面影响，对学生心理发展是否有利。只有这样，才能真正使学生心理档案为学校实效教育目标服务。

6．最佳经济性原则

学生心理档案的建立是一项牵涉面广、劳动量大、技术要求高的工作。在建立和使用心理档案的过程中力求以最少的人力、物力、财力和时间获得最大的效果，要求时时事事都讲求效果，以最小的投入获得最大的收获。

四、学生心理档案的主要内容

学生心理档案一般包括两大方面：一是影响学生心理发展的基本资料；二是反映学生心理状况和心理特点的资料。

（1）学生基本情况。

个人简介。主要包括姓名、性别、出生年月、籍贯、民族、政治面貌、就读学校、年级、家庭住址、爱好特长等。

身体状况。主要包括血型、一般健康状况、身体发育状况、生理缺陷、个人病史等。

家庭生活环境。主要包括家庭成员的工作性质及职务、文化程度、家庭的组织结构、家庭的居住环境、家庭的经济状况、家庭气氛、家长的教育方式与态度、亲子关系、是否独生子女、家中排行等。

学校学习生活情况。主要包括学生的学习成绩、学习态度、学习习惯、思想品德、行为习惯、体育运动、交际水平（含师生关系、同伴关系）、担任班干部情况、获奖情况等。

对学生个人生活有影响的重大社会生活事件。如家庭成员的死亡、父母离异、与教师同学关系紧张、生活条件改变影响生活的重大挫折等。

（2）能力状况及其教育建议。

主要是指学生的智力水平、智力特点如何，怎样进行有针对性的智力训练；学生的言语智能和数学智能水平如何，言语概括、言语推理、数学概括、数学推理、解决问题的能力分别处于哪个等级；能力倾向鉴定及创造力测量等。

（3）人格特征分析及培养建议。

主要是指学生的性格类型及特征、气质类型及特征，个性心理特征，怎样进行教育，学生的兴趣、态度、人际关系及品德的特点等。

（4）心理健康状况及辅导策略。

主要是指学生的心理健康水平鉴定，有无心理问题或心理障碍，程度如何，怎样进行教育或矫治。

（5）学习心理分析及教育对策。

主要是指学生的学习态度、学习方法、学习动机、学习意志力、考试心理、学习困难的诊断，学习认知因素分析、学习动力状况分析、学习社会因素分析，怎样优化学生的学习心理等。

（6）职业能力倾向类型分析及指导。

主要是指学生的职业兴趣、职业能力的诊断，分析其适合从事哪一类工作，从而为学生作升学就业指导。

五、建立和应用学生心理档案应注意的地方

心理测验是目前心理教育工作中常用的一种研究方法，需要指出的是，由于心理测量学知识的不足，不少人对心理测验还或多或少地存在一些不正确的认识和态度。例如，有的人认为心理测验无用并且有害；有的人对测验则奉若神明，认为它完美无缺；有的人认为任何人都可以使用心理测验，等等。凡此种种，都影响了心理测验的声誉和效能。为了能使心理测验最大限度地发挥其功用，在心理教育工作中使用心理测验时，应注意以下问题：① 测验者看

法要端正；② 测验种类要考虑； ③ 测验内容要保密；④ 测验人员要选择；⑤ 对被试者要了解；⑥ 测验误差要控制；⑦ 测验评分要客观；⑧ 测验过程要记录；⑨ 测验道德要讲究；⑩ 测验解释要慎重。

六、心理测试量表选择的标准

（1）量表是为全世界所公认的；
（2）量表为我国国内专家所修订；
（3）量表已建立了可信度高的常模；
（4）量表测试的内容与实施课题紧密相关。

七、心理测试量表

1．CPQ 人格量表

儿童十四种人格（个性）因素问卷（简称 CPQ）是由美国印第安纳州立大学波特（R.Porter）博士与伊利诺州立大学人格及能力测验研究所卡特尔（R.B.Cattell）教授编制的。它适用于 8～14 岁的中小学生，是公认比较好的一种儿童人格测验量表。我们使用的是《CPQ 测验（中国修订本）》，由华东师范大学祝蓓里、卢寄萍主修。

2．卡特尔 16 因素问卷量表

十六种个性因素测验（简称 16PF）是美国伊利诺州立大学个性及能力测验研究所卡特尔(R.B.Cattell)编制的。我们使用的是 16PF 中文修订本，由刘永和博士修订。该测验适用于成人。

3．SCL-90 精神心理症状量表

这是以 Derogatis 编制的 Hopkin’s 症状清单为基础，包含 90 个项目，分为 5 级评分的精神症状自评表，基本上是用来衡量门诊病人自觉症状的严重程度。SCL-90 的 90 个项目可以概括成 9 组症状群，包括：躯体化；强迫；人际关系敏感；抑郁；焦虑；敌对性；恐怖；偏执；精神病性症状。此外，还可通过阳性项目数和阳性均分

对量表结果作总体估价。

4．气质量表

气质测验 60 题是由我国心理学家陈会昌先生编制的，简单区分气质的问卷。通过测验可以确定一个人的气质类型，其中有四种典型的气质类型：胆汁质；多血质；黏液质；抑郁质。还存在一些介于四种典型气质类型之间的气质，如胆汁多血混合型。

八、小　结

学生心理档案的建立有助于对学生的全面教育，意义非常重要。但我们在建立学生心理档案时要注意一些问题，以便使学生心理档案客观有效，能真正地发挥作用。

① 学生心理档案在教育和人才选拔中起到辅助作用，反映学生综合素质的某一方面，切不可以偏概全。

② 学生的心理并不是一成不变的，常随其年龄、环境而改变，我们要从过去的心理档案材料中提取有用的部分，切不可对学生产生“成见”。

③ 建立心理档案要努力克服主观因素的影响，由于教育管理人员知识能力的不同，对学生的认识也存在一些偏差，要吸纳多方面的意见，不断学习心理学知识，提高自己的知识素养与智能品质，切不可武断、草率了事。

④ 在学生心理档案中，涉及学生隐私等方面的内容，要严格保密。建立心理档案本是一件好事，但如果管理人员不严格遵守职业道德，不为咨询者严守个人隐私，而把它作为曝光台，随意传播，就会把好事办砸。

附录 3　心理辅导需用表格

1．心理个案台贴格式参考

编号：

个案信息资料

首次访谈记录　　　　时间：　　　　地点：　　　　责任人：

<table>
<tr><td colspan="5">姓名：　　　　性别：　　　　年龄：　　　　专业班级：
校区宿舍：　　　　　　　　联系电话：</td></tr>
<tr><td>是否独生子女
是　否</td><td>是否单亲家庭
是　否</td><td>家庭经济状况
好　一般　差</td><td>与父母的关系
好　一般　差</td><td>家庭所在地
城市　农村</td></tr>
<tr><td colspan="5">既往主要病史：　　　　　　　　特殊生活事件：</td></tr>
<tr><td colspan="5">存在的主要问题（包括约谈、观察、调查的情况）：</td></tr>
<tr><td colspan="5">心理测试结果：</td></tr>
<tr><td colspan="5">干预措施及效果：

心理辅导者签名：</td></tr>
</table>

跟踪回访记录

<table>
<tr><td>时间：　　　　地点：　　　　方式：1．面谈　2．调查　3．电话询问</td></tr>
<tr><td>问题转变情况、进一步干预措施及效果评价：

心理辅导者签名：</td></tr>
</table>

2. 个人心理咨询记录（面询）

辅导时间:

学生姓名		班级		性别		年龄	
咨询次数		备　注					
咨询缘由:							
学生自述:							
初步分析:							
咨询过程:							
咨询效果及感悟:							

预约下次咨询时间:

3．班级心理辅导记录

辅导地点：　　　　　　辅导时间：　　　　　　班主任：

学生姓名		班级		性别		年龄	
辅导缘由：							
初步分析：							
辅导过程：							
辅导效果及感悟：							

4. 团体心理咨询记录

咨询地点：　　　　　　　　辅导时间：

成员列表	姓名								
	性别								
	班级								

咨询次数	第　次	备注	
咨询缘由：			
咨询过程：			
咨询效果及感悟：			

团体心理健康辅导活动反馈表

评析者：

活动主题	
活动的亮点	
值得改进的辅导处理	
活动效果	
我想解决(观察到)的学生心理问题	

时间：

5．与教师沟通记录

沟通时间：

教师姓名		性别		学历		年龄	
具体职务		备注					
沟通事由：							
初步分析：							
沟通过程：							
辅导效果及感悟：							

6. 与家长沟通记录

沟通时间：

家长姓名		性别		学历		职业、年龄	
学生姓名		性别		班级		学生年龄	
家长自述：							
初步分析：							
沟通过程：							
辅导效果及感悟：							

附录 4　中小学心理健康教育指导纲要

良好的心理素质是人的全面素质中的重要组成部分。心理健康教育是提高中小学生心理素质的教育,是实施素质教育的重要内容。中小学生正处在身心发展的重要时期，随着生理、心理的发育和发展、社会阅历的扩展及思维方式的变化，特别是面对社会竞争的压力，他们在学习、生活、人际交往、升学就业和自我意识等方面，会遇到各种各样的心理困惑问题。

因此，在中小学开展心理健康教育，是学生健康成长的需要，是推进素质教育的必然要求。为了深入贯彻《公民道德建设实施纲要》和《国务院关于基础教育改革与发展的决定》及《中共中央办公厅国务院办公厅关于适应新形势进一步加强和改进中小学德育工作的意见》,进一步指导和规范中小学心理健康教育工作，在总结实验区工作经验的基础上，特制定本纲要。

一、心理健康教育的指导思想和基本原则

1. 开展中小学心理健康教育工作，必须坚持以马列主义、毛泽东思想、邓小平理论、“三个代表”重要思想为指导，贯彻党的教育方针，落实《公民道德建设实施纲要》和《国务院关于基础教育改革与发展的决定》及《中共中央办公厅国务院办公厅关于适应新形势进一步加强和改进中小学德育工作的意见》,坚持育人为本,根据中小学生生理、心理发展特点和规律，运用心理健康教育的理论和方法,培养中小学生良好的心理素质,促进他们身心全面和谐发展。

2. 开展中小学心理健康教育，要立足教育，重在指导，遵循学生身心发展规律，保证心理健康教育的实践性与实效性。为此，必须坚持以下基本原则：根据学生心理发展特点和身心发展规律，有

针对性地实施教育；面向全体学生，通过普遍开展教育活动，使学生对心理健康教育有积极的认识，使心理素质逐步得到提高；关注个别差异，根据不同学生的不同需要开展多种形式的教育和辅导，提高他们的心理健康水平；尊重学生，以学生为主体，充分启发和调动学生的积极性。积极做到心理健康教育的科学性与针对性相结合；面向全体学生与关注个别差异相结合；尊重、理解与真诚、同感相结合；预防、矫治和发展相结合；教师的科学辅导与学生的主动参与相结合；助人与自助相结合。

二、心理健康教育的目标与任务

1. 心理健康教育的总目标是：提高全体学生的心理素质，充分开发他们的潜能，培养学生乐观向上的心理品质，促进学生人格的健全发展。

心理健康教育的具体目标是：使学生不断正确认识自我，增强调控自我、承受挫折、适应环境的能力；培养学生健全的人格和良好的个性心理品质；对少数有心理困扰或心理障碍的学生，给予科学有效的心理咨询和辅导，使他们尽快摆脱障碍，调节自我，提高心理健康水平，增强自我教育能力。

2. 心理健康教育的主要任务是全面推进素质教育，增强学校德育工作的针对性、实效性和主动性，帮助学生树立在出现心理行为问题时的求助意识，促进学生形成健康的心理素质，维护学生的心理健康，减少和避免对他们心理健康的各种不利影响；培养身心健康，具有创新精神和实践能力，有理想、有道德、有文化、有纪律的一代新人。

按照“积极推进、实事求是、分区规划、分类指导”的工作原则，不同地区应根据本地实际，积极做好心理健康教育的工作。

（1）大中城市和经济发达地区，要普遍开展心理健康教育工作。教师要在具有较全面的心理学理论知识和进行心理辅导的专门技能以及提高自身良好的个性心理品质上有显著提高。

（2）有条件的城镇中小学和农村中小学，要从实际出发，有计划、有步骤地开展心理健康教育工作。要抓好心理健康教育骨干教师队伍建设，同时在总结经验的基础上加强区域性心理健康教育的整体推进工作。

（3）暂不具备条件的农村和边远地区，要从实际出发，制定出中小学地区性的心理健康教育的发展规划；重点抓好一批心理健康教育的试点学校，积极开展心理健康教育教师的培训工作；逐步推进心理健康教育工作。

三、心理健康教育的主要内容

1. 心理健康教育的主要内容包括：普及心理健康基本知识，树立心理健康意识，了解简单的心理调节方法，认识心理异常现象，以及初步掌握心理保健常识，其重点是学会学习、人际交往、升学择业以及生活和社会适应等方面的常识。

2. 城镇中小学和农村中小学的心理健康教育，必须从不同地区的实际和学生身心发展特点出发，做到循序渐进，设置分阶段的具体教育内容。

小学低年级主要包括：帮助学生适应新的环境、新的集体、新的学习生活与感受学习知识的乐趣；乐于与老师、同学交往，在谦让、友善的交往中体验友情。

小学中、高年级主要包括：帮助学生在学习生活中品尝解决困难的快乐，调整学习心态，提高学习兴趣与自信心，正确对待自己的学习成绩，克服厌学心理，体验学习成功的乐趣，培养面临毕业升学的进取态度；培养集体意识，在班级活动中，善于与更多的同学交往，健全开朗、合群、乐学、自立的健康人格，培养自主自动参与活动的能力。

初中年级主要包括：帮助学生适应中学的学习环境和学习要求，培养正确的学习观念，发展其学习能力，改善学习方法；把握升学选择的方向；了解自己，学会克服青春期的烦恼，逐步学会调节和控制自己的情绪，抑制自己的冲动行为；加强自我认识，客观地评价自己，积极与同学、老师和家长进行有效的沟通；逐步适应生活和社会的各种变化，培养对挫折的耐受能力。

高中年级主要包括：帮助学生具有适应高中学习环境的能力，发展创造性思维，充分开发学习的潜能，在克服困难取得成绩的学习生活中获得情感体验；在了解自己的能力、特长、兴趣和社会就业条件的基础上，确立自己的职业志向，进行职业的选择和准备；正确认识自己的人际关系的状况，正确对待和异性伙伴的交往，建立对他人的积极情感反应和体验。提高承受挫折和应对挫折的能力，形成良好的意志品质。

四、心理健康教育的途径和方法

1. 开展心理健康教育的途径和方法可以多种多样，不同学校应根据自身的实际情况灵活选择、使用，注意发挥各种方式和途径的综合作用，增强心理健康教育的效果。心理健康教育的形式在小学可以以游戏和活动为主，营造乐学、合群的良好氛围；初中以活动和体验为主，在做好心理品质教育的同时，要突出品格修养的教育；高中以体验和调适为主，并提倡课内与课外、教育与指导、咨询与服务的紧密配合。

2. 开设心理健康选修课、活动课或专题讲座。包括心理训练、问题辨析、情境设计、角色扮演、游戏辅导、心理知识讲座等，旨在普及心理健康科学常识，帮助学生掌握一般的心理保健知识，培养良好的心理素质。要注意防止心理健康教育学科化的倾向。

3. 个别咨询与辅导。开设心理咨询室（或心理辅导室）进行个别辅导是教师和学生通过一对一的沟通方式，对学生在学习和生活中出现的问题给予直接的指导，排解心理困扰，并对有关的心理行为问题进行诊断、矫治的有效途径。对于极个别有严重心理疾病的学生，能够及时识别并转介到医学心理诊治部门。

4. 要把心理健康教育贯穿在学校教育教学活动之中。要创设符合心理健康教育所要求的物质环境、人际环境、心理环境。寻找心理健康教育的契机，注重发挥教师在教育教学中人格魅力和为人师表的作用，建立起民主、平等、相互尊重的新型师生关系。班级、团队活动和班主任工作要渗透心理健康教育。

5. 积极开通学校与家庭同步实施心理健康教育的渠道。学校要指导家长转变教子观念，了解和掌握心理健康教育的方法，注重自身良好心理素质的养成，营造家庭心理健康教育的环境，以家长的理想、追求、品格和行为影响孩子。

五、心理健康教育的组织实施

1. 加强对中小学心理健康教育工作的领导和管理。心理健康教育工作是学校教育工作的重要组成部分,各级教育行政部门和学校，要切实加强对心理健康教育工作的领导，积极支持开展中小学心理健康教育工作，帮助解决工作中的困难和问题。要通过多种途径和方式，根据本地、本校教育教学实际，保证心理健康教育时间，课时可在地方课程或学校课程时间中安排。各地教育行政部门要把心理健康教育工作纳入到对学校督导评估之中，加强对教师和咨询人员的管理，建立相应的规章制度。

2. 加强师资队伍建设是搞好心理健康教育工作的关键。学校要逐步建立在校长领导下，以班主任和专兼职心理辅导教师为骨干，全体教师共同参与的心理健康教育工作体制。专职人员的编制可从学校总编制中统筹解决。统筹安排中小学专职心理辅导教师专业技术职务评聘工作。根据学校实际情况，可聘请一定数量的兼职教师或心理咨询人员。

要重视教师心理健康教育工作。各级教育行政部门和学校要把教师心理健康教育作为教师职业道德教育的一个方面，为教师学习心理健康教育知识提供必要的条件。要关心教师的工作、学习和生活，从实际出发，采取切实可行的措施，减轻教师的精神紧张和心理压力，使他们学会心理调适，增强应对能力，有效地提高心理健康水平。

3. 要积极开展心理健康教育的教师培训。教育部将组织有关专家编写教师培训用书，并有计划、分期分批地培训骨干教师。高等学校的心理学专业和教育学专业要积极为中小学输送合格的心理健康教育教师。师范院校要开设与心理健康教育有关的课程，以帮助师范学生和中小学教师掌握心理健康教育的基础知识和技能。各级教育行政部门要积极组织对从事心理健康教育教师的专业培训，把对心理健康教育教师的培训列入当地和学校师资培训计划以及在职教师继续教育的培训系列。培训包括理论知识学习、操作技能训练、案例分析和实践锻炼等内容。通过培训提高专、兼职心理健康教育教师的基本理论、专业知识和操作技能水平。

4. 加强心理健康教育的教研活动和课题研究。学校在进行心理健康教育时，要从学生实际出发，强调集体备课，统一做好安排。要以学生成长过程中遇到的各种问题和需要为主线,通过教研活动，明确心理健康教育的重点、难点，掌握科学的教育方法，提高心理健康教育的质量。坚持理论与实践相结合，通过带课题培训与合作研究等方式，推广优秀科研成果。

5. 各种心理健康教育自助读本或相关教育材料的编写、审查和选用要根据本指导纲要的统一要求进行。自 2002 年秋季开学起，凡进入中小学的自助读本或相关教育材料必须按有关规定，经教育部或省级教育行政部门组织专家审定后方可使用。

6. 各地在组织实施过程中，要注意心理健康教育与德育工作的密切联系，既不能用德育工作来代替心理健康教育，也不能以心理健康教育取代德育工作。不能把学生的心理问题简单归结为思想品德问题。同时，各地应根据中央和教育部的文件精神，对此项工作统一规范称为“心理健康教育”。

7. 心理咨询是一项科学性、专业性很强的工作，也是心理健康教育的一条重要渠道。大中城市具备条件的中小学校要逐步建立和完善心理咨询室（或心理辅导室），配置专职人员。对心理咨询或辅导人员要提出明确要求。严格遵循保密原则，谨慎使用心理测试量表或其他测试手段，不能强迫学生接受心理测试，禁止使用影响学生心理健康的仪器，如测谎仪、CT脑电仪等。

8. 各地教育行政部门和学校既要积极创造条件，又要从实际出发，有计划、有步骤地开展心理健康教育工作。既要充分利用社会心理健康教育的资源，又要注意防止心理健康教育医学化和学科化的倾向。不能把心理健康教育搞成心理学知识的传授和心理学理论的教育，也不能把心理健康教育看成是中小学各学科课程的综合或思想品德课的重复，更不许考试。

9. 加强心理健康教育的课题研究与科学管理，特别要注重心理健康教育与德育、与人的全面发展关系的研究。各级教育行政部门对此项工作要给予大力指导，积极支持科研部门广泛开展科学研究活动，保证心理健康教育工作科学、健康地发展。

2002年9月6日

参考文献

[1] 郑日昌，陈永胜. 学校心理咨询. 北京：人民教育出版社，1993.

[2] 刘宣文. 学校发展性辅导. 北京：人民教育出版社，2006.

[3] 吴武典. 学校辅导工作. 台北：台湾张老师出版社，1995.

[4] 陈家麟. 学校心理健康教育—原理与操作. 北京：教育科学出版社，2002.

[5] 贾晓波等. 学校心理辅导实用教程. 天津：天津教育出版社，2002.

[6] 刘维良等. 中小学心理健康教育. 北京：华文出版社，2000.

[7] 郑希付. 健康心理学. 上海：华东师范大学出版社，2003.

[8] 广东教育学院教育系. 现代学校心理. 广州：中山大学出版社，2001.

[9] 车文博. 心理咨询大百科全书. 杭州：浙江科技出版社，2001.

[10] 彭聃龄. 普通心理学（修订版）. 北京：北京师范大学出版社，2001.

[11] 吴增强. 当代青少年心理辅导. 上海：上海科技文献出版社，2002.

[12] 姚本先等. 学校心理健康导论. 合肥：中国科技大学出版社，2002.

[13] 何艳茹. 心理卫生与心理辅导. 沈阳：辽宁大学出版社，2002.

[14] 刘晓明等. 心理咨询的理论与技术. 长春：东北师范大学出版社，2002.

[15] 郑日昌. 中学生心理咨询. 济南：山东教育出版社，1994.

[16] 张玲等. 心理健康研究与指导. 北京：教育科学出版社，2001.

[17] 徐光兴. 学校心理学. 上海：华东师范大学出版社，2000.

[18] 华山. 学校心理辅导. 合肥：安徽人民出版社，1998.

[19] 刘晓明等. 中学生心理健康与心理咨询. 长春：东北师范大学出版社，1999.
[20] 莫雷等. 中小学心理教育基本原理. 广州：暨南大学出版社，1999.
[21] 永玉等. 人格心理学导论. 武汉：武汉大学出版社，2007.
[22] 俞国良. 现代心理健康教育. 北京：人民教育出版社，2007.
[23] 郑雪. 人格心理学. 广州：暨南大学出版社，2001.
[24] 张小乔等. 心理咨询的理论与操作. 北京：中国人民大学出版社，1998.
[25] 吴增强. 现代学校心理辅导. 上海：上海科技文献出版社，1998.
[26] RG. G Miltenberger. 行为矫正的原理与方法. 胡佩诚等，译. 北京：中国轻工业出版社，2000.
[27] 张春兴. 现代心理学. 上海：上海人民出版社，1994.
[28] Robert D. Nye. 三种心理学. 石林，袁坤，译. 北京：中国轻工业出版社，2000.
[29] Tony Merry. 人本心理学入门. 郑玄藏，译. 台北：心理出版社，1997.
[30] Gerald Corey. 心理咨询与心理治疗. 石林，程俊玲，译. 北京：中国轻工业出版社，2000.
[31] 李彩娜，邹泓，杨晓莉. 青少年的人格、师生关系与心理健康的关系研究. 中国临床心理学杂志，2005（4）.
[32] 宋绍柱，殷有敢. 浅析当前学校环境德育中存在的几个问题. 当代教育论坛，2006（22）.
[33] 孙圣涛，卢家媚. 自我意识及其研究概述. 心理学探新，2000（1）.
[34] 王大磊，王海莹. 中小学生学校辅导工作的发展及目标. 基础教育参考，2007（2）.
[35] 郑晓边. 港台与马来西亚华人社区家庭心理辅导现状与启示. 中小学心理健康教育，2001.
[36] 俞国良，王永丽. 中小学心理健康教育：现状、问题与发展趋势. 教育研究，2002.

[37] 孙少平. 国外学校心理辅导发展的历史和现状. 现代教育理论丛，1995（1～2）.

[38] 易凌峰. 国外心理教育发展对我国心理心理教育的启示. 西北师范大学学报，2004（4）.

[39] 周燕. 论心理教育健康研究的几点思考. 教育研究与实验，1995.

[40] 崔景贵. 我国心理教育的研究困境和变革. 教育研究，2001（5）.

后　记

著名教育家斯普朗格认为:“教育的目的不是传授或接纳已有的东西，而是要从人的生命深处唤起他沉睡的自我意识，这也是人作为个体的创造力、生命感、价值感的觉醒。在教育的过程中不仅要从外部解放成长者，而且要解放成长者的内部力量，这才算得上是成功的教育。”这就是说，现代教育的本质是对人的塑造，塑造“能用他人眼光、心理、心态来看待事物”、“能为地球上的人们更好地生活负责”、“有能力参与到快速变化的世界生活中”的现代人生，良好的教育应建立在对受教育者心理的准确把握基础之上。

当今社会是一个变革的时代，人人都面临着来自现实和观念的挑战，人们工作和生活的节奏不断加快，无形的心理压力不断增加，来源于心理缺陷的素质差异越来越剧烈地表现出来，这使得社会、家庭、学校对心理辅导这一服务行业均产生了迫切的需要。而学校心理辅导是一项人性化的学校教育服务，学校开展心理辅导工作是关系学生身心健康发展的大事，是落实素质教育、贯彻教育部《关于加强中小学生心理健康教育的若干意见》和《中小学心理健康教育指导纲要》以及培养21世纪人才的需要，是发展现代教育的必然要求，它与教学一起构成现代学校教育的两大车轮，不可或缺，是现代学校教育的标志。

我国学校心理辅导起步较晚，在我国内地开始于20世纪80年代中后期，而真正将它作为一门科学来研究，则是在20世纪90年代中期以后。目前这一领域的开拓者大都是在各自“理解”的基础上自发探索，没有充分地相互交流，虽然在实践中有了一些系统的理论做支持，但在工作中也会遇到一些困难，如怎样能使学校心理辅导走入一个系统的程序？如何寻求高质量、高效能的学校心理辅导模式和更科学的、更新更深的心理发现手段？阶段性辅导如何落到实处？“人人参与”如何体现等。要妥善改进上述问题，这就需要我们所有心理辅导工作者共同努力。

本书是我这十多年来从事学校心理辅导教学、研究和实践的一个系统总结。在撰写方针上，力图在理论与实践的结合方面下工夫，力图体现现实性与前瞻性相结合、理论性与操作性相结合，力图使科学性、应用性和可读性于一体，以便广大教育工作者学习与阅读，也便于学校心理辅导工作者学习。本书内容虽经多次修改，但一定还存在不足或不当之处，希望广大读者批评指正。

本书的出版，首先要感谢中国心理学会理事、四川省心理学会理事长李小融教授，在百忙之中为本书做指导并作序；感谢四川省心理学会常务理事、内江师范学院教育科学学院院长陈理宣教授一直以来对我的关心、鼓励、支持和指导；感谢内江师范学院《学校心理辅导》重点课程组的全体同仁；感谢这么多年以来，与我并肩战斗在教学与实践第一线的全体学生和合作多年的广大学校的校长和教师，特别是在资料整理中所付出辛勤劳动的教育科学学院2005级应用心理学专业的王丽双、张龙萍等同学；感谢西南交通大学出版社的祁素玲、陈慧清等老师；本书的出版还得到了内江师范学院学术专著出版基金的资助；最后还要感谢我的夫人邱红女士及家人的鼎力支持，没有他们的支持，我是难以完成这样一本专著的。

吴忠才

2009.7 于甜城